FRITZ RAU

50 JAHRE BACKSTAGE

FRITZ RAU

50 JAHRE BACKSTAGE

ERINNERUNGEN EINES KONZERTVERANSTALTERS

Aktualisierung von
Friederike Weisse-Rau

Vorwort von
Udo Lindenberg

Für die Mithilfe bei der Herstellung dieses Buches
danke ich Udo Lindenberg, Günther Kieser,
Marie Marcks, Bodo E. Schütt, Reinhard Lorenz (Jazzarchiv Eisenach),
Felicitas Schwaß, Friederike Weisse-Rau.

Bibliographische Information der Deutschen Bibliothek
Die Deutsche Bibliothek verzeichnet diese Publikation
in der Deutschen Nationalbibliographie. Detaillierte
bibliographische Daten sind im Internet über
http://dnb.ddb.de abrufbar.

Der Abdruck der zitierten Buchpassagen erfolgt
mit freundlicher Genehmigung der genannten Verlage: Joan Baez:
We Shall Overcome. Mein Leben (Gustav Lübbe Verlag, 1988),
Udo Lindenberg: *Panikpräsident. Die Autobiografie*
(Random House Entertainment, 2004),
Ulla Meinecke: *Im Augenblick* (Schwarzkopf & Schwarzkopf, 2005).
Der Abdruck des Interviews von Martin Schrüfer mit Peter Maffay
erfolgt mit freundlicher Genehmigung der Zeitschrift *Musikmarkt*.
Der Abdruck der Tourneeplakate, erschienen in dem Bildband *Kieser,
Plakate. exchange* (Verlag H. Schmidt, Mainz 1995),
erfolgt mit freundlicher Genehmigung von Günther Kieser.

Gesamtherstellung: TZ Verlag & Print GmbH, Roßdorf
www.edition-tz.de

ISBN: 978-3-960310-05-1

Inhalt

Dieses Buch widme ich
dem Gedenken an meine
verstorbenen Lebenspartner
Hildegard Rau und
Horst Lippmann

Vorwort und Nachruf

Fritz Rau kann diese Ausgabe seiner Biografie nicht mehr in Händen halten, nicht mehr für die Besucher seiner Veranstaltung signieren, nicht mehr mit einem charmanten Lächeln, mit liebenswürdigen Worten oder einem Scherz über sein Vortragspult reichen.

Er starb nach kurzer schwerer Krankheit am 19. August 2013.

An sein Schweigen müssen wir uns noch gewöhnen, denn zu präsent waren Stimme und Gestik, imposant und raumfüllend seine Persönlichkeit und leidenschaftlich sein Plädoyer für die Live-Musik, der er sein Lebenswerk widmete.

Ich habe nach seinem Tod Kontakt gehabt mit Veranstaltern, die ihn nach seinem Rückzug aus dem Konzertbusiness 2005 zu seinen Vortragsabenden „Talk und Musik" verpflichtet hatten, viele von ihnen immer wieder. Ausnahmslos alle erinnerten sich an die besondere Atmosphäre dieser Veranstaltungen, an den begnadeten Geschichtenerzähler, der schlagfertig und geistreich seine Zuhörer fesselte, an den Musikbegeisterten, den Künstlerverehrer und daran, wie er seine musikalischen Begleiter Jürgen Schwab und Biber Hermann in den Vordergrund stellte und sein Publikum wertschätzte. Im letzten Kapitel der Biografie wird von diesen Jahren erzählt.

Besonders erkenne ich Fritz in den Abschiedsworten von Jürgen Schwab in seinem Song „So long Fritz" auf der CD *Luftschlösser*:

„In unsrer Bande warst du immer klar der Boss, dein Wille stark und deine Pläne riesengroß" heißt es da, und weiter „Du warst der Löwe, der sich schützend vor uns stellt, loderndes Feuer in einer kalten Welt. Warst ein Verschwörer gegen Spießertum und Frust, warst'n Kämpfer für Jazz und Rock und Blues. Hast deine Künstler zu Größ'rem inspiriert, warst ihr Komplize, hast ihr Innerstes erspürt."

In den Refrain sind auch Gedanken von Udo Lindenberg, dem Freund und Weggefährten, eingeflossen: „So long Fritz, geh' schon mal vor, die warten doch auf dich, hinterm Sternentor. Grüß Jimi und Marlene und mach die Bühne klar, laut polternd, wie du hier schon immer warst."

Für diesen Nachruf sandte Udo mir, ganz typisch:

„Herzliche Grüße für Fritz oben in der Chefetage."

Peter Maffay hat zum Andenken an seinen Mentor und Freund Fritz Rau bewegende Worte gefunden. Eine Textpassage aus seiner neuen CD ‚Wenn das so ist' widmet er ihm an dieser Stelle.

„Mein alter Pfad, deine Freundschaft ist mein Gold
Jedes Lied klingt in dir nach – bis zum Schluss
Mein alter Pfad, das Schicksal hat's gewollt
Doch für mich bist du noch du – bis zum Schluss."

Wie viele Tour-Busse, Züge und Flieger müsste man wohl aneinander reihen, um alle Künstler und Bands aus 50 Jahren Konzertgeschichte dahin zu bringen, wo Fritz Rau ihnen eine Bühne bereitete?

Der Tourbus – bleiben wir bei diesem Bild – hat ihn auf seiner kurvenreichen Lebensstrecke durch abenteuerliches Gelände und steile Serpentinen geführt. Zu manchen Zielen mussten Straßen erst gebaut werden, denn sie waren niemals vorher befahren oder betreten worden. Fritz, der nie einen Führerschein besaß, hat die Baustellen gemeistert, die Unebenheiten überwunden, das Schlingern ausbalanciert und den Wagen sicher auf dem Weg gehalten.

Im letzten Sommer rollte der Bus in sein Depot, die große Fahrt war zu Ende.

Es gibt keinen dritten Ort zwischen Sein und Nichtsein, so heißt es.

Ich möchte mir gerne vorstellen, dass es diesen Ort gibt und dass Musik ihn füllt, schrankenlose Musik, die keinen Unterschied macht zwischen E und U sondern diese beiden Buchstaben zusammenzieht zu EU; – EU, das als Präfix aus dem Griechischen kommt und „gut" bedeutet. Das war die Vision von Fritz. An diesem Ort würde er sich zu Hause fühlen.

Ein Zitat des Komponisten Hans Werner Henze, erst jetzt von mir entdeckt, hätte ich Fritz gerne nahe gebracht, denn es drückt auf poetische Weise das aus, was Live-Musik für Fritz bedeutete:

„Musik hat in ihrer Dringlichkeit, Klang zu werden, in ihrer Eile, auf die Welt zu kommen, sich zu manifestieren die Eigenart, Manifeste, die sie betreffen, doch immer wieder überflüssig zu machen. Der Weg, den sie einschlägt, ist niemals der erwartete, niemals der geforderte, niemals der vorgeschriebene. Sie muss ihre Hörer betören, verzaubern, verschrecken, beschwören, verführen, unterhalten, bei der Hand nehmen und in nächtliche Zaubergärten einlassen oder in gleißendes Tageslicht stoßen."

Viele Weggefährten aus fünfzig Jahren Musikgeschehen haben Fritz Rau beschrieben, nachzulesen im Kapitel Das Herz eines Künstlers.

Von höchsten Standards an Qualität und Authentizität, von Kompetenz und Perfektionismus ist die Rede und von Begeisterungsfähigkeit, Menschlichkeit, und Kreativität.

Alles das und doch viel mehr war Fritz für die, die ihn liebten.

Ich wünsche allen Lesern eine gute Zeit mit dieser Biografie von Fritz Rau.

Sein Tun und sein Denken sind es wert bewahrt zu werden.

Friederike Weisse
August 2014

Bleib noch lang an Bord!

Vorwort von Udo Lindenberg

Es war einmal ein Mann, der liebte die Musik und die Musiker. Für die Musiker, an die er glaubte, tat er alles. Wenn er eine Idee gut fand, stand er in Flammen und setzte sie um. Er sagte: »Ich mach die Bühne klar, was nützt die beste Botschaft, wenn keiner sie hört.«

Fritz Rau in der WG, in den Hotels, in den Proberäumen, zusammen mit den Bands, nächtelang an den Bars im oft hochprozentigen Einsatz für die Wahrheitsfindung. Wie kriegen wir die besten Konzerte hin, die radikalsten Shows, die nie gesehenen Revuen, die effektivsten Polittourneen? Wochenlang nicht in Bad Homburg bei seiner eigentlichen Familie, die viel zu kurz kam. Thanks an Hildegard und die Kids, für euer Verständnis. Das war sicher schwer.

Nein, der Rock'n'Roll-Circus, das war seine gelebte Family. Tja, das ist Brüderchen Fritz. Mein ewiger Bruder, Soulbrother. Wir gehen miteinander durch dick und dünn – aber nicht durch dick und doof.

Wie viele Shows haben wir uns zusammen ausgedacht? Pioniere, Grenzgänger, Visionäre – weiter, gewagter, experimenteller – mehr ging nicht. Und noch 'ne Idee, ein weiteres Bühnenbild. Was kostet das? Egal. Explorer fragen nicht nach Geld; manchmal sogar riskieren sie ihr Leben…

Es leben die Exzessoren!

Ja, wir wollten Revolutionen im Rock-Showbiz. Und die haben wir gemacht. Und da, wo big Showtime sich neben easy Entertainment trifft mit großen Inhalten, auch mit umwälzender Politik, da ging das über die Bühne. Rieseninitiativen mit Bürgerinitiativen und Bands, im Rahmen der *Grünen Raupe*. Wir hielten das damals für richtig wichtig, dass die bunten Dropse, alternativ, öko und Straßenfieber, in die Parlamente reinkommen. Und in den Bundestag. Und dann die Friedensbewegung und *Rock gegen Rechts* – und auf die Bühne mit Bob Dylan und Santana, und im Palast der Republik mit Harry Belafonte und im Bonner Hofgarten mit Joseph Beuys und BAP und den Hosen. Und immer wieder: Fritze macht sich stark für den Nachwuchs – und die Power der Generationen blüht auf. »Wasserweibchen«-Kongresse im Bad Homburger Philosophenturm, Newcomer-Awards und Marlene wiederentdecken, *Atlantic Affairs*, Fritz, du weißt schon… und wer macht die Bühne klar?

Tja, Leute, das ist kein Märchen, das ist alles wahr. Kein aalglatter Dealer, der sich nur an Verkaufscharts orientiert, kein Eintrittskartenverkäufer mit dem Rechenschieber im Kopf, sondern einer, der sein Feeling und seinen Glauben und sein Gewissen fragt, was er machen soll.

Der Geheimrat, der er ist, der leidenschaftliche Pusher, der die Welt wachschreit, wenn's sein muss. Okay, das bisschen Cholerik, gelegentliche Ausbrüche dieses ansonsten friedlichen Vulkans sind legendär… Hab nie wieder jemanden so gekonnt, so virtuos, so geradezu literarisch brüllen gehört. Ja, die raue Eminenz, die Audienz beim Paten – aber auch der kleine Fritz, dem ich wochenlang in Krisenzeiten die Bettdecke über die Nase gezogen habe. Im Berliner Interconti-Hotel, als man manchmal, allein oder auch zu zweit gemeinsam, nicht so richtig weiterwusste im Leben.

Tja, mein alter Freund Fritze, dem auch ich, neben so etlichen anderen, höchste Höhenflüge in meiner Karriere verdanke – so geht das weiter. Unser Riesenprojekt, die Rückholung der großen Kultur aus dem Widerstand gegen den Faschismus, aus der Zeit der Zwangsemigration so vieler deutscher Dichter und Denker und Künstler, das machen wir ja auch zusammen weiter – und vieles mehr.

Ich wünsche, dass du mit deinem großen Herzen und deinem brillanten Denkedenke, mit deinem Charme und deiner Fritz- und Spitzfindigkeit, mit deinen Storya und Taten noch weit in die Zukunft hineinreichst.

Nun, da du schon ein bisschen älter bist, lass dir mal von deinem auch nicht mehr ganz so jungen Brüderchen sagen:

Bleib noch lang an Bord, wir sind auf großer Fahrt. Die Märchen, die wir schrieben, haben kein Ende. Andere denken nach, wir denken vor.

Dein Udo

Westerland, August 2005

Ein letztes Ahoi mein Abenteuerfreund und großer Bruder, du bleibst immer dabei *stark wie zwei*.

Dein Udo

Hamburg, August 2014

»Im Nichtstun geschieht es«

(nach Laotse)

Einleitung

Im Jahr 2004 zog ich mich nach dem Ende von Peter Maffays Tournee *Tabaluga und das verschenkte Glück* aus der Position als verantwortlicher Konzertorganisator zurück und trat, vierundsiebzigjährig, recht spät in ein Privatleben ein. Der Ruhestand gestaltete sich schwieriger, als ich je gedacht hätte, da ich es versäumt habe, mich neben meiner beruflichen Tätigkeit um ein vernünftiges Hobby zu kümmern. Und so saß ich stundenlang teilnahmslos in meinem Sessel und schaute in die Dämmerung des Abends, die auch meine seelische Verfassung erreichte.

Es kamen immer wieder Anregungen und Vorschläge, ich solle doch eine Fritz-Rau-Biographie schreiben oder schreiben lassen. Es fehlte auch nicht an tüchtigen Menschen, die mir dabei behilflich sein wollten, sogar als sogenannte Ghostwriter. Ich zeigte auch ab und an Interesse an einer möglichen Zusammenarbeit, ließ die Gespräche und Verhandlungen aber stets wieder einschlafen. Dies führte natürlich auch zu Enttäuschungen, die mir leidtun.

Inzwischen hatte ich einen Vortrag mit dem Titel *50 Jahre Backstage* ausgearbeitet, und von den verschiedensten Stellen kamen immer wieder Einladungen, diesen Vortrag zu halten.
Eine dieser Einladungen erhielt ich freundlicherweise von meinem ehemaligen Heidelberger Studentenclub Cave 54, wo ich anläss-

lich seines fünfzigjährigen Bestehens sprechen sollte. Ich nahm sie gerne an und war erstaunt, ein zahlreiches und weitgehend auch recht junges Publikum vorzufinden, das meinen Ausführungen über anderthalb Stunden gespannt lauschte und mich mit einem ermutigenden Beifall verabschiedete.

Da fasste ich plötzlich den Entschluss, aus dem Nebel eines beginnenden Vergessens Erinnerungen an Ereignisse wachzurufen, die mir wichtig erschienen.

Ich nahm mir Thomas Mann zum Vorbild, der jeden Tag vier Stunden am Stehpult schreibend seine Bücher erarbeitete. Auch ich wurde jeden Vormittag tätig und diktierte meine Erinnerungen in den Computer. Im Unterschied zu der 1985 erschienenen Biographie *Fritz Rau – Buchhalter der Träume* von Kathrin Brigl und Siegfried Schmidt-Joos habe ich *50 Jahre Backstage* also selbst und ohne die Hilfe eines Koautors verfasst.

So entstand ein Buch, das ich eigentlich für meine Enkel und meine Freunde geschrieben habe. Außerdem kam es mir darauf an, meinen Kollegen und Mitarbeitern zu danken und deutlich zu machen, dass auch wir im Bereich der musikalischen Unterhaltung Tätigen eine wichtige Funktion als Kulturarbeiter ausüben. Zudem wollte ich meinen Künstlern danken, die es mir ermöglicht haben, das zu tun, was ich wollte.

Schließlich hoffe ich, dass dieses Buch auch unserem Publikum, den Konzertbesuchern, gefällt, denen wir alles verdanken. Denn sie sind es, die durch den Kauf von Konzertkarten und Schallplatten unsere Existenz erst ermöglichen.

Ich fühle mich auch als Entertainer – und nicht unbedingt als Schriftsteller – und hoffe, dass meine Ausführungen den Leser zum Lachen und vielleicht auch zum Weinen bringen können. Und vielleicht kann er ja auch etwas lernen und wird einiges besser verstehen.

(Fritz Rau)

1. Kapitel

Die Lippmann+Rau-Story

Ich habe mein Buch *50 Jahre Backstage* genannt. Backstage, das ist der Bereich hinter der Bühne, die andere Seite des Konzerts, wo alles vorbereitet wird und wo Macher wie ich das Sagen haben. Es ist der Wunschtraum vieler Konzertbesucher, in diesen Backstagebereich zu gelangen, aber es ist ihr Schicksal, dass dieser Traum meist vor einem Backstageordner endet, der niemanden durchlässt, der keinen Backstagepass hat. Backstage, das ist die Kehrseite jener Bühne, auf der die Künstler erscheinen – wobei meist die Frage offen bleibt, wie es überhaupt zu diesem Konzert gekommen ist.

Die Künstler sind die Sonne an unserem Konzertfirmament; diejenigen, die auf der Bühne Licht und Wärme spenden. Backstage ist davon höchstens ein Mondlicht zu sehen, als schwacher Abglanz der Bühnensonne. Meine Aufzeichnungen bilden also sozusagen eine Art Mondscheinsonate in Buchform.

Geboren 1930, habe ich mein erstes Konzert am 2. Dezember 1955 in der Stadthalle Heidelberg veranstaltet. Man betrachte mich also als einen Tatzeugen in Sachen Unterhaltungskultur der zweiten Hälfte des 20. Jahrhunderts – zuweilen war ich aber auch Täter. Mit meinem Rückblick auf die Vergangenheit will ich auch die Gegenwart erhellen, und vielleicht kann ich so der heutigen und der kommenden Generation ein wenig behilflich sein, den schwierigen Weg in die Zukunft zu meistern.

Schulzeit und Jugendjahre

Beginnen möchte ich mit einem kurzen Blick auf meine frühe Entwicklung in Kindheit und Jugend.

Ich bin in Pforzheim geboren und dann zunächst in dem kleinen Albtaldorf Ittersbach in der Nähe meiner Geburtsstadt als Sohn eines Schmiedemeisters aufgewachsen. Mein Vater war verzweifelt, da ich ein schwächliches, rachitisches Kind war und so für ihn weder als Bauer noch als Schmied in Frage kam. Da machte meine Mutter den einfachen Vorschlag, mich später auf die höhere Schule zu schicken. Bevor sie 1938 starb, nahm sie dem damals achtjährigen Fritz das Versprechen ab, ein Studierter zu werden.

1940, im Alter von zehn Jahren, hatte ich sowohl Eltern als auch Großeltern verloren und wurde von nun an von Pflegeeltern versorgt und mehr oder weniger erzogen. Als ich sechzehn war, wollte mich mein Pflegevater vom Realgymnasium nehmen – ich sollte einen ordentlichen Beruf erlernen. Dank der Hilfe meines Schuldirektors konnte das verhindert werden, doch sorgte ich von diesem Zeitpunkt an weitgehend selbst für meinen Lebensunterhalt, was bedeutete, dass ich bis zum erfolgreichen Abitur eine sehr geschäftige Jugend hatte. Auf Vorschlag meiner Schule wurde ich anschließend in die Studienstiftung des deutschen Volkes aufgenommen und konnte so mein Studium in Heidelberg beginnen.

Wie ich Horst Lippmann kennen lernte

Ein richtiger Glücksfall in meinem Leben war die Begegnung mit einem Mann, dem mein größter Dank gebührt – Horst Lippmann. Er wurde 1927 in Eisenach geboren und wuchs in Frankfurt am Main auf. Er entstammte einer politisch sehr engagierten Familie, die schon vor dem Dritten Reich gegen den Faschismus Stellung bezog, und hat die politische Tradition seiner Familie ein Leben lang konsequent weitergeführt.

Zum ersten Mal traf ich Horst Lippmann allerdings unter keineswegs erfreulichen Umständen. Das war beim *Deutschen Jazz Festival* 1955 im Frankfurter Althoffbau. Ich war wieder einmal per Anhalter nach Frankfurt gefahren, und nun stand ich am Samstagabend vor dem total ausverkauften Althoffbau. Von weitem konnte ich die damals berühmte »Battle of the Big Bands« – also den musikalischen Wettstreit – zwischen dem Orchester Kurt Edelhagen vom Südwestfunk Baden-Baden und der Big Band Erwin Lehn vom Süddeutschen Rundfunk Stuttgart toben hören. Kurt Edelhagen stellte eine blutjunge, sensationelle Sängerin vor: Caterina Valente. Da brannten bei mir die Sicherungen durch, und ich versuchte, auch ohne Eintrittskarte in den Althoffbau einzudringen. Dies wäre mir beinahe geglückt, wenn nicht plötzlich ein Typ vor mir gestanden hätte, der sich als der Veranstalter vorstellte und mir auf unangenehme Weise klar machte, dass ohne Eintrittskarte kein Zutritt möglich sei. Er könne bei mir keine Ausnahme machen, denn die Polizei achte darauf, dass das Konzert nicht überfüllt sei – aus Sicherheitsgründen. So zog ich traurig davon und

Lippmann und Rau, Anfang der sechziger Jahre. (Privatarchiv Fritz Rau)

verschwand in die Nacht hinein. Meine letzten Worte an diesen Typen aber waren: »Du bist ein Arschloch, wenn du kein Verständnis dafür hast, dass ich per Anhalter aus Heidelberg angefahren bin und die Musik des *Deutschen Jazz Festivals* einfach brauche.« Dies war der Beginn einer jahrzehntelangen wunderbaren Freundschaft mit Horst Lippmann – jedenfalls der Auftakt dazu.

Das nächste Mal traf ich Horst Lippmann Monate später, vor dem *Deutschen Jazz Festival* 1956. Ich fuhr wieder nach Frankfurt, um mit dem Veranstalter zu verhandeln – wir wollten erreichen, dass er unsere Sound Cave Combo beim nächsten Jazzfestival vorstellte. Man kann sich denken, dass mir dieser Besuch sehr schwer fiel und ich einen richtigen Bammel hatte, Horst Lippmann wieder zu begegnen. Ich traf ihn im Frankfurter Storyville, einem wunderbaren Ballroom à la New Orleans, den Horst Lippmann gerade eröffnet hatte. Die sehr authentische Inneneinrichtung stammte vom Frankfurter Künstler Günther Kieser, von dem noch wiederholt die Rede sein wird. Zu meiner Überraschung empfing mich Lippmann mit den Worten: »Na du Hitzkopf, hast du dich inzwischen abgeregt?« Und unsere Heidelberger Combo wurde verpflichtet.

Das erste Konzert

Zwischen diesen beiden Begegnungen hatte Horst Lippmann im Dezember 1955 in der Heidelberger Stadthalle mein erstes, ausverkauftes Konzert besucht – es traten die Frankfurt All Stars um Albert und Emil Mangelsdorff auf – und dort einen verrückten, völlig hektischen und von der Situation etwas überforderten Geschaftlhuber namens Fritz Rau erlebt, der den Abend wider Erwarten dennoch leidlich über die Runden brachte, was nicht zuletzt der Geduld der beteiligten Musiker zu verdanken war.

Für mich hatte von vornherein festgestanden, dass Albert Mangelsdorff und die Frankfurt All Stars die Künstler meines ersten Konzerts sein sollten, also war ich nach Frankfurt gefahren, hatte Albert Mangelsdorff zum Konzert eingeladen und seine Zusage erhalten. Doch waren meine Freunde und ich so gut wie mittellos, und so begannen die Schwierigkeiten mit der nun notwendigen Suche nach einem Geldgeber. Schließlich fand ich einen Kinobesitzer, Willi Olef, der uns fünftausend Mark zur Verfügung stellte, sodass alle Kosten gedeckt waren, selbst für den Fall, dass alles schief laufen würde. Im Gegenzug strich Olef den Konzertüberschuss ein. Diese Sorgfalt bei der finanziellen Absicherung von Konzerten und Tourneen habe ich mein ganzes Leben beibehalten. Bei so manchen anderen Veranstaltern habe ich leider oft erleben müssen, dass sie zu sehr auf kommende Einnahmen spekulierten und dadurch in finanzielle Schwierigkeiten gerieten.

Bei der Vorbereitung meines ersten Konzerts war ich ein blutiger Laie, und ich habe mir sehr viele Gedanken gemacht. Wichtig erschien mir die Festlegung des Konzerttermins auf den 2. Dezember, da ich die Zeit zwischen dem Semesteranfang im Oktober und dem Konzerttermin für Werbung und Kartenvorverkauf nutzen wollte – die Wahl des Termins kann für Erfolg oder Misserfolg eines Konzerts maßgeblich sein. Die Plakate druckten wir nach einem Entwurf der wunderbaren Heidelberger Künstlerin Marie »Bebi« Marcks, die zuvor bereits den Publikationsstil unseres Cave 54 entwickelt hatte, und zwar nach dem Vorbild der französischen Existenzialisten, etwa Jean Cocteaus. Diese Konzertplakate habe ich dann persönlich in allen möglichen Geschäften aufgehängt und bei dieser Gelegenheit gleich etwa den Bäcker und den Metzger mit der Drohung erpresst, bei ihnen keine Brezeln und auch keine Würstchen mehr zu kaufen, wenn unser Plakat nicht an auffälliger Stelle im Fenster zu sehen sein würde.

Dann ließ ich Eintrittskarten drucken, in der Hoffnung, dass mir die Studentenvertretung AStA beim Vertrieb behilflich sein würde. Aber diese Herrschaften zeigten kein Interesse daran – ein großer Unterschied zu den amerikanischen Verhältnissen, wo die Studentenvertretungen auf dem Campus die interessantesten und progressivsten Konzerte organisierten und den Universitäten so ein blühendes Leben auf dem Gebiet der Unterhaltungskultur bescherten. Die studentischen Veranstalter in den USA haben die

Aufgabe, ihr Anfangskapital durch ihre Tätigkeit zu vervielfachen, wohingegen sich unser AStA vor allem darum zu bemühen schien, den öffentlichen Zuschuss so schnell wie möglich zu verbrauchen, und das leider teilweise noch durch schlechte und oberflächliche Arbeit.

Mir blieb also nichts anderes übrig, als den Vertrieb der Eintrittskarten über die konventionellen Vorverkaufsstellen wie Musikalienhandlungen oder Buchläden laufen zu lassen. Nach einer Woche erkundigte ich mich nach dem Stand des Vorverkaufs – die Zahl der verkauften Karten war gleich null. Auch in der nächsten Woche wurde es nicht besser. Und so habe ich die Eintrittskarten nach und nach selbst bei den Vorverkaufsstellen abgeholt und meine Kommilitonen, aber auch Handwerker und Hausfrauen so lange beschwatzt, bis sie sie mir zum Stückpreis von sechs Mark abgenommen haben, wahrscheinlich vor allem, um mich endlich loszuwerden. Schließlich waren alle 1400 Eintrittskarten für die Heidelberger Stadthalle verkauft, und ich war der glücklichste Mensch der Welt. Als dann noch Wolfram Röhrig, Unterhaltungschef des Süddeutschen Rundfunks und späterer Präsident der Deutschen Jazz Föderation, anrief und mir tausend Mark anbot, um das Konzert für den Funk mitschneiden zu dürfen, musste ich mich davor hüten, schlicht größenwahnsinnig zu werden.

Als Vorgruppe der Frankfurt All Stars stellten wir unsere Sound Cave Combo vor, mit dem herrlichen Heidelberger Vibraphonisten und Pianisten Fritz Hartschuh, damals noch Gymnasiast, sowie dem Altsaxophonisten Franz von Klenck vom Orchester Kurt Edelhagen und mehreren amerikanischen Musikern aus der Seventh Army Band, die nahezu allabendlich in unserem Cave jazzten (der musikalische Leiter im Cave war Wolfgang Lauth aus Ludwigshafen, der dafür sorgte, dass wir dort wunderbare Jamsessions erleben durften).

Der Konzertabend in der Stadthalle begann damit, dass die Frankfurter Musiker sehr spät ankamen und ich vor Nervosität völlig durchdrehte. Außerdem hatte ich die unglückliche Idee gehabt, die Ansagen selbst machen zu wollen. Das für mich bestimmte Mikrofon war das gleiche, über das auch Emil Mangelsdorff sein Altsaxophon spielen sollte, und daher verhältnismäßig niedrig eingestellt. Es war mir leider unmöglich, das Ding in Mundhöhe und -richtung zu bekommen, sodass ich während des ganzen Konzerts meine Ansagen wie ein Fragezeichen über das niedrige Mikrofon gebückt sprechen musste. Hierbei verwechselte ich laufend die Namen der Musiker und redete auch sonst viel wirres Zeug. Das lag auch daran, dass ich mir ein Paar neue Schuhe geliehen hatte, die leider zwei Nummern zu klein waren, was meine Füße im Verlauf des Konzerts zum Bluten brachte.

Aber die Veranstaltung war ein großer Erfolg. Am nächsten Morgen las ich in den Zeitungen begeisterte Besprechungen – es wurde allerdings auch der unmögliche Ansager erwähnt, den man in Heidelberg nie mehr zu Gesicht bekommen wollte. Ich war der Ansicht, persönlich versagt zu haben, und spielte mit dem Gedanken, meine Ambitionen aufzugeben. Tatsächlich wurde gerade dieser Konzertabend jedoch zum Beginn meiner Karriere. Wenn ich an dieses Konzert zurückdenke, fällt mir ein Rocktitel von Rod Stewart ein: *The First Cut Is The Deepest* – der erste Schnitt geht am tiefsten.

Vom Kofferträger zum Tourneeleiter – Die Arbeit für Norman Granz

Etwa drei Monate nach dem Heidelberger Konzert rief mich Horst Lippmann an und fragte, ob ich als Kofferträger in die Tournee *Jazz At The Philharmonic* des großen amerikanischen Impresarios Norman Granz einsteigen wolle, sozusagen als »Hiwi« von dessen ebenfalls amerikanischem Tourneeleiter. Damit öffnete mir Horst Lippmann die Pforten zum Paradies, denn bald begegnete ich nun Ella Fitzgerald, Oscar Peterson, Dizzy Gillespie und all den anderen, die ich wie Götter verehrte. Und ich durfte für meine Idole rennen und springen und wurde so in der Tat anscheinend zum besten Kofferträger, den unsere Branche je erlebt hat.

Bei einem unserer ersten Konzerte kam ich aufgeregt hinter die Bühne und sagte zu Norman Granz: »Die Konzertbesucher sind bereit, wir können anfangen.« Er entgegnete unwirsch: »Wir fangen an, wenn wir bereit sind.« Ich meinte daraufhin, das sei aber nicht nett (»nice«) gegenüber den Leuten. Da sah er mich sehr ernst an und antwortete: »If you are nice to people, you cannot be good for your friends.« [Wenn du zu allen Leuten nett bist, kannst du für deine Freunde nicht gut sein.] In der Tat ist in den USA der Satz »He is a nice guy« eher Ausdruck einer ziemlich geringen Wertschätzung.

Es ist wichtig, dass wir jeden Job, den wir übernehmen, optimal ausführen, ganz gleich, ob es der des Kofferträgers am Anfang der Karriere ist oder der des Unternehmers auf ihrem Höhepunkt. Ein Beispiel: Ich hatte große Schwierigkeiten bei der Abfertigung der Künstler und des Gepäcks in den Abflughallen, da neben dem persönlichen Gepäck noch die Instrumente der Musiker eingecheckt werden mussten, so zum Beispiel das Schlagzeug. Während ich mich dann um das Gepäck kümmerte, liefen die Musiker in alle Richtungen davon, und ich hatte Mühe, sie vor dem Einsteigen ins Flugzeug wieder einzufangen. Ich klagte einem Jazzfreund, der bei der Lufthansa tätig war, mein Leid. Er machte mich darauf aufmerksam, dass die Frachtabteilung der Lufthansa 24 Stunden geöffnet sei und ich somit die Instrumente schon direkt nach dem Konzert zum Flughafen bringen konnte, was meine Arbeit am nächsten Morgen bei der Abfertigung sehr erleichterte. Außerdem brauchten wir gegenüber den erheblichen Mehrkosten wegen des großen Gewichts, wenn die Instrumente als Gepäck eingecheckt wurden, bei der Abfertigung als Fracht nur 25 Prozent zu bezahlen. Gleichzeitig war sichergestellt, dass die Instrumente mit unserem Flugzeug transportiert wurden.

Ich setzte also die Anregungen meines Freundes in die Tat um, und dies und einiges mehr scheint dem großen Boss Norman Granz ziemlich imponiert zu haben. Bei der nächsten Tournee mit dem

Duke Ellington Orchestra ließ Norman Granz seinen amerikanischen Tourneeleiter zu Hause, und ich durfte neben den Koffern auch noch die Verantwortung als Tourneeleiter tragen.

Mit der Duke Ellington Band (zweiter vor Rau: Johnny Hodges), 1963. (Privatarchiv Fritz Rau)

Und so wurde ich Tourneeleiter für all die großen Künstler, die Norman Granz über Horst Lippmann nach Europa brachte: Count Basie, Benny Goodman, Miles Davis, John Coltrane, Coleman Hawkins, Gerry Mulligan, Lionel Hampton, Cannonball Adderley, Ben Webster, Sonny Rollins, Dave Brubeck und viele andere.

Im Lauf der Jahre entwickelten sich Freundschaften mit einigen meiner Idole, wie zum Beispiel mit der unvergleichlichen Ella Fitzgerald, die uns zur Geburt unserer Tochter Saskia eine Wiege schenkte, oder mit dem Meisterpianisten Oscar Peterson, nach dem ich unseren Sohn Andreas Oscar benannt habe. Oscar Peterson sorgte dafür, dass in unser Haus nach Oberursel ein Klavier geliefert wurde; bei seinem Umzug nach München hat es mein Sohn mitgenommen, und später veranlasste dieses Instrument dann unser Enkelkind Rosa dazu, mit Begeisterung Klavier zu lernen. Stan Getz schließlich kaufte in München für unsere beiden Kinder niedliche Lederhosen, die sie jahrelang trugen.

Fritz Rau mit dem Jazzpianisten Oscar Peterson (zweiter von rechts), dem Patenonkel seines Sohnes Andreas, und seiner Frau Hildegard, †1983; 1956. (Privatarchiv Fritz Rau)

Die Zeit mit Norman Granz bedeutete eine harte, aber sehr effektive Schule für mich. Er war ein äußerst temperamentvoller Mensch, der mir das Leben oft schwer machte. Ich wollte nie so werden wie er, habe ihn später aber dennoch total kopiert. Er wurde, neben Horst Lippmann, zum zweiten Glücksfall meines beruflichen Lebens.

Ella Fitzgerald in Berlin

1960 gastierte Ella Fitzgerald in der Berliner Deutschlandhalle. Dieses Konzert wurde von AFN Berlin mitgeschnitten, und zwar von einem ausgezeichneten Toningenieur. Norman Granz weilte gerade in Südamerika, sodass ich die Verhandlungen sowie die Aufnahmeleitung selbst übernehmen durfte. Bei diesem Konzert hat Ella Fitzgerald zum ersten Mal den Brecht/Weill-Song *Mack The Knife (Mackie Messer)* live gesungen. Zuvor hatten wir auf der Reise von Kopenhagen nach Berlin den Text gemeinsam einstudiert, aber auf der Bühne vergaß Ella plötzlich einen Teil der Zeilen und improvisierte einen eigenen Text. Das Ergebnis war ein nicht enden wollender Beifallssturm des Berliner Publikums. Ich übergab Norman Granz das Tonband mit dem Livemitschnitt, und er brachte die Langspielplatte *Ella In Berlin* heraus. Diese Platte ist für mich eine der beeindruckendsten Liveaufnahmen, die ich je von einer Künstlerin gehört habe. 1961 erhielt die Liveversion von *Mack The Knife* den Grammy – die jährliche Auszeichnung von Künstlern durch die amerikanische Phonoakademie – als beste Singleaufnahme, und die LP *Ella In Berlin* bekam einen Grammy als beste Langspielplatte. Ich freue mich, dass *Ella In Berlin* heute noch als CD erhältlich ist.

Neben Ella Fitzgerald präsentierten wir für Norman Granz im gleichen Jahr auch Marlene Dietrich sowie Nat King Cole mit dem Orchester Quincy Jones. Die Begegnung mit Marlene Dietrich, deren schwierige Europatournee von 1960 ich leiten durfte, war ein unvergessliches Erlebnis für mich, auf das ich in einem späteren Kapitel noch näher eingehen werde.

Das »Deutsche Jazz Festival« und andere Veranstaltungen

Horst Lippmann hatte bereits 1951 das *Deutsche Jazz Festival* in Frankfurt ins Leben gerufen. Inzwischen ist es das älteste bestehende periodische Jazzfestival der Welt und wurde zum Vorbild für später entstandene Festivals in ganz Europa, darunter zum

Beispiel das heute berühmtere Musikfestival im schweizerischen Montreux. 1956 machte mich Horst Lippmann dann zum Konzertreferenten Inland der Deutschen Jazz Föderation. Unter allerdings schwierigen finanziellen Bedingungen durfte ich mit deutschen Musikern wie Albert und Emil Mangelsdorff, den Berlinern Helmut Brandt und Michael Naura, dem Wiener Hans Koller, Klaus Doldinger aus Düsseldorf und vielen anderen arbeiten.

Es erschien mir nicht ausreichend, nur beim *Deutschen Jazz Festival* bekannte und neue Jazzmusiker aus Deutschland zu präsentieren. Horst Lippmann hatte sich unendliche Mühe gegeben, in den Clubs und Kellern deutsche Musiker zu finden, die er zum Festival nach Frankfurt einladen konnte – ein Potenzial, aus dem sich einfach mehr machen ließ. Mit dem Konzertreferat Inland entwickelten wir daher eine Institution, die über das ganze Jahr hinweg deutsche Musiker für Konzerte und sonstige Veranstaltungen anbot. So organisierten wir etwa die sehr erfolgreiche *History Of Jazz* in Frankfurt. Hier wurden im ersten Teil traditioneller Jazz mit den Two Beat Stompers, im zweiten Teil Swing mit dem Emil Mangelsdorff Swingtett und im dritten Teil das Albert Mangelsdorff Quintett für Modern Jazz vorgestellt. Da eine Reihe von Musikern mehrmals auftraten, konnte diese Veranstaltung recht günstig aufgezogen werden. So wirkten beispielsweise Emil Mangelsdorff und Joki Freund in allen drei Formationen mit – Letzterer war Pianist in den ersten beiden Teilen und Tenorsaxophonist im Teil für Modern Jazz –, und Albert Mangelsdorff war Gitarrist im zweiten Teil (Swing) und Bandleader und Posaunist im dritten Teil (Modern Jazz).

Gemeinsam mit dem Kulturamt Kaiserslautern entwickelten wir zudem als Modell die neue Konzertreihe Kammermusik in Jazz mit jeweils vier Veranstaltungen, die über das ganze Jahr verteilt waren. Auf diese Weise konnte für alle beteiligten Musiker eine umfassende und intensive Werbung betrieben werden. Für *Kammermusik in Jazz* bin ich sogar so weit gegangen, nach dem Vorbild des Modern Jazz Quartet für das Albert Mangelsdorff Quintett Smokings zu besorgen, da es uns darauf ankam, den Jazz deutlich sichtbar als Konzert wie auch als Kulturereignis zu fördern.

Mit Percy Heath (links) und Milt Jackson (rechts) vom Modern Jazz Quartet, 1956. (Privatarchiv Fritz Rau)

Das Geld für einen VW-Bus, der unsere deutschen Jazzmusiker in anstrengenden Fahrten durch die Lande karrte, lieh ich mir von Norman Granz (und habe es später zurückbezahlt). Wir mussten sehr kostenbewusst arbeiten, da die Veranstalter zumeist nicht mehr als 350 bis 400 Mark pro Gastspielabend bezahlen konnten. Durch Übernachtungen bei Jazzfans oder in sehr einfachen Unterkünften konnten wir unsere Hotelkosten niedrig halten. Ich selbst bekam für diese Tätigkeit lediglich eine Monatspauschale in Höhe von dreihundert Mark. Aber ich absolvierte *on the road* die beste Lehre, der sich ein künftiger Tourneeveranstalter im Umgang mit Künstlern unterziehen kann.

Albert und Emil Mangelsdorff

Meine besondere Bewunderung und Hingabe galt Albert Mangelsdorff, dessen Posaunenspiel im Hans Koller Quintett (dokumentiert auf einer Schallplatte des Labels Brunswick mit dem Titel *Sound-Koller*) mich veranlasst hatte, mein erstes Jazzkonzert mit ihm und den Frankfurt All Stars veranstalten zu wollen. Ich möchte hierzu feststellen: Wer mit dem richtigen Künstler beginnt, hat eine Chance, auch später qualitativ hochwertige Konzerte möglich zu machen. Albert Mangelsdorff war Posaunist im Tanzorchester des Hessischen Rundfunks unter der Leitung von Willy Berking, was ihm auf lange Zeit ein beamtenähnliches Arbeitsverhältnis bescherte und ihm und seiner Frau die Existenz sicherte. Doch als Mitglied eines Tanzorchesters ist es für einen hochbegabten Jazzmusiker schwierig, sich musikalisch weiterzuentwickeln, und das galt für Albert Mangelsdorff wie für andere auch. Also fasste er – wahrscheinlich unter meinem wirtschaftlich-finanziell gesehen unheilvollen Einfluss – den Entschluss, beim Tanzorchester zu kündigen und sich in Zukunft ganz auf den Jazz und sein Posaunenspiel zu konzentrieren. Er probte täglich stundenlang im Frankfurter Jazzkeller und entwickelte mit seiner Überblastechnik eine solistische Fähigkeit, die ihn zum anerkanntermaßen besten und originellsten Posaunisten des Jazz weltweit machte.

Eine ähnlich große Bedeutung hat auch sein Bruder Emil Mangelsdorff, der bereits während des Kriegs als »Swingheini« im kulturellen Untergrund agierte und der noch heute, im Alter von achtzig Jahren, als Altsaxophonist und Bandleader ganz hervorragende Konzerte gibt. Hiervon konnte ich mich 2005 bei zwei Konzerten des hervorragenden Emil Mangelsdorff Quartetts persönlich überzeugen. Das eine dieser Konzerte fand im Frankfurter Palmengarten und das andere im Holzhausenschlösschen statt, wo Emil Mangelsdorff an jedem ersten Montag im Monat erfreulich gut besuchte Konzerte mit jeweils einem Gastsolisten gibt.

Am Montag, dem 25. Juli 2005, erreichte mich ein Anruf von Ilo Mangelsdorff, die mir mitteilte, dass ihr Mann Albert am Morgen dieses Tages von seinem langen Leiden erlöst worden sei. Ilo und der gemeinsame Sohn Ralf waren in den letzten Stunden an seinem Krankenbett gewesen. Mich hat diese Nachricht schwer getroffen. Wir haben alle einen ganz einzigartigen Musiker verloren und viele von uns auch einen sehr wertvollen Menschen und Freund.

Albert Mangelsdorff war sozusagen meine erste Liebe im Jazz. Sein Posaunenspiel und die Zusammenarbeit mit ihm haben mich bewogen, nach unserem Heidelberger Konzert 1955 nach Frankfurt überzusiedeln und meine Ausbildung zum Juristen an den Nagel zu hängen. Albert vollzog einen vergleichbaren Schritt, als er seine gesicherte Position im Orchester Willy Berking aufgab, um freier Jazzmusiker zu werden – für ihn der Beginn einer Weltkarriere. Die Parallelen in unseren Lebensläufen gingen sogar so weit, dass wir im gleichen Jahr 1958 Vater wurden: er von seinem Sohn Ralf, ich von Andreas Oscar.

Ilo Mangelsdorff war jahrzehntelang an seiner Seite und hatte einen großen Anteil daran, dass sein wirtschaftlich nicht immer einfacher Lebensweg von so viel Erfolg gekrönt war. Wir alle schulden ihr Dank für alles, was sie für ihren Mann und seine Musik getan hat.

Albert wurde am Montag, dem 1. August 2005, auf dem Frankfurter Hauptfriedhof beerdigt. Ich hatte Ilo zugesagt, neben anderen Rednern am offenen Grab ein paar Worte zu sprechen. Aber in der Nacht zuvor erlitt ich einen Schwächeanfall, und ich konnte wegen meiner Kreislaufprobleme nicht an der Beerdigung teilnehmen.

Albert Mangelsdorff gehört zu meinem Leben, und ich werde ihn nie vergessen.

Das Heidelberger Cave

Ich, ein hoffnungsvoller Jurastudent und Stipendiat der Studienstiftung des Deutschen Volkes, hatte inzwischen das Studieren aufgegeben, was mit der Gründung des bereits erwähnten Cave 54 in Heidelberg zusammenhing, eines Jazz- und Existenzialistenkellers nach dem Vorbild des Frankfurter Domicile du Jazz und der französischen Keller während der deutschen Besatzungszeit. Die Nächte im Cave waren immer länger und die Vorlesungen am nächsten Morgen immer weniger geworden, bis ich mich schließlich gar nicht mehr im Juristischen Seminar blicken ließ – über drei Jahre lang.

Fritz Rau am Bass im Heidelberger Jazzclub Cave 54, 1955 (Privatarchiv Fritz Rau)

In der wesentlich von der Verdrängung der deutschen Geschichte zur Zeit des Dritten Reiches geprägten Adenauer-Ära waren Jazzkeller wie das Cave ein Ort der kulturellen und politischen Opposition. Unsere Inspiration bezogen wir aus dem Werk der neueren französischen Schriftsteller und Philosophen wie Jean-Paul Sartre, Albert Camus und Simone de Beauvoir. Für den Band *Marie Mar-*

cks. Sternstunden der Menschheit habe ich einen Beitrag über das Cave mit dem Untertitel »Jazz und Existentialismus im Heidelberg der 50er Jahre« verfasst, aus dem ich einige Passagen über meine Zeit im Cave zitieren möchte:

> Das Cave 54 wurde im Juli 1954 in der Krämergasse in Heidelberg eröffnet. Klaus Preis, ein promovierter Rechtsanwalt, der Gerichtsreferendar Robert Brecht und Heiner Braun vom Heidelberger Filmclub hatten gemeinsam ein Darlehen von 5000 Mark aufgetrieben, einen Keller gemietet und mit einer spärlichen Einrichtung möbliert. Den Stadtvätern ein Ärgernis, wurde das Cave für die Jugendlichen und die Studenten zu einer konspirativen Zelle wider die bürgerlichen Ordnungsprinzipien einer konservativen Universitätsstadt. Nacht für Nacht tobte dort unten eine kleine Jazzhölle, und die schwarzen Mitgliedsausweise galten bald als eine Art existentieller Adelsbrief. Einen solchen Ausweis hatte ich zwar auch, gehörte damit aber noch lange nicht zum inneren Zirkel des Cave. Das sollte sich bald ändern.
>
> Das Cave war damals jeden Abend zum Brechen voll, steuerte aber wirtschaftlich geradewegs auf die Pleite zu. Irgendwas konnte da nicht stimmen, und so machte ich dem Vorstand den Vorschlag, die allabendlichen Einnahmen zu überwachen. Anscheinend hatte ich Talent zum Buchhalter, denn die Einnahmen stiegen von 1400 bis auf 6000 Mark im Monat. Dabei habe ich doch nur brav aufgeschrieben, was in die Kasse kam. Als dann im Sommer 1955 Heiner Braun als freier Filmproduzent nach München ging, wurde ich in den Cave-Vorstand gewählt. […]
>
> Doch das Cave war nicht nur ein Treffpunkt für Jazzenthusiasten, sondern entwickelte sich auch zu einem Forum der geistigen Aufarbeitung der jüngeren deutschen Vergangenheit. Wir luden Ex-Generäle und andere Militärs in unseren Keller ein, diskutierten über die Wiederbewaffnung, Rassenverfolgung und Konzentrationslager und boten promi-

nenten Amerikanern die Gelegenheit, ihre Version der politischen Vorgänge vor 1945 zu schildern, so unter anderem dem schwarzen Schriftsteller James Baldwin *(Fire Next Time)* und Thornton Wilder *(Our Little Town)*.

Neben meiner Tätigkeit als Kassenwart für das Cave war ich mehr und mehr zum Organisator geworden, der bald ein eigenes Jazzkonzert veranstalten wollte. Das bereits beschriebene Konzert in der Stadthalle wurde ein Höhepunkt, aber auch eine Art Endpunkt meiner Heidelberger Zeit im Cave.

Von Heidelberg nach Frankfurt

Später zog ich wegen Horst Lippmann und Albert Mangelsdorff nach Frankfurt. Ich wurde nicht reich an Geld, aber reich an Erfahrung. Und fand auf diesem Weg meine berufliche Bestimmung, die dann fast fünfzig Jahre lang mein Leben ausfüllen sollte.

Horst Lippmann war mein Idol, wurde mein Lehrer und blieb immer mein Inspirator auf allen Wegen, die ich als Konzertveranstalter ging und die mich allmählich aus dem kleinen, vertrauten Bereich des Jazz in die weite Welt der musikalischen Unterhaltung hinausführten. Ihm verdanke ich es, dass ich am Ende meines langen Arbeitslebens sagen kann: Es war richtig, das alles zu tun. Und das ist mir sehr wichtig.

Am 18. Mai 2005, dem achten Todestag Horst Lippmanns, erlebte ich eine besondere Ehrung für meinen Freund: In Anerkennung seiner Lebensleistung und seiner Verdienste für Frankfurt und den Jazz gab die Stadt dem Platz vor dem Jazzkeller an der Kleinen Bockenheimer Straße mit dem von Lippmann restaurierten Jazzhaus den Namen Horst-Lippmann-Platz, und es wurde ein entsprechendes Schild angebracht. Diese längst fällige Würdigung verdanken wir den mehrjährigen intensiven Bemühungen des Frankfurter Journalisten Hermann Wygoda. Besonders berührt haben mich der Vortrag seines Lippmann-Nachrufs aus der Frankfurter Rundschau durch den Journalisten und Schriftsteller Michael Rieth sowie die Danksagung der Tochter meines Freundes, Sylvia Lippmann.

Jazz contra Marschmusik – »Swingheinis« und Hitler-Jugend

Man wird sich vielleicht fragen: Wie kommt denn so jemand wie ich – ein Bauernbub aus dem badischen Landkreis Pforzheim – dazu, Konzertreferent der Deutschen Jazz Föderation zu werden, sein Studium abzubrechen und für die Musik zu brennen wie eine Fackel? Das alles hat mit dem (einmal abgesehen von dem meiner Geburt) wichtigsten Jahr meines Lebens zu tun: 1945, dem Jahr des Kriegsendes und des Untergangs des Dritten Reiches. In dieser Zeit war das Aufeinandertreffen zweier völlig unterschiedlicher Phänomene für meine weitere Entwicklung bedeutsam.

Da gab es einerseits das Phänomen Horst Lippmann und Freundeskreis – Persönlichkeiten wie Emil Mangelsdorff, Carlo Bohländer, Hans Otto Jung und andere. Sie haben 1941, mitten im Zweiten Weltkrieg, den Hot Club Frankfurt gegründet, der im Grunde nichts anderes war als ein Hort der subversiven kulturellen Opposition gegen die herrschende Staatsgewalt und die Kulturdiktatur des Nationalsozialismus. Diese jungen Menschen wurden »Swingheinis« genannt und als Anhänger einer »entarteten« Musik verleumdet; sie standen unter staatlicher Überwachung und wurden insbesondere ab dem Jahr 1944 verfolgt. Horst Lippmann gab zum Beispiel schriftlich weiter, wann im Radio die Swingsendungen von BBC London zu hören waren – auf das Abhören von Feindsendern stand die Todesstrafe. Für ihn und seine Freunde war die Musik des Jazz ein unverzichtbares Bedürfnis und ein Gegenpol zur faschistischen Kultur – oder besser gesagt Antikultur – des Dritten Reiches. Sie lebten und erlebten den Jazz und konnten so schließlich überleben. Horst Lippmann wurde 1945 aus der Gestapohaft befreit. Den ersten amerikanischen Soldaten, den er traf, fragte er: »How is Benny Goodman?« Der Amerikaner hat nicht schlecht gestaunt. Das hatte er nicht erwartet.

In dem ausgezeichneten Film *Sophie Scholl* über die Geschwister Scholl, die sich mit ihren Freunden in der Widerstandsgruppe der Weißen Rose gegen die Naziwillkür zusammenschlossen und schließlich ermordet wurden, wird zu Beginn gezeigt, wie Sophie Scholl und ihre Freundin im Radio Swingmusik hören und dabei den englischen Text mitsingen. Nach ihrer Enthauptung klingt der Film mit einer tief ergreifenden Jazzballade aus. Hier wird wunderbar deutlich gemacht, dass es auch im Dritten Reich eine Jugend gab, für die der Jazz die Grundstimmung des kulturellen Widerstands auf den Punkt brachte.

Auf der anderen Seite gab es jedoch auch das Phänomen der Hitler-Jugend, der Staatsjugend des Dritten Reiches. Diese jungen Menschen wurden darauf gedrillt, sich dem System der Unmenschlichkeit zu unterwerfen und ihm bis in den Tod und das eigene Verderben hinein zu dienen. Einer von ihnen war ein fünfzehnjähriger Jungvolkführer namens Fritz Rau. Er war mit Marschmusik und mit Phrasen wie »Heute gehört uns Deutschland und morgen die ganze Welt« oder »Führer befiehl, wir folgen dir« groß geworden, und 1945 verstand er plötzlich die Welt nicht mehr, ja es brach eine Welt für ihn zusammen. Das Kriegsende empfand ich zunächst als Niederlage und die Alliierten nicht als Befreier, sondern allein als Besatzungsmächte. Wir waren alle in Angst vor den Alliierten erzogen worden und erwarteten nur Schlechtes von ihnen, etwa dass Deutschland gemäß dem Morgenthauplan in ein zurückgebliebenes Agrarland verwandelt werden sollte. Doch das Gegenteil war der Fall: Der erste amerikanische Soldat, der mir gegenüberstand, gab mir Schokolade und Kaugummis, die tägliche Hooverspeisung in der Schule stillte meinen unbändigen Hunger, und der Marshallplan der USA ermöglichte in Deutschland den Wiederaufbau und schließlich das Wirtschaftswunder.

Heute lese ich immer wieder Stimmen, die sich darüber auslassen, wie schön die Zeit mit der Hitler-Jugend doch gewesen sei – mit ihrem Gemeinschaftsgeist, den Geländespielen, Kameradschaftsabenden und anderen Aktivitäten. Doch darf man die schlimmen Seiten nicht vergessen: etwa dass wir als »Herrenvolk« erzogen wurden, dass uns beigebracht wurde, mit Hass und Verachtung auf die Angehörigen anderer Völker, Rassen und Länder herabzuschauen. Ich war selbst bereits mit dreizehn Jahren Kriegsfreiwilliger und schwärmte davon, für mein Vaterland zu sterben, anstatt daran zu denken, für mein Land zu leben. Nach dem Krieg erlangte ich nach und nach Klarheit über die mörderische Geschichte des Dritten Reiches und die Verbrechen der Deutschen, was mich in zunehmendem Maße mit Scham und Entsetzen erfüllt hat.

Horst Lippmann wurde 1945 befreit, ich aber wurde gerettet – aus den Fängen der Unmenschlichkeit und des Größenwahns, in die ich geraten war. Der frühere deutsche Bundeskanzler Helmut Kohl, der im gleichen Jahr geboren ist wie ich, sprach einmal von der »Gnade der späten Geburt«. Ich möchte viel lieber von der »Gnade der frühen Besatzung« durch die Alliierten sprechen.

Damals, ich war fünfzehn, entstand das folgende Gedicht:

Wir sind das Strandgut unserer Zeit.
Wir stehen nah am Nichts.
Gebt uns nur ein paar Schritte weit
ins neue Leben das Geleit
und einen Schimmer Lichts.

Doch dieses Licht war Klang und kam aus dem Radio. Dieses Licht waren Swing und Jazz, angefangen mit Glenn Miller; das waren Klänge, die das genaue Gegenteil zur Marschmusik der Nazizeit darstellten. Durch das Offbeat-Erlebnis wurde plötzlich auch mein ganzes körperliches System in einen anderen Rhythmus gebracht. Marschmusik macht, dass sich die Schwachen noch schwächer und die Protzigen noch protziger fühlen. Im Swingjazz dagegen lernen die Lahmen zu gehen, und die Schwachen holen tief Luft und schöpfen neuen Mut. Die Protzigen aber marschieren ins Leere.

In dieser Situation also wurde ich nach Kriegsende durch den Swingjazz neu geboren und an Körper, Geist und Seele entnazifiziert. Hinzu kam, dass der Jazz alles auf den Kopf stellte, was ich als Hitlerjunge in Sachen Übermenschentum und Rassendiffamierung gelernt hatte. Der Jazz ist die Verkörperung der Freiheit und der Individualität, der Menschlichkeit – also der Gegensatz zu allem, wofür der Nationalsozialismus steht. Diese Entnazifizierung durch den Jazz bedeutete für mich eine geistige und seelische Wiedergeburt, doch war sie auch ein allmählicher Prozess, der sich über Jahre erstreckte.

Jazz ist nicht weiß und nicht schwarz. Er ist eine Symbiose aus der afrikanischen Metrik und Rhythmik und der europäischen Melodik und Harmonik, entstanden als eine neue Weltmusik im amerikanischen Rassenschmelztiegel von New Orleans.

Das alles begann ich schon während meiner Schulzeit im badischen Ettlingen zu begreifen. Als ich dann in Heidelberg Jura studierte, habe ich Freunde getroffen, mit denen ich mich immer weiter in die Welt des Jazz vertiefte. Durch Schallplatten lernte ich so die Musik von Louis Armstrong, Duke Ellington und später die Größen des Bebop und die deutschen Jazzmusiker kennen – mit der Konsequenz, dass ich 1955 so weit war, mein erstes Konzert zu veranstalten. Schallplatten waren und sind meine Wegweiser, und ich habe im Lauf der letzten fünfzig Jahre eine insgesamt über zehntausend Exemplare umfassende Kollektion von LPs, CDs und Singles gesammelt. Aber das wichtigste und einzig wahre Musikerlebnis sind für mich Livekonzerte. Denn live ist Leben – wie das Wort schon sagt. Deshalb wurde ich Konzertveranstalter und war nur gelegentlich auch als Schallplattenproduzent tätig.

Eine sehr große Bedeutung hatte für mich die persönliche Begegnung mit den Jazzpionieren aus dem Frankfurter Hot Club, vor allem mit Persönlichkeiten wie Albert und Emil Mangelsdorff, Carlo Bohländer und anderen. Das für meine Entwicklung Entscheidende aber – und das möchte ich wiederholen dürfen – war das menschliche, musikalische und veranstalterische Vorbild von Horst Lippmann, der mir Jazz, Swing und Blues so nahe brachte, dass ich diese Musik auch wirklich fühlen und erleben konnte. So entstand in mir die Sehnsucht nach Musik als einer Wahrheit – und nicht als einem bloßen Objekt der kommerziellen Spekulation – und nach Musikern, die diese Wahrheit musikalisch verkündeten. Denn Musik wird geprägt und bestimmt von der Intention und der Wahrhaftigkeit des Künstlers, der sie spielt oder komponiert. Diese Wahrhaftigkeit ist ein wesentliches Merkmal von Blues und Jazz; also waren es am Anfang vor allem der Blues und der Swing, die mich fesselten. Und so hängte ich mein Studium für drei Jahre an den Nagel und lebte in Frankfurt, dem damaligen Zentrum des deutschen Jazz.

Gerichtsreferendar, Tourneeorganisator und Vater

Gegen Ende dieser drei Jahre wurde ich von einer wunderbaren Frau geheiratet, und 1958 kam unser Sohn Andreas Oscar zur Welt, benannt nach seinem Paten Oscar Peterson. Die wissenden Augen meines kleinen Jungen und die Energie seiner Mutter Hildegard haben mich dazu veranlasst, wieder an das verblasste Studium zu denken, und plötzlich war ich zurück an der Universität Heidelberg. Dort habe ich also mein Studium fortgesetzt, aber gleichzeitig auch für Horst Lippmann, Norman Granz und die Deutsche Jazz Föderation als Tourneeleiter weitergearbeitet. Als ich nach dem Universitätsexamen Gerichtsreferendar wurde, war bereits unsere Tochter Saskia geboren.

Als Gerichtsreferendar und Vater von zwei Kindern bekam ich monatlich 286 Mark Unterhaltszuschuss. Das aber war zu wenig, zumal meine Frau nach der Geburt des zweiten Kindes nicht mehr arbeiten sollte. So setzte ich meine Tätigkeit als Gerichtsreferendar fort und war daneben im Zweitberuf Tourneeorganisator für Horst Lippmann. Diese Doppelbelastung war eine schwere Zeit für mich, aber wider Erwarten bestand ich schließlich mein Assessorexamen mit Prädikat und war somit Volljurist. Ich erhielt das Angebot einer renommierten Anwaltskanzlei, dort einzusteigen, und wurde auch als Rechtsanwalt zugelassen. Doch da bot mir Horst Lippmann, beraten von Norman Granz, die Partnerschaft in seinem Konzertbüro an, und so gründeten wir 1964 die Firma Lippmann+Rau GmbH & Co KG. Diese Firma wurde für viele Jahrzehnte meine berufliche, künstlerische und politische Heimat. Gedanklich ist sie das auch heute noch.

Den erfolgreichen Abschluss meiner juristischen Ausbildung verdanke ich aber auch meinem gestrengen Zuchtmeister Norman Granz. Ohne ihn hätte ich mein Studium nicht zu Ende führen können. Er fragte mich eines Tages, ob ich denn überhaupt jemals wieder an die Universität zurückwolle, und ich machte ihm deutlich, dass dies nur dann möglich sei, wenn ich als Tourneeleiter genügend Geld gespart hätte. Auf seine Frage, wie viel Geld ich dafür brauchte, sagte ich: »Etwa zehntausend Mark.« Kaum war der Betrag ausgesprochen, bekam ich einen riesigen Schreck über meine Unverschämtheit. Aber Norman Granz zückte nur sein Scheckbuch und schrieb mir einen Scheck über zehntausend Mark aus. Ich stammelte: »Wann soll ich das denn zurückbezahlen?« Er antwortete: »Pay it back to me when you are a rich lawyer.« [Zahl es mir zurück, wenn du ein reicher Rechtsanwalt geworden bist.] Ich wurde nie ein reicher Anwalt, aber ein wohlhabender Konzertveranstalter, der das Darlehen schon recht bald wieder zurückzahlen konnte. Diese Episode wirft ein bezeichnendes Licht auf den Menschen Norman Granz, der immer wieder auch Musikern half, die in Geldnöten waren, aber nie viel Aufhebens darum machte.

Vom Konzertbüro Horst Lippmann zu Lippmann+Rau

Bei der Gründung der Lippmann+Rau GmbH & Co KG hatte ich zwar keine Schulden, war aber praktisch vermögenslos – was Horst Lippmann jedoch nicht davon abhielt, mich zum Fiftyfifty-Partner zu machen. Dies war sicherlich ein im kapitalistischen System außerordentlich ungewöhnlicher und mir persönlich sehr entgegenkommender Schritt. Ich hatte wirklich hart dafür gearbeitet, dass es so weit kam, und nun war ich endlich da, wo ich immer hingewollt hatte, und konnte meine ganze Kraft und Energie dem Konzertbüro widmen. Als Rechtsanwalt hätte ich davon gelebt, Prozesse zu führen. Jetzt lebten wir gut davon, in einer sehr prozessfreudigen Branche Rechtsstreitigkeiten zu vermeiden. Und die Welt hatte einen Rechtsanwalt weniger und einen erfolgreichen Konzertkartenverkäufer mehr.

Bei den Partnerschaftsverhandlungen zur Firmengründung spielte überraschenderweise meine Frau Hildegard eine große Rolle. Das wichtigste Meeting war ein Treffen von Horst Lippmann, unserem künstlerischen Berater Günther Kieser, meiner Frau Hildegard, die mich nach Frankfurt gefahren hatte, und mir. Über die finanziellen Modalitäten waren wir uns recht bald einig, aber plötzlich warf meine Frau die Frage auf, wie die neue Firma denn heißen solle. Horst Lippmann war erstaunt und sagte: »So wie bisher: ›Konzertbüro Horst Lippmann‹.« Zuvor hatte ich nämlich als Gerichtsreferendar und Beamter auf Widerruf nicht namentlich in Erscheinung treten dürfen. Zu meiner wachsenden Überraschung schlug meine Frau nun vor, die neue Firma stattdessen Lippmann+Rau zu nennen. Unser dritter Mann Günther Kieser meinte, Lippmann+Rau klinge überhaupt nicht gut, worauf meine Hildegard entgegnete: »Rodgers und Hammerstein klingt auch nicht, und doch sind sie Partner und als Musicalmacher höchst erfolgreich!«

Ich war völlig baff und hockte wie ein Häufchen Elend in der Ecke, weil mir das alles sehr peinlich war. Aber Hildegard hatte Recht. In der neuen Firma wollte ich mich voll einbringen. Wir hatten vereinbart, dass ich als Geschäftsführer und Malocher im Büro arbeiten sollte, während Horst Lippmann als künstlerischer Ideengeber und vor allem, falls wir in Schwierigkeiten gerieten, als Geldgeber fungieren sollte. In einem »Konzertbüro Horst Lippmann« wäre ich nicht auf den ersten Blick als Geschäftsführer zu erkennen gewesen, und da Horst Lippmann seltener zu erreichen war, hätte es zu Schwierigkeiten kommen können. Unter dem Namen Lippmann+Rau wäre ich aber deutlich auch als Partner erkennbar und müsste nicht peinlicherweise erst das Handelsregister kopieren, um auch jedem deutlich zu machen, welche Stellung ich in dieser Firma innehatte. Indem wir uns für die Namensänderung entschieden, war eine vernünftige psychologische Grundlage für meine Arbeit im Konzertbüro geschaffen. Diese günstige Entwicklung verdanke ich meiner starken Frau Hildegard, die nicht nur unsere Kinder allein großzog und unser Privatleben organisierte, sondern mir auch geschäftlich half, wann immer es eng wurde.

Musik und Bild –
Die Arbeit mit Günther Kieser

Die Begegnung mit dem Graphiker und späteren Kunstprofessor Günther Kieser zu Beginn meiner Frankfurter Tätigkeit war ein weiterer wichtiger Glücksfall in meinem Leben. Günther Kieser hat durch seine graphischen Arbeiten, insbesondere seine Konzertplakate, das Gesicht von Lippmann+Rau geprägt. Seine Arbeit steht unter dem Motto »Visual Music Design«, das heißt, sie strebt eine Übersetzung der Musik ins Bildhafte an. Seine Plakate ermöglichten uns, auch die Konzerte verhältnismäßig unbekannter Künstler erfolgreich präsentieren zu können, was besonders für unsere späteren Dokumentationen authentischer Musik, wie zum Beispiel das *American Folk Blues Festival*, sehr wichtig war.

Einen interessanten Einblick in unsere Zusammenarbeit mit Günther Kieser gibt das nachstehende Interview, das Frieder Mellinghoff mit mir führte. Es wurde unter dem Titel »The Prelude« im August 1989 im Katalog zur Essener Kieser-Ausstellung veröffentlicht.

> *Bei den Namen Lippmann+Rau klingt für uns immer der Name Günther Kieser mit. Wie kam es zu Ihrer Zusammenarbeit?*
>
> Eigentlich ist Horst Lippmann der Begründer der Zusammenarbeit mit Günther Kieser. Als ich 1956 dazugestoßen bin, hatte Horst Lippmann schon sieben Jahre lang Konzerte gemacht. Er hat 1949 angefangen als mein großes Idol, das er bis heute geblieben ist, als mein bester Freund zusammen mit Günther Kieser. Als ich, wie gesagt, 1956 dazukam, bestand schon eine Zusammenarbeit Lippmann – Kieser, die damals noch spektakulärer war als heute, weil die beiden Sachen unternommen haben, die einfach unbekannt waren und die Leute erschreckt haben. Es ging so weit, daß unsere örtlichen Veranstalter, die seriösen Konzertagenturen, sich gewehrt haben. Ich erinnere mich an Plakate der 55er Jahre, die etwas anarchistisch wirkten. Da hat sich sogar unser größtes An-

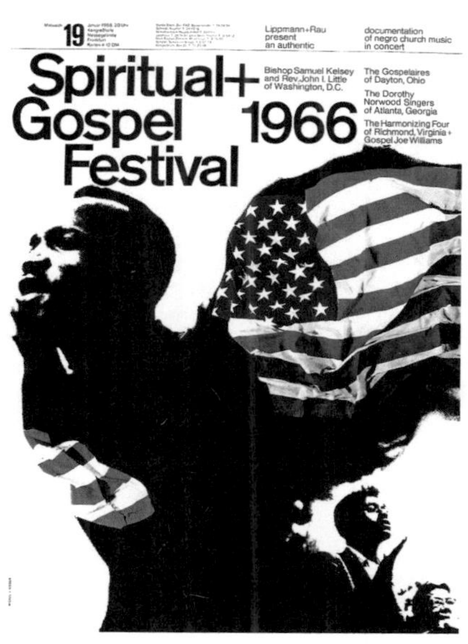

Legendäre Lippmann+Rau-Tourneeplakate von Günther Kieser.
(Günther Kieser)

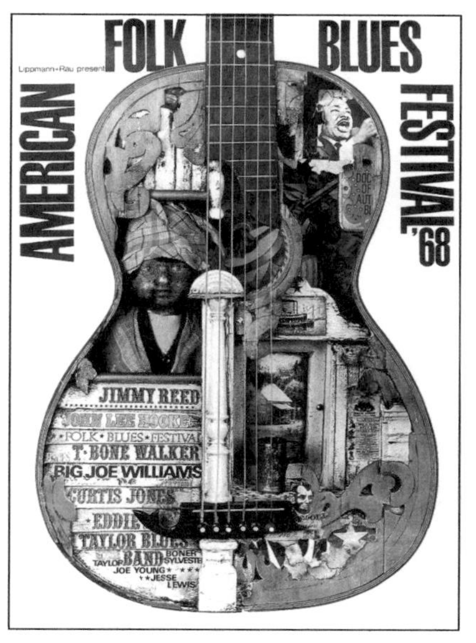

Legendäre Lippmann+Rau-Tourneeplakate von Günther Kieser.
(Günther Kieser)

schlagunternehmen noch geweigert, so etwas zu plakatieren.

Damals wurde ja die klassische Konzertmusik genauso geschmacklos angekündigt wie heute, auf grünem oder gelbem Papier mit schwarzem Aufdruck »Berliner Philharmoniker«. Aber da kam Horst Lippmann als Veranstalter und hat diesen jungen Günther Kieser Plakate machen lassen, die einen Eigenwert hatten. So fing es an, und ich kam zu dieser fruchtbaren Beziehung Kieser – Lippmann hinzu, wobei Lippmann als Kunstkenner und Kunstsammler weitaus prädestinierter war. Da hing eine ungeheure Sammlung in seinem Haus. Er hat damals mit Frankfurter Malern wie Götz und anderen Jazzabende organisiert, wo man nicht nur Platten hörte wie im Jazzclub, sondern wo auch ein Kunstmaler seine Werke erklärt und dazu Jazzmusik gespielt hat.

Ich hatte das Glück, da aufgenommen zu werden. Ich weiß noch, der Günther hatte damals in Offenbach sein Atelier, und ich ging da hin, und wir haben über Plakate gesprochen. Er hat mich von Anfang an fasziniert. Er wurde eigentlich für mich so eine Art Mentor. Es bleibt unvergessen: Wir sind mal eine Nacht durch Paris spaziert. Ich war damals öfters in Paris, weil diese Stadt für uns eine Wallfahrtsstätte geworden war. Zwischen den Stars im Deux Magots haben wir natürlich auf Sartre gewartet, auch im Café de Flore. Und obwohl ich einmal sogar sechs Wochen im Quartier Latin gelebt habe, hat mir erst Jahre später Günther Kieser in diesem nächtlichen ausgedehnten Spaziergang gezeigt, was es da gibt an Säulen, Ankündigungen, an vergilbten bemalten Häuserfronten, wo noch »Daguerreographie« angekündigt war, woran man achtlos vorbeiging. Günther hat mich an diesem Abend das Sehen gelehrt, als wäre ich in einer Blindenheilanstalt gewesen. Da muß ich sagen, daß ich diesem Einfluß, den er mein weiteres Leben lang auf mich ausübte, gern nachgegeben habe. Vor allen Dingen später in der Auseinandersetzung über aktuelle Konzertplakate hat er für mich eine ganz entscheidende Rolle gespielt. Er hat mir Kunststunden gegeben. Dadurch bin ich in den Genuß gekommen, viel mehr zu sehen als einer, der halt nicht diese Hilfe erfahren hat.

Ich hatte immer den Eindruck, daß Kieser in seinen Plakaten durch die Darstellung von Menschen, die Musik produzieren, oder durch Sinnbilder etwas von dieser Musik visualisiert, die dann auf den abendlichen Bühnen oder in den Jazzkellern gemacht wurde.
Ja, richtig. Für uns ist das Plakat nicht ein Werbemittel, sondern ein »prelude to a kiss«. Unsere Konzerte beginnen mit Günther-Kieser-Plakaten. Darin liegt eigentlich die optimale Begegnung, von Optik zur Akustik oder, wie Sie sagen, vom Bild zur Musik. Durch die Entwicklung der Musikindustrie sind viele Aufträge gebunden an das weltweite Image einer Gruppe. Aber damals, als man noch Freiheiten hatte wie bei Jimi Hendrix, für den Kieser ja diese ideale Kombination zwischen Erfindung und Abbildung des Künstlers realisierte, indem er den Kopf des Jimi Hendrix vollkabelte, hat er intensiv die Musik gehört und versucht, seinen Eindruck von der Musik zu visualisieren.
Durch Kieser habe ich gelernt, darauf Wert zu legen, dass ein Plakat bereits zu dem ersten Stück eines Konzerts als Präludium, als ein Musik-Vorspiel gehört, auch im Zeitalter der Musik-Industrialisierung. […]

Ich finde es eine schöne Formel, hier von »Prelude« zu sprechen. Oft habe ich beobachtet, wie junge Leute im Vorfeld eines musikalischen Ereignisses Plakate als Ansprache wahrnehmen, sie auch genießen und sie privatisieren, sie in den eigenen Lebensraum mit hineinnehmen.

Glauben Sie, daß unter diesem Aspekt einer persönlichen Ansprache durch das Plakat dieses Printmedium auch in Zukunft verwendet wird?

Wir brauchen dieses visuelle Präludium als Teil des Gesamtkunstwerks, das wir präsentieren. Das sind ja nicht nur Töne, sondern das ist auch ein Bühnenbild, siehe Pink Floyd. Und dazu gehört auch das Plakat. [...]

Ohne Günther Kieser wäre ich mir nicht treu genug. Er hat mir die Augen geöffnet, er hat dieses, was wir hier besprechen, was uns beide verbindet, in mir erst geweckt. Er hat vielleicht offene Türen eingerannt, aber ohne seine Message wäre ich nie darauf gekommen, ohne seine Treue wäre ich mir selbst untreu geworden. Das ist eine Treue zur Person und eine Treue zur Sache.

Die Qualität unserer Plakate entsteht aus der Spannung zwischen Kiesers Phantasie und meinen Ängsten um Werbewirksamkeit. [...] Ich glaube, daß ich mit Günther in einer dialektischen Spannung stehe, zwischen Ästhetik und den kommerziellen Zielen, die ich repräsentiere. In dieser offenen, unbequemen Spannung haben wir uns nicht nur

Fritz Rau und sein Graphiker Günther Kieser, Mitte der achtziger Jahre. (Privatarchiv Fritz Rau)

auseinandergesetzt, sondern wir sind sogar ab und zu aneinandergeraten, wenn es auch meinerseits in Verehrung und hemmungslose Begeisterung einmündete.

Aber ich glaube, wenn Sie ihn mal fragen, wird er im Rückblick sagen, daß meine Forderung, Straßenkunst zu fertigen, die auch einem kommerziellen Zweck gerecht wird, seine Plakatkunst positiv beeinflußt hat.

Der Blues kommt nach Europa: Die »American Folk Blues Festivals«

In die Zeit der frühen sechziger Jahre fällt der Beginn unserer Produktion der *American Folk Blues Festivals*, die wir von 1962 bis 1982 veranstaltet haben. Horst Lippmann legte Wert darauf, den Begriff »Folk« in den Titel der Konzertreihe mitaufzunehmen, um damit zu dokumentieren, dass es sich hier um mehr als um Rhythm'n'Blues-Konzerte handelte – nämlich um ein umfassendes Spektrum des Blues. Wesentliche Anregungen verdanken wir Joachim Ernst Berendt. Er hatte sich von Horst Lippmann die Kontaktadressen von Willie Dixon und anderen schwarzen Musikern geben lassen und war in die Vereinigten Staaten gereist. Nach seiner Rückkehr berichtete er begeistert von dem vielen Blues, den er in den Ghettos der Schwarzen erlebt hatte – ein Potenzial, mit dem sich doch etwas machen ließe. So inspirierte er uns, all diese Bluesküntsler nach Europa zu holen und das *American Folk Blues Festival* aus der Taufe zu heben.

Nun begab sich auch Lippmann in die USA, wo er Bluesmusiker wie Willie Dixon, John Lee Hooker, Muddy Waters, Sam Lightnin' Hopkins und T-Bone Walker aufsuchte. Mit diesen und vielen anderen Musikern stellte er dann jährlich neue Konzertprogramme zusammen, in deren Rahmen wir sie in ganz Europa als authentische Repräsentanten des Blues vorstellten. Es kam uns darauf an, die ganze Bandbreite des Blues zu präsentieren – vom Folkblues aus den Südstaaten über den West Coast Blues eines

T-Bone Walker oder den Texas Blues eines Lightnin' Hopkins bis hin zum Big City Blues der Southside von Chicago, für den Namen wie Muddy Waters oder Howlin' Wolf stehen.

Für unsere schwarzen Bluesmusiker, die damals, zu Beginn der sechziger Jahre, in sehr bescheidenen Verhältnissen lebten, bedeuteten die Konzerttourneen durch Europa einen regelrechten Kulturschock. Aus diesem Grund musste ich mich als Tourneeleiter besonders intensiv um sie kümmern. Glücklicherweise war es uns möglich, unsere Tournee von Baden-Baden aus zu starten, da hier unsere *American Folk Blues Festivals* über Jahre hinweg in Joachim Ernst Berendts erfolgreicher Fernsehreihe *Jazz – gehört und gesehen* präsentiert wurden (die Regie dieser Sendungen hatte Horst Lippmann, und für das bemerkenswerte Bühnenbild zeichnete Günther Kieser verantwortlich). Während der ersten Woche in

Musiker des American Folk Blues Festivals, 1966. Auf der Flugzeugtreppe unten links: Sonny Boy Williamson. (Privatarchiv Fritz Rau)

Baden-Baden hatten wir also eine gewisse Vorbereitungszeit, sodass sich die Bluesmusiker an uns und an Europa gewöhnen konnten. Freunde wie Stefanie Wiesandt, eine ausgezeichnete Fotografin und Schauspielerin, die damals in Baden-Baden lebte, halfen ihnen dabei. Auch Joachim Ernst Berendt hat uns, insbesondere am Anfang, bei der Vorbereitung der *American Folk Blues Festivals* sehr unterstützt. Vor allem seine Fernsehproduktionen beim Südwestfunk waren eine wichtige Hilfe für uns.

Unterwegs mit Sonny Boy Williamson, Shakey Jake, Muddy Waters…

In Baden-Baden hatte der geniale Sänger und Mundharmonikaspieler Sonny Boy Williamson die unheilvolle Idee, ein Kaninchen zu schlachten und sich daraus auf seinem Zimmer in einem recht vornehmen Hotel ein Essen zu kochen. Dies geschah nicht ohne erheblichen Schaden für das Zimmer, und wir hatten große Mühe, nicht aus dem Hotel verwiesen zu werden.

Einige Tage später folgte auf ein Abendkonzert in Mannheim am Sonntag früh eine Matinee in Lüttich. Deshalb machten wir uns nach dem Mannheimer Konzert mit der Bahn auf den Weg nach Belgien. Ich hatte für uns Abteile reserviert, aber unser uriger Folkbluessänger Big Joe Williams bekam Krach mit seinen Kollegen, und plötzlich war er im fahrenden Zug verschwunden. Ich geriet in Panik, da Big Joe durchaus bei der nächsten Station hätte aussteigen können, aber schließlich habe ich ihn dann in einem anderen Abteil gefunden, wo er friedlich mit fremden Reisenden zusammensaß. Als er mich bemerkte, sagte er: »I don’t want to see you, just leave me alone.« [Ich will dich nicht sehen, lass mich allein.] Ich zog mich zurück, positionierte mich aber in der Nähe seines Abteils im Gang des Zuges, wo er mich nicht sehen konnte, und habe so die Reise nach Lüttich auf einem Stehplatz zurückgelegt.

Nach unserem Blueskonzert 1962 in Kaiserslautern hatte ich mir erlaubt, bei meiner Familie im nahe gelegenen Neustadt an der

Weinstraße zu übernachten, als ich in den Morgenstunden durch einen Anruf des Hotels geweckt wurde. Unser begabter junger Mundharmonikaspieler Shakey Jake Harris war von der Polizei verhaftet worden. Ich machte mich sofort auf den Weg nach Kaiserslautern, wo ich erfuhr, dass unser Freund ein nettes Mädchen mit auf sein Zimmer hatte nehmen wollen, was der Hotelportier nicht erlaubte. Da war unser Musiker plötzlich durchgedreht und hatte dem erschrockenen Portier ein Messer vor den Bauch gehalten. Shakey Jake war ansonsten wirklich eine Seele von Mensch und wollte niemandem etwas zuleide tun, aber wer weiß, was der Portier im Zorn alles gesagt hatte. Glücklicherweise war dem Portier kein Haar gekrümmt worden, aber unseren Freund hatte die Polizei abgeführt.

In der Zelle traf ich einen unglücklichen und zerknirschten Musiker, der allen Grund hatte, den Blues zu fühlen und zu singen. Inzwischen war es Vormittag geworden, und ich konnte durchsetzen, dass ich vom Polizeipräsidenten empfangen wurde. Ich wollte erreichen, dass sich Shakey Jake der Tournee wieder anschließen konnte und ein Presseskandal vermieden wurde. Erfreulicherweise war der Herr Polizeipräsident Vorsitzender des örtlichen Musikvereins, und meine Ausführungen über die künstlerische Qualität unserer Bluesmusiker hatten ihn neugierig gemacht. Schließlich wollte er Shakey Jake persönlich sehen. Der hatte glücklicherweise eine Mundharmonika dabei, und so machte ich den Vorschlag, dass er dem Herrn Polizeipräsidenten doch eine Kostprobe seines Könnens geben könne. Als der zustimmte, flüsterte ich Shakey zu: »Bitte, blase dir die Seele aus dem Leib, so gut du kannst!«, und wirklich spielte er seinen Blues mit einer Intensität, wie auch ich sie selten erlebt habe. Der Polizeipräsident war beeindruckt und gerührt. Letzten Endes drückte er beide Augen zu – nachdem er zuvor seine Ohren umso weiter geöffnet hatte – und ließ unseren Freund frei. Der Skandal war vermieden, und die Tournee konnte fortgesetzt werden.

Die Begegnungen mit unseren Blueskünstlern von 1962 bis 1982 haben einen starken Eindruck bei mir hinterlassen und mich sehr geprägt. Es gäbe noch einiges mehr über meine Aktivitäten zum Wohle der Musiker zu erzählen, schon da ich eine nahezu mütterliche Fürsorge für unsere Blueskünstler entwickelte. Auf der anderen Seite gab es aber auch Leute wie Muddy Waters, der ein Grandseigneur des Blues und eine sehr starke Persönlichkeit war. Er wies meine Bemühungen nicht ganz zu Unrecht mit der Bemerkung zurück: »Don't overdo it. We are no children!« [Übertreib mal nicht, wir sind keine kleinen Kinder!]

Die Rolling Stones, Eric Clapton und andere Bluesenthusiasten

1962, bei unserer ersten Europatournee mit dem *American Folk Blues Festival*, gaben wir in England nur ein einziges Konzert, und zwar in der Free Trade Hall in Manchester. Zu dieser Veranstaltung war auch eine Gruppe etwa zwanzigjähriger, komisch und wild aussehender junger Leute aus London angereist. Sie schafften es, bis zu den Künstlergarderoben der Bluesmusiker vorzudringen, und hingen dann backstage bei ihren Idolen herum. Unter diesen ungebetenen Besuchern waren auch Mick Jagger, Keith Richards und Brian Jones, die noch im gleichen Jahr eine Band namens The Rolling Stones gründeten. Und sie waren nicht die einzigen später weltberühmt gewordenen Musiker aus der Londoner Bluesszene, die eigens nach Manchester gekommen waren – erwähnt sei nur Jimmy Page, der spätere Kopf von Led Zeppelin.

Als wir dann 1970 unsere erste Rolling-Stones-Tournee in Deutschland veranstalteten, erzählte mir Mick Jagger, dass ich ihn und seine Freunde in typisch deutscher Manier mehrmals des Backstagebereichs verwiesen hatte, damit die Bluesmusiker sich auf ihr Konzert konzentrieren konnten. Es war im Grunde eine ganz ähnliche Begegnung wie mein erstes Zusammentreffen mit Horst Lippmann – nur mit vertauschten Rollen. Mick Jagger sagte mir später, er hätte mich für ein Arschloch gehalten, aber gleichzeitig sei er dankbar gewesen, dass wir seine Idole nach England gebracht hatten. Übrigens schenkte Shakey Jake in Manchester dem leider früh verstorbenen Brian Jones eine Mundharmonika, die der Rolling Stone sehr in Ehren hielt, wie mir später berichtet wurde. Und die ganze Band hat sich von einem Muddy-Waters-Titel zu ihrem Namen inspirieren lassen, dem *Rollin' Stone Blues* – ob das ein Song über Nierensteine ist?

Beim nächsten *American Folk Blues Festival* im Folgejahr 1963 gab es in England und auf dem Kontinent schon etliche Blueskonzerte mehr. Sonny Boy Williamson machte uns auf eine junge britische Bluesband von Siebzehn- bis Achtzehnjährigen aufmerksam, die sich The Yardbirds nannten. Horst Lippmann hörte die Band und war so begeistert, dass Lippmann+Rau gleich eine LP produzierten: *Sonny Boy Williamson And The Yardbirds*, live im Crawdaddy-Club in Richmond, mit einem siebzehnjährigen Gitar-

Verleihung der Goldenen Schallplatte an Eric Clapton (zweiter von rechts) in den neunziger Jahren. Rechts im Bild Gerd Gebhardt von der Plattenfirma Warner Music und dritter von links Bernd Dopp, ebenfalls von Warner Music. (Privatarchiv Fritz Rau/Petra Kerstan)

risten – Eric Clapton. Für Clapton wie die Yardbirds war es die erste Plattenaufnahme überhaupt, und das ist immer der wichtigste Moment im Leben eines jungen Künstlers.

Über die *American Folk Blues Festivals* begannen somit meine bis heute andauernden Freundschaften mit den Rolling Stones und mit Eric Clapton, die jeweils eine jahrzehntelange Zusammenarbeit bei Konzerttourneen zur Folge hatten. Also auch hier: Am Anfang war der Blues.

Als ich mich nach unserer großen Open-Air-Tournee 1982 im Kölner Müngersdorfer Stadion mit den Worten »Thank you for trusting an old promoter« [Danke, dass ihr einem alten Konzertveranstalter euer Vertrauen geschenkt habt] von den Rolling Stones verabschiedete, gab mir Bassist Bill Wyman zurück: »Thank you for trusting an old band.« [Danke, dass du einer alten Band dein Vertrauen geschenkt hast.] Und Keith Richards fügte hinzu:

»Don't forget, we are just a suburban London Blues Band.« [Vergiss nicht, wir sind bloß eine Londoner Vorstadt-Bluesband.] In dieser scherzhaft dahergesagten Bemerkung steckt sehr viel Wahrheit. Ihre Liebe auch zum Jazz stellten die Rolling Stones 1982 übrigens damit unter Beweis, dass alle Open-Air-Konzerte mit Duke Ellingtons *Take The A-Train* eingeläutet wurden. Und im Londoner Büro der Rolling Stones sah ich erfreut die Fotografien von Ella Fitzgerald, Charlie Parker, Duke Ellington und anderen meiner Jazzidole hängen. Der Stones-Schlagzeuger Charlie Watts, der viele Jahre lang ein eigenes Jazzquintett leitete, schrieb sogar ein bemerkenswertes Buch über sein Idol Charlie Parker.

Wir haben die Rolling Stones in Deutschland und anderen Ländern über zwanzig Jahre lang präsentieren dürfen, bis wir in den neunziger Jahren von einem anderen Veranstalter mit einem Angebot überboten wurden, das uns einfach zu hoch erschien, um mitzuhalten. Unabhängig hiervon blieb das persönliche Verhältnis zwischen den Rolling Stones und mir erhalten. 2000 schickte mir Mick Jagger eine Geburtstagsgratulation mit der Anmerkung »for the Godfather«, und an meinem Geburtstag, dem 9. März, erhal-

Mick Jagger und Fritz Rau in einer Karikatur von Sebastian Krüger. (Privatarchiv Fritz Rau)

Fritz Rau mit einer ihm von den Rolling Stones im Oktober 1973 verliehenen Silberschale mit der Gravur »Rock'n' Rau Forever«. (Privatarchiv Fritz Rau)

te ich alljährlich einen Anruf mit Gratulationswünschen aus dem Rolling-Stones-Büro. Meist ist dann Mick Jagger oder sein persönlicher Assistent Alan Dunn am Apparat. Bereits nach der 1973er Tournee habe ich ein silbernes Tablett mit der Aufschrift »To Fritz with Thanks from The Rolling Stones« geschenkt bekommen. Darunter befand sich der liebenswürdige Zusatz: »Rock'n'Rau Forever«.

Vom Jazz über den Blues zum Rock

Interessant ist, dass es ausgerechnet Musiker der Modern-JazzSzene waren, denen wir die Anregung zu einer Konzertdokumentation des Blues verdanken, wie wir sie dann mit dem *American Folk Blues Festival* realisiert haben. Bereits 1958 schenkte uns nämlich John Lewis, der Pianist und Spiritus Rector des Modern Jazz Quartet, eine Schallplatte des legendären Bluesgitarristen und -sängers Muddy Waters und wies auf den verborgenen musikalischen Reichtum des Blues und auf die vielen bedeutenden Bluesmusiker in den Schwarzenghettos der USA hin. In den USA erschienen Bluesschallplatten damals als sogenannte »Race Records«. Diese »Race Music« wurde ausschließlich in den Schwarzenvierteln angeboten und war für die weiße Bevölkerung nur schwer erhältlich. Die kommerziell erfolgreiche Musik des frühen Rock'n'Roll der fünfziger Jahre war dagegen weißen Interpreten wie Elvis Presley und anderen vorbehalten, auch wenn der Rock'n' Roll aus dem Blues seine Kraft bezog.

Wenig später gab uns der wunderbare Altsaxophonist Julian Cannonball Adderley die Adresse von Willie Dixon, der in Chicago für das von den Brüdern Leonard und Phil Chess gegründete Label Chess Records Blueskünstler produzierte und selbst Komponist unzähliger Bluesstücke war. Dixon wurde bald zu unserem wichtigsten Partner für die Vorbereitung und Durchführung der *American Folk Blues Festivals*.

Als Bestandteil seines Produzentenvertrags mit Chess Records musste Willie Dixon damals die Urheberrechte an seinen Kompositionen an die Plattenfirma abtreten. Im Gegenzug erhielt er ein monatliches Honorar, das ihm die Sicherheit gab, seine vielköpfige Familie ernähren zu können. Diese Regelung hatte aber natürlich auch zur Folge, dass Dixon von den Millionengewinnen seiner Hitkompositionen keinen Cent sah – darunter Stücke wie *Little Red Rooster*, mit dem die Rolling Stones eine Nummer eins in England hatten. Um diesen Zustand zu ändern, gab ihm Horst Lippmann ein Darlehen über fünftausend Dollar, sodass Willie Dixon seinen eigenen Verlag gründen und fortan die Urheberrechte an seinen späteren Kompositionen selbst wahrnehmen konnte.

Muddy Waters soll in einem ähnlichen Zusammenhang einmal zum Inhaber von Chess Records gesagt haben: »You made me a name – I made you a millionaire.« [Du hast mich bekannt gemacht – und ich habe dich zum Millionär gemacht.]

Von jedem unserer *American Folk Blues Festivals* hat Horst Lippmann Schallplatten produziert und später auf dem Label L+R Records (Lippmann+Rau Records) herausgebracht. CDs von den *American Folk Blues Festivals* sind über das Label Bellaphone noch heute erhältlich, und 2004 veröffentlichte der USKonzern Universal unter dem Titel *The American Folk Blues Festivals* eine DVD mit Ausschnitten aus den Fernsehproduktionen – eine Dokumentation, die weltweit Aufsehen erregte und sogar für einen Oscar nominiert wurde. Im Begleitheft zu dieser DVD wird der Einsatz von Horst Lippmann und mir für den Blues auf eine sehr schöne Weise gewürdigt. Bill Wyman schrieb zu dieser DVD ein Vorwort, das mit dem Satz endet: »Things would have been a whole lot different in Britain without the *American Folk Blues Festivals*; they proved to be a rich legacy for musicians throughout Europe.« [Ohne die American Folk Blues Festivals sähen die Dinge in Großbritannien heute ganz anders aus; im Nachhinein wird deutlich, welch enorme Wirkung sie auf Musiker in ganz Europa ausgeübt haben.]

Im Jahr 2002 fand in Horst Lippmanns Geburtsort Eisenach ein Bluesfestival unter dem Motto *40 Jahre American Folk Blues Festival* statt. Initiator und Organisator dieses mehrtägigen Ereignisses war der Leiter des Eisenacher Kulturamts, Reinhard Lorenz. Zu dieser Veranstaltung wurden auch noch lebende amerikanische Blueskünstler der früheren Festivals eingeladen, darunter Hubert Sumlin und Carey Bell, und in einer beeindruckenden Ausstellung wurden die Festivalplakate von Günther Kieser gezeigt. Das Kulturamt der Stadt Eisenach bereitet außerdem eine Lippmann+Rau-Stiftung vor, die dem Gedenken an Horst Lippmann gewidmet ist, und inzwischen ist in Eisenach ein bemerkenswertes Jazzarchiv von internationaler Bedeutung entstanden. Es lohnt sich also in vielfacher Hinsicht, Eisenach einen Besuch abzustatten – wegen der Wartburg mit Luthers Tintenfass, des Geburtshauses von Johann Sebastian Bach und wegen des Horst-Lippmann-Archivs.

So wie wir vom Jazz zum Blues gekommen sind, waren es Ende der sechziger und Anfang der siebziger Jahre Blues und Rhythm'n'Blues, die Lippmann+Rau den Weg in den weiten Bereich der Rock- und Popmusik eröffneten – unsere jahrzehntelan-

Lippmann und Rau, 1983. (Privatarchiv Fritz Rau)

ge Zusammenarbeit mit den Rolling Stones ist nur ein Beispiel von vielen. Daneben gab es unzählige Tourneen mit vielen großen Namen der Rockmusik, darunter The Who, Jimi Hendrix, Queen, Jethro Tull, The Mothers of Invention, The Doors, Janis Joplin, die Allman Brothers und viele andere. All diesen Rockgruppen und Einzelstars ist gemeinsam, dass sie vom Blues herkommen und dass der Blues die wichtigste Inspiration ihrer Musik ist.

Es kommt nicht unbedingt darauf an, sich in der Auswahl seiner Künstler nach der aktuellen Entwicklung der Hitparaden zu richten. Manchmal genügen auch ein sicherer Geschmack und eine intensive Beobachtung der Musikszene, um einen Konzertveranstalter erfolgreich zu machen.

Das »Spiritual And Gospel Festival«

Nach dem gleichen Produktionsschema wie beim *American Folk Blues Festival* haben wir dann auch das *Spiritual And Gospel Festival* ins Leben gerufen, bei dem wir über Jahre hinweg Gospel-Ensembles aus nordamerikanischen Kirchen in ganz Europa vorgestellt haben. Die Gospelmusik ist ein weiteres typisches Produkt der schwarzen Kultur in Amerika. Auf der Suche nach authentischen Gospel-Ensembles gingen wir in die Kirchen der amerikanischen Ghettos, und Horst Lippmann begegnete dem Bischof Samuel Kelsey, der als junger Reverend die neue Gospelbewegung initiiert hatte. Lippmann hat sogar in Kelseys Kirche in Washington, D. C. gepredigt und erlebt, wie die schwarzen Kirchgänger aufgestanden sind und Halleluja gesungen haben. Gemeinsam mit Bischof Kelsey produzierten wir das *Spiritual And Gospel Festival* direkt in den Kirchen der Ghettos und brachten dann die besten Sänger und Gruppen zu den Konzerten nach Europa. Tatkräftige Unterstützung erhielten wir vom damaligen Frankfurter Jugendpfarrer Lothar Zenetti, einem profunden Kenner der schwarzen Kirchenmusik, der die *Spiritual And Gospel Festivals* in Deutschland moderierte. Von ihm stammt der Satz: »Wir müssen nach dem

Vorbild der schwarzen Kirchen aus der christlichen Drohbotschaft eine Frohbotschaft machen – mit Jesus als Leitfigur.« Zenetti hat auch das bemerkenswerte und aufschlussreiche Buch *Peitsche und Psalm* über die Spirituals und Gospelsongs Nordamerikas geschrieben, das zum ersten Mal 1963 erschienen ist.

Ray Charles und der Soul

Aus der Gospelmusik hat sich der Soul entwickelt – anstelle des Wortes »Jesus« wurde nun einfach »Baby« gesungen, was für die gläubigen Anhänger der Gospelmusik allerdings nicht ganz unproblematisch war. Die unbestrittene Königin des Soul wurde die Pfarrerstochter Aretha Franklin mit ihrer unvergleichlichen Stimme. 1968 haben wir Aretha Franklin erstmalig für eine Tournee nach Europa gebracht, und auf sie folgten viele andere große Namen des Soul, unter anderem James Brown, Wilson Pickett sowie Ike and Tina Turner.

Einen besonders intensiven Kontakt hatte ich mit Ray Charles, den Norman Granz etwa achtmal auf Europatournee schickte. Ray Charles hat die geistliche Gospelmusik mit dem weltlichen Rhythm'n'Blues verbunden, wodurch eine Vielzahl von faszinierenden Musikstücken entstanden ist. Diese Mischung von zuvor für unvereinbar gehaltenen Stilrichtungen empfanden die gläubigen Anhänger der Spiritualund Gospelmusik allerdings als heikel, ja letzten Endes als Frevel und Gotteslästerung. Noch mehr hat Ray Charles die Jazzpuristen vor den Kopf gestoßen, als er anfing, Countrysongs zu spielen, und sogar nach Nashville ging, um eine Country-LP aufzunehmen. Aber auch hier hat seine Musik die Kritiker letztlich verstummen lassen, da er aus Countrysongs wie *I Can't Stop Loving You* wunderbare Soulmusik machte.

Ray Charles war bereits in seiner Kindheit erblindet, und es war bemerkenswert, wie er mit diesem Handicap umging. Er entwickelte verschiedene Methoden, um die Nachteile der Blindheit auszugleichen, und bewies uns immer wieder, dass er wie ein Sehender agieren konnte. Unter anderem erfand er auch ein Feuerzeug für Blinde. Besonders berührte es mich, als ich zu Beginn einer Tournee einmal zu ihm gerufen wurde und er vor einem Plakat von Günther Kieser saß. Beim Entwurf dieses Plakats hatte sich Günther selbst übertroffen – es zeigte unter der Überschrift »The Genius of Soul« eine Beethoven-Büste, bei der das Haupt des Komponisten durch ein Bild von Ray Charles ersetzt worden war. Ray Charles hatte sich das Plakat in allen Details erklären lassen und war davon nicht nur begeistert, sondern wusste seiner Begeisterung auch mit Argumenten Ausdruck zu geben, die den tatsächlichen optischen Eindruck erstaunlich genau trafen. Allerdings stritten wir uns über die Größe der Schriftelemente – die Angaben zu Konzertdatum und Auftrittshalle erschienen ihm zu klein gedruckt.

Bei seiner letzten Deutschlandtournee hörte Ray Charles vom Tod Horst Lippmanns und bestand darauf, sein Grab aufzusuchen. Daraufhin machte ein Freund von Horst den Manager des Künstlers auf die Tatsache aufmerksam, dass dort nur ein einfaches Holzkreuz stehe und dass der nach einem Entwurf von Günther Kieser gestaltete Grabstein in Form einer Gitarre erst später aufgestellt werden solle. Der Manager antwortete ganz lakonisch, das mache gar nichts, da Ray Charles lediglich an der geistigen Begegnung mit Horst Lippmann an dessen Grab interessiert sei.

In diesem Zusammenhang möchte ich noch auf den ausgezeichneten Film *Ray* hinweisen, der im Januar 2005 in den deutschen Kinos angelaufen ist. Jamie Foxx, der wirklich überragende Darsteller von Ray Charles, erhielt für seine Leistung 2004 den Oscar als bester Schauspieler; Gesang und Musik sind aber Originaldarbietungen von Ray Charles selbst, der bis zu seinem Tod im Juni 2004 auch an der Entwicklung des Drehbuchs beteiligt war – mit ein Grund für den sehr überzeugenden, authentischen Eindruck, den der Film vermittelt. Ich kann jedem nur ans Herz legen, sich diesen Film anzuschauen und sich auch die CD mit der Original-Filmmusik von Ray Charles zu kaufen. Ebenso empfehlenswert ist seine letzte CD-Produktion *The Genius Loves Company*, eine Duettplatte mit sehr guten Partnern von Elton John bis Norah Jones. Mir gefallen die Songs von Norah Jones sehr, und ich erinnere mich gern an unsere Tourneen mit ihrem Vater, dem indischen Sitarvirtuosen Ravi Shankar.

Weltmusik – Das »Festival Flamenco Gitano« und andere Festivals

Nicht nur für die schwarze Musik aus den Ghettos der amerikanischen Städte hat sich Horst Lippmann eingesetzt. Eine in mancher Hinsicht vergleichbare europäische Musikform ist der Flamenco der spanischen Gitanos (»Zigeuner«), der im Gegensatz zum Flamenco Classico mit seinen festen Formen eine dem Jazz verwandte, weitgehend improvisatorische Kunst ist. Über die Mithilfe unseres Freundes Olaf Hudtwalcker, der als Kunsthändler spanische Maler in Deutschland vertrat und außerdem jahrelang Präsident der Deutschen Jazz Föderation war, entdeckte Lippmann in Spanien die noch sehr junge Gitanotänzerin La Singla. Unser Verbindungsmann zu den Gitanos war dabei Paco Rebes, ein spanischer Kunsthändler und Freund von Olaf Hudtwalcker. Wir haben La Singla mit den besten Tänzern, Sängern und Gitarristen aus den spanischen Ghettos zusammengebracht und so das *Festival Flamenco Gitano* begründet, mit dem wir viele Jahre lang in ganz Europa erfolgreich waren. Mit dabei war auch ein damals gerade erst sechzehnjähriger Gitarrist, der heute weltweit anerkannt ist: Paco de Lucia. Er verband den Flamenco seiner Heimat mit Jazz und Rock und schuf so einen neuen Musikstil.

Ob Jazz, Blues oder Flamenco Gitano – all diese authentischen musikalischen Ausdrucksformen sind aus dem Volk heraus entstanden, und meist waren es die unterdrückten Minderheiten, die sie als eine Art Überlebensmusik hervorgebracht haben. Wie auch der Jazz nicht in den Herrenhäusern geboren wurde, sondern in den Bordellen von New Orleans, stammt der Flamenco Gitano aus den spanischen Kneipen, und der Tango entstand in den Spelunken von

Buenos Aires. Aber trotzdem haben all diese Musikerscheinungen irgendwann die großen Konzertsäle erobert – ja sogar die Philharmonien, wofür schon Benny Goodmans legendäres Konzert 1938 in der New Yorker Carnegie Hall ein gutes Beispiel darstellt.

All diese Musikformen, die für mein persönliches Leben das Wichtigste überhaupt sind, haben den Globus erobert und sind heute Weltmusik. Horst Lippmann und ich haben es uns früh zur Aufgabe gemacht, diese vielfältigen musikalischen Richtungen – Jazz, Blues, Gospel, Flamenco Gitano, Tango und viele andere – vor ein Publikum zu bringen, und auf dieser Basis haben wir weitergearbeitet und immer neue Festivalprogramme entwickelt. So gestaltete Horst Lippmann in Brasilien das *Festival Macumba y Bossa Nova do Brasil*, auf dem die verschiedenen Erscheinungsformen der brasilianischen Musik (wie Samba, Macumba und Canções) präsentiert wurden, und in Argentinien produzierten wir das *Festival Musica Folklorica Argentina*, auf dem unter anderem die Missa Criolla von Ariel Ramirez aufgeführt wurde; eine Messe, die Elemente der Indiomusik aufgreift. Bei dieser Gelegenheit entdeckte Horst Lippmann die damals blutjunge Mercedes Sosa, die heute weltberühmt ist. In Argentinien entstand auch das *Festival Tango Argentino mit Astor Piazzolla*, das wir dann nach Europa brachten.

Sehr wichtig für uns war auch das *Festival Of American Folk And Country Music* 1966, bei dessen Produktion wir mit Pete Seeger sowie mit dessen Bruder Mike von den New Lost City Ramblers zusammenarbeiteten. Pete Seeger ist vor allem für seine Version des Traditionals *We Shall Overcome* berühmt, das zu einer Hymne der Protestbewegung wurde. Was beim *Festival Of American Folk And Country Music* im Vordergrund stand, war nicht die Countrymusic aus Nashville, sondern die amerikanische Volksmusik proletarischen Ursprungs – also das weiße Gegenstück zum schwarzen Blues – und damit zugleich die Musik von Leuten, die die Vorbilder von späteren Weltstars wie Bob Dylan, Joan Baez, Arlo Guthrie und anderen gewesen sind.

Eine schöne Bestätigung der Bedeutung unserer Arbeit fand sich 1966 in Form einer Kontaktanzeige in der *Frankfurter Rund-*

schau: »Studentin, 25 Jahre, Lippmann+Rau-Typ, sucht Freund.« Es gibt auch andere, nicht von uns produzierte Festivals, die gleichwohl durchaus in der Tradition der Lippmann+Rau-Produktionen stehen. Zu nennen wären hier etwa das Irish Folk Festival von Karsten Linde und der Riesenerfolg des durch den Film von Wim Wenders bekannt gewordenen Buena Vista Social Club aus Kuba. Auch wenn Lippmann+Rau mit diesen Festivalproduktionen direkt nichts zu tun haben, so führt doch Karsten Linde unser American Folk Blues Festival ausdrücklich als Vorbild für seine Irish Folk Festivals an. Gerade das kubanische Beispiel zeigt zudem, dass auch heute noch authentische Musik entdeckt und – musikalisch wie filmisch – dokumentiert werden kann. Mit Soul Of A Man hat Wim Wenders 2002 übrigens auch einen ganz hervorragenden Bluesfilm gedreht, der unter anderem dem Gedenken an unseren Blueskünstler J. B. Lenoir gewidmet ist.

Die Bedeutung von Jazz und Blues für eine Kultur der Unterhaltung

Als authentische Musikformen sind Jazz und Blues gleichzeitig die Grundlage wie die hohe Schule einer wahren Unterhaltungskultur. In diesem Sinn wurden sie für mich zu einem Leitbild meiner Arbeit als Konzertveranstalter im Bereich der musikalischen Unterhaltung.

Was wir brauchen, sind nicht nur mehr Jazzkonzerte, sondern wir brauchen überhaupt mehr Jazz in den Konzerten. Horst Lippmann brachte den Liedermacher Konstantin Wecker mit den Jazzmusikern Wolfgang Dauner und Charlie Mariano zusammen – sicher eine zentrale Begegnung im Leben von Konstantin Wecker. In diesem Zusammenhang ist auch das hervorragende United Jazz & Rock Ensemble zu nennen, in dem legendäre Jazzmusiker wie Albert Mangelsdorff und großartige Rockmusiker wie Jon Hiseman zusammen spielten. Zu meinem fünfundsechzigsten Geburtstag habe ich mir selbst eine Tournee des United Jazz & Rock Ensembles zum Geschenk gemacht. Daneben sind auf dem interessanten Feld des Jazzrocks in Deutschland vor allem Klaus Doldingers Passport und Volker Kriegels Mild Maniac Orchestra zu erwähnen.

Aus der besonderen Bedeutung von Jazz und Blues für die Unterhaltungskultur ergibt sich auch ein Anspruch auf eine besonders intensive öffentliche Förderung dieser Musik, wo immer sie präsentiert wird – sei es im Keller, in Jazzclubs, in den Rundfunk- und Fernsehanstalten oder in den Konzertsälen. Ohne Jazz und Blues als Vorbild und Lehrmeister ist eine Kultur der Unterhaltungsmusik kaum denkbar. Daher verdienen der Jazz und der Blues die gleiche staatliche Förderung wie sie unsere sogenannte klassische Musik erfährt.

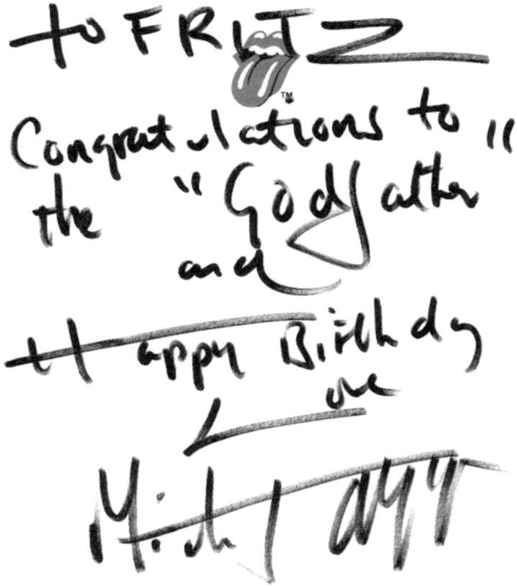

Geburtstagsgrüße von Mick Jagger an den »Paten«.

2. Kapitel

Woodstock und die Folgen: Open-Air-Konzerte in Deutschland

Vorbild USA

Alles begann für mich mit dem Woodstock-Festival von 1969, und dank dem hervorragenden Konzertfilm sowie dem dazugehörigen, sehr hörenswerten Livealbum ging die Open-Air-Botschaft von dort aus um die ganze Welt.

Später habe ich zu meiner Freude festgestellt, dass Lippmann+Rau alle in Woodstock aufgetretenen Künstler auch in Europa präsentiert haben – allen voran Jimi Hendrix, der das deutsche Publikum bereits ein halbes Jahr vor Woodstock mit seiner unvergleichlichen Version der amerikanischen Nationalhymne, die auf seiner Gitarre zum Soundinferno eines Tieffliegerangriffs mutierte, geschockt und begeistert hat. Hierauf werde ich im nächsten Kapitel noch zu sprechen kommen.

Die Veranstalter des Woodstock-Festivals waren noch verhältnismäßig unerfahren und der Situation kaum gewachsen. Tagelanger Regen verschlimmerte die Verhältnisse noch. Irgendwann brach alles zusammen, was zu einem funktionierenden Open-Air-Festival gehört. Die Absperrungen wurden niedergerissen, sodass Kartenkontrollen fortan unmöglich waren, die Security musste kapitulieren, die sanitären Anlagen waren völlig überfordert und so weiter und so weiter... Aber der Film und der Musikmitschnitt auf LP lassen alles optimal und schön erscheinen. Über vierhunderttausend Menschen, weit mehr als erwartet, waren nach Woodstock gekommen; ein großer Teil von ihnen stammte aus den Häuserschluchten des nahe gelegenen New York. Woodstock war das Fest der Hippiebewegung, die von San Francisco aus die USA erobert hatte, und auch ein Fest der Freiheit und der friedlichen Koexistenz, bei dem schwierigste äußere Bedingungen mit viel Toleranz und Improvisation gemeistert wurden.

Bald darauf veranstalteten die Rolling Stones, wiederum vor fast vierhunderttausend Besuchern, in Altamont an der Westküste ein Open-Air-Konzert zum Nulltarif. Dieses Festival wurde zum Alptraum. Als die Stones *Sympathy For The Devil* spielten, stach ein Ordner von den Hell's Angels, die als Securityteam engagiert worden waren, direkt vor der Bühne einen Besucher zu Tode. Die Rolling Stones konnten diesen furchtbaren Vorfall in den folgenden Jahren nie vergessen.

Als wir Ende der sechziger und Anfang der siebziger Jahre große Sicherheitsprobleme hatten und unsere Konzerte gestürmt wurden, war auch ich gezwungen, Schutz durch Securityleute zu suchen, um gewaltbereite Gruppen im Publikum im Zaum zu halten. Ich hatte die Wahl zwischen den deutschen Hell's Angels und der deutschen Polizei und habe mich für die Polizei entschieden. Auch diese Zusammenarbeit hatte ihre Tücken, aber wenn jemand die Gewalt so auslebt wie die Hell's Angels, besteht immer die Gefahr, dass es den anstürmenden Massen gegenüber zu einem unverhältnismäßigen und missbräuchlichen Einsatz von Gewalt kommt. Wenn stattdessen eine Hundertschaft Polizisten aufmarschierte, hatte dies eine abschreckende Wirkung, die es uns ermöglichte, die Konzerte von Led Zeppelin, den Rolling Stones und anderen Weltstars auch in Deutschland heil über die Bühne zu bringen.

Nachdem ich von den in Woodstock aufgetretenen Künstlern die wahre Geschichte über die dortige Desorganisation und die chaotischen Zustände erfahren hatte und auch das Desaster von Altamont in seinen ganzen Ausmaßen bekannt geworden war, bekam ich kalte Füße und sprach mich recht polemisch gegen Open-Air-Konzerte in Deutschland aus. Hierbei verwies ich auch darauf, dass es bei uns doch genügend große Hallen gebe, wo man die Konzertorganisation einigermaßen in den Griff bekommen konnte.

Ganz anders verhielten sich die damals jungen Kollegen Marcel Avram und Marek Lieberberg von Mama Concerts. Sie hatten den Mut und das unternehmerische Geschick, nach dem Vorbild von Woodstock auch in Deutschland mehrtägige Open-Air-Festivals zu organisieren, zum Beispiel 1972 bei Germersheim in der Pfalz. Mit Festivals wie diesem und dem auf der Insel Fehmarn 1970 begann die Open-Air-Geschichte auch in Deutschland.

Mein erstes Open Air:
Die Rolling Stones in Stuttgart

Unter Einsatz der gesamten Überredungskunst eines Mick Jagger gelang es den Rolling Stones 1976 schließlich, mich dazu zu bewegen, das Abschlusskonzert unserer Europatournee als Open Air im Stuttgarter Neckarstadion zu veranstalten. Ich hatte in der Tat mehr Angst als Künstlerliebe und beschloss, als Vorbereitung auf dieses Ereignis zunächst einmal große Open-Air-Konzerte in Amerika zu erleben und zu studieren. Der beste und anerkannteste Open-Air-Veranstalter der USA war damals Bill Graham, der erfolgreiche Rockpionier, der sich vor allem mit seinen Rocktempeln Fillmore East in New York und Fillmore West in San Francisco einen Namen gemacht hat. Dankenswerterweise gewährte er mir Zutritt zum Backstagebereich seiner Open Airs, und ich durfte die wirkungsvollste Organisationsspionage durchführen, die man sich denken kann. Ich habe mir dabei unendlich viele Notizen gemacht, die ich später für unsere europäischen Open Airs nutzen konnte. Hierfür werde ich Bill Graham, der leider in seinem eigenen Hubschrauber tödlich verunglückte, ewig dankbar sein.
Unser Open-Air-Konzert im Stuttgarter Neckarstadion ging er-

folgreich – und vor allem auch zur Zufriedenheit der Rolling Stones – über die Bühne, und trotz noch vorhandener organisatorischer Schwächen war das Publikum doch leidlich zufrieden.

Nürnberg 1977 – Santana, Chicago und Udo Lindenberg

Nun hatte auch ich den Mut, an weitere Open-Air-Veranstaltungen zu denken. Auf Anregung Rainer Hensels, unseres Nürnberger Partners und örtlichen Veranstalters, wurde ich auf das Zeppelinfeld in Nürnberg aufmerksam, wo Hitler seine Reichsparteitage als riesige Propagandaveranstaltungen durchgeführt hatte. Den Reichsparteitag von 1934 hat Leni Riefenstahl in ihrem Propagandafilm *Triumph des Willens* dokumentiert. Noch berühmter wurde Riefenstahl später durch ihre zweiteilige Dokumentation über die Olympischen Spiele 1936 in Berlin.

Als jemand, der im Nationalsozialismus aufgewachsen ist, konnte ich an das Nürnberger Gelände nur mit recht klammen Gefühlen denken. Andererseits empfand ich auch das Bedürfnis, gerade in Nürnberg mit unseren Künstlern große Veranstaltungen durchzuführen, um so den unheilvollen Geist der Nazizeit zu bannen, der die Ruinen der Betonbauten auf dem Reichsparteitagsgelände noch immer umfing. Ich denke, dies ist uns nach mehreren Open-Air-Veranstaltungen in Nürnberg auch gelungen. Heute sprechen viele nicht mehr vom Reichsparteitagsgelände, sondern vom Rockfestival-Feld.

Das Programm für das erste Open-Air-Festival auf dem Nürnberger Zeppelinfeld 1977 habe ich selbst sorgfältig zusammengestellt. Ich reiste in die USA, um die bei CBS unter Vertrag stehenden Supergruppen Santana und Chicago zu gewinnen. Während der Verhandlungen musste ich mehrmals zwischen San Francisco, wo Bill Graham als Manager von Santana lebte, und Denver, wo das Management von Chicago zu Hause war, hin und her fliegen, da wir uns nicht einigen konnten, wer nun das Nürnberger Festival als Höhepunkt beschließen sollte. Jeder der beiden Manager hielt natürlich seine Gruppe für die größte. Doch gelang es mir schließlich, an die Klugheit von Bill Graham zu appellieren, indem ich ihn darauf hinwies, dass Santana als vorletzte Gruppe des Abends noch die ungeteilte Aufmerksamkeit des Publikums erwarten durfte, während der Auftritt der letzten Band darunter leiden könnte, dass sich das zahlreich erschienene Publikum ab einer bestimmten Zeit auf den Heimweg machte, um später nicht im Verkehrsstau stecken zu bleiben. Und ich sollte Recht behalten. Santana spielte an vorletzter Stelle und war der eindeutige Höhepunkt des Festivals. Um die Kosten niedrig zu halten, haben wir am Folgetag, einem Sonntag, mit dem gleichen Programm im Karlsruher Wildparkstadion noch ein weiteres Open-Air durchgeführt.

Nachdem der Deal mit den beiden amerikanischen Supergruppen unter Dach und Fach war, engagierten wir zwei irische Rockgrößen, die ich sehr mochte: den leider 1995 verstorbenen legendären Bluesgitarristen Rory Gallagher und Thin Lizzy mit Gary Moore. Ganz wichtig war es mir, bei dem Festival auch zwei deutsche Rockgruppen vorstellen zu können: Udo Lindenberg und sein Panik-Orchester sowie die Hamburger Formation Lake, die mit ihren gut produzierten LPs vorübergehend sogar in den USA erfolgreich war. Lindenberg war von den Dimensionen seiner Auftritte in Nürnberg und Karlsruhe sehr angetan, und damit begann unsere jahrzehntelange fruchtbare Zusammenarbeit.

Der Erfolg der Open-Air-Festivals von 1977 bewog mich dazu, in Nürnberg weiterzumachen und nach einer noch größeren Attraktion Ausschau zu halten.

Bob Dylan kommt nach Nürnberg

Eine der ganz großen Musikerpersönlichkeiten des 20. Jahrhunderts war bis dahin noch nie in Deutschland aufgetreten: Bob Dylan. Nach seinem schweren Motorradunfall von 1966 hatte er sich zunächst einige Jahre in das idyllische Örtchen Woodstock im US-Bundesstaat New York zurückgezogen, das später zum Namensgeber des großen Open-Air-Festivals wurde. Er vertiefte dort die Zusammenarbeit mit The Band, die sich als kongeniale Partner erwiesen – das Produkt der gemeinsamen Sessions sind die legendären *Basement Tapes*.

1969 sagte Dylan überraschend zu, zusammen mit The Band auf dem großen Open-Air-Festival auf der Isle of Wight aufzutreten. Ich habe ihn dort erlebt und war sehr beeindruckt. Die beiden *Isle Of Wight Festivals* 1969 und 1970 waren erste Höhepunkte der Open-Air-Kultur in Europa. 1970 faszinierten mich insbesondere Emerson, Lake & Palmer, die ich dort zum ersten Mal live erlebte und sofort zu einem Konzert nach Frankfurt holte (hierzu mehr im Kapitel »Rocklegenden«).

Seit Mai 1977 war das Management von Bob Dylan in den Händen von Jerry Weintraub, zu dem ich erfreulicherweise gute Verbindungen hatte, denn er war auch Manager von Neil Diamond und Henry John Deutschendorf (alias John Denver), mit denen wir jahrelang erfolgreiche Tourneen durchgeführt haben. Für das Jahr 1978 bereitete Dylan eine Welttournee vor, und Jerry Weintraub machte mir das Angebot, ich solle den europäischen Teil der Tournee übernehmen. Also flog ich auf seine Einladung hin nach Los Angeles, um die entsprechenden Verhandlungen zu führen. Da mir die Organisation der gesamten Europatournee dieses bedeutenden Künstlers als etwas zu gewaltig erschien, hatte ich mit meinem englischen Geschäftsfreund Harvey Goldsmith vereinbart, die Tournee gemeinschaftlich durchzuführen. Er sollte die Konzerte in Großbritannien übernehmen, wo Bob Dylan besonders populär war, während wir die Veranstaltungen auf dem europäischen Kontinent betreuen würden.

Die Verhandlungen zogen sich über Tage hin, da Weintraub die Dylan-Auftritte in Europa detailliert besprechen und die Einzelheiten mit uns gemeinsam und erst nach Zustimmung des Künstlers festlegen wollte.

Am zweiten Verhandlungstag öffnete sich plötzlich die Tür, und es erschien Bob Dylan *himself*. Da ich diesen Künstler und seine Songs sehr verehre, wurde ich starr vor Schreck, und mir verschlug es förmlich die Sprache. Bob Dylan wollte seine europäischen Veranstalter gern persönlich kennen lernen – schließlich würden wir monatelang seine Tournee vorbereiten und danach über Wochen hinweg mit ihm durch Europa reisen. Ich brachte zunächst mal kein Wort mehr heraus und war froh, dass es der als wortkarg bekannte Bob Dylan war, der zuerst das Wort an mich richtete, und zwar mit dem erstaunlichen Satz: »I saw your *American Folk Blues Festival* 1962 in Copenhagen.« [Ich hab 1962 euer *American Folk Blues Festival* in Kopenhagen gesehen.] Er erzählte mir, dass er damals als eine Art Straßensänger herumgetrampt sei, und fuhr fort: »Aber was hat euch um Himmels willen bewogen, den wunderbaren *storyteller* John Lee Hooker das Programm eröffnen zu lassen, statt ihn am Ende des Konzerts als Highlight zu präsentieren?« Ich war baff und musste tief Luft holen. Dann versuchte ich ihm die Philosophie von Horst Lippmann als Produ-

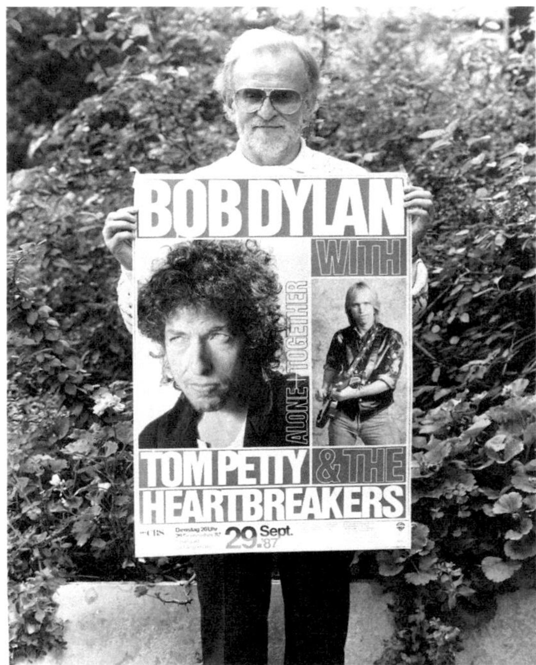

Plakat zur Europatournee von Bob Dylan. (Privatarchiv Fritz Rau / Mathias Krohn)

zent der *American Folk Blues Festivals* zu erklären: »Wir wollten das Konzert nicht mit einer zündenden Chicago-Rhythm'n'Blues-Band wie der von Willie Dixon eröffnen, sondern das Publikum zum Folkblues hinführen und gleich zu Beginn des Konzerts eine bestimmte beschauliche und bluesgerechte Stimmung erzeugen. Und dafür war der beste *storyteller* John Lee Hooker gerade gut genug.« Bob Dylan wirkte beeindruckt, und wir hatten ein gutes Gespräch. So stand auch bei unserer Beziehung zu Bob Dylan am Anfang der Blues.

Im Verlauf des Gesprächs bekam ich den Mut, Dylan vorzuschlagen, auf dem Nürnberger Reichsparteitagsgelände mit seiner furchtbaren Geschichte ein für ihn besonderes Open-Air-Konzert zu veranstalten. Ich hatte eine lange Diskussion erwartet und wollte ihm langatmig die Beschaffenheit des Geländes erklären, aber er meinte nur: »Kennst du den Riefenstahl-Film *Triumph des Willens?* Ich hab das Video zu Hause.« Da wusste ich, dass wir einem besonderen Ereignis entgegenfiebern konnten.

Schließlich waren mit Jerry Weintraub alle Einzelheiten für die europäischen Konzerte festgelegt, unter anderem auch ein Mindesthonorar für Bob Dylan in Millionenhöhe. Da fragte mich Weintraub lächelnd: »Und wie stellst du dir die Vorauszahlung der Garantiesumme vor? Die Japaner haben für ihren Teil der Tournee vor einer Woche die Millionengarantie in grünen Dollars mitgebracht und bezahlt. Das erwarten wir auch von dir.« Ich war ein zweites Mal sprachlos und geschockt und wusste nicht, was ich antworten sollte. In meiner Hilflosigkeit hörte ich mich plötzlich sagen: »Das wäre gegen meine religiöse Überzeugung.« In diesem Moment brach Jerry Weintraub in lautes Lachen aus und sagte nur noch: »Fritz, du bist komplett meschugge.« Dann rief er sofort seine Frau an und teilte ihr mit, dass er einen Gast aus Deutschland mitbringen werde und sie ein entsprechend schönes Essen vorbereiten solle. Das war eine sehr hohe Auszeichnung für mich, da man mit Geschäftsfreunden in der Regel essen geht, meist in sehr guten Restaurants. Aber ein Besuch zu Hause im Privathaus in Malibu ist doch recht selten.

Weintraub wurde nun sogleich wieder ernst und fragte nach meinem Vorschlag zur Lösung des Problems. Ich wusste, dass es ihm hauptsächlich darauf ankam zu testen, ob seine europäischen Partner finanziell gesund waren oder ob er irgendwelche Befürchtungen bezüglich der Bezahlung des Garantiehonorars hegen musste. Daher schlug ich ihm eine Bankbürgschaft in Form eines *irrevocable letter of credit* vor. Das bedeutet, dass die Bank zum Schuldner der Garantiesumme wird und am Morgen nach jedem Konzert den entsprechenden Teilbetrag automatisch und unwiderruflich überweist. Nach der Besprechung wurde mir klar, dass ich meinen Mund wieder einmal zu voll genommen hatte. Wo sollte ich eine Bankbürgschaft über Millionen US-Dollar hernehmen? Sollte ich der Bank womöglich mein noch nicht ganz abgezahltes Privathaus, den Bungalow in Oberursel-Stierstadt, als Sicherheit anbieten? Doch selbst das hätte nur einen Bruchteil der garantierten Summe abgedeckt. Gott sei Dank hatte ich meinen Partner Horst Lippmann. Seine Bank übernahm die Bankbürgschaft, räumte uns sogar eine günstige Avalprovision (Verzinsung) ein, und so konnte ich den Dylan-Deal für Europa zum Abschluss bringen.
Im Rahmen der Europatournee waren in Deutschland vier Konzerte vorgesehen: zwei in der Dortmunder Westfalenhalle, eins in der Berliner Deutschlandhalle sowie das Open-Air auf dem Nürnberger Zeppelinfeld. Bei dieser Welttournee 1978 hatte Dylan eine ganz hervorragende Band dabei – drei der Musiker hatten früher in der Band von Elvis Presley gespielt – und außerdem drei wunderbare Backgroundsängerinnen. Die Original-Bandbesetzung ist auf der ambitionierten Doppel-LP oder -CD *Bob Dylan At Budokan* zu hören. Budokan ist die größte Konzerthalle in Tokio.

Die Dortmunder Konzerte gingen mit Anstand über die Bühne der ausverkauften Westfalenhalle. Aber in der Berliner Deutschlandhalle war die Hölle los. Man hatte das Gefühl, auf einer Vollversammlung der ehemaligen Achtundsechziger Revolutionäre zu sein – die Halle war gefüllt mit den Repräsentanten jener Generation, die nach erfolgreichem Marsch durch die Institutionen inzwischen selbst in Amt und Würde gekommen sind und als Bankdirektoren, Wirtschaftsbosse,

Anwälte oder Außenminister Karriere gemacht haben. Diese Leute hatten ihren Bob Dylan der frühen Sechziger erwartet, der mit einer akustischen Gitarre im Arm und einem Mundharmonikagestell vor dem Mund die alten Hymnen der Bewegung singt. Stattdessen stand auf der Bühne ein mitreißender Entertainer in Topform, von drei Vokalistinnen fantastisch begleitet und mit einer Band, die klang und swingte, dass es für mich ein Ohrenschmaus war. Da brach der ganze Hass der Achtundsechziger auf den Kommerzialismus durch. Vielleicht war es aber auch mehr ein Hass auf das Leben, das sie jetzt führten und in dem sie ihre alten Ideale aufgegeben hatten.

Die Folge war, dass rohe Eier flogen und Bob Dylan gnadenlos ausgepfiffen wurde, vor allem dann, wenn eine seiner Sängerinnen solistisch in Erscheinung trat. Er verstand diese Äußerungen des Publikums falsch. Zwei der Sängerinnen waren nämlich Afroamerikanerinnen, und so vermutete er, dass hinter dieser ablehnenden Reaktion vor allem rassistische Motive steckten. Das Konzert selbst war aber so hervorragend, dass die Missfallensbekundungen immer mehr nachließen und ich Bob Dylan sogar dazu bewegen konnte, auch in Berlin noch Zugaben zu spielen. Nach Konzertende saßen wir im Hotel Kempinski noch lange zusammen und versuchten Erklärungen für die unschönen Vorfälle zu finden, wobei ich als sachverständiges, jahrelanges Opfer ganz ähnlicher Missverständnisse einiges beisteuern konnte. Schließlich hallten in meinen Ohren noch die Rufe wider, mit denen unsere Veranstaltungen ab 1968 gestürmt worden waren, weil wir es wagten, für die Rolling Stones oder Jimi Hendrix zehn Mark Eintritt zu nehmen: »Rau, Rau – Kapitalistensau!«

Und dann fuhren wir nach Nürnberg zum wahrscheinlich beeindruckendsten Konzert meiner fünfzigjährigen Karriere.

Gegenüber der Hitlertribüne –
Dylan und Clapton auf dem Zeppelinfeld

Das Open-Air-Festival auf dem ehemaligen Reichsparteitagsgelände war von uns sehr sorgfältig und umsichtig vorbereitet worden. Auch wenn ich nun zwar die Früchte meiner Open-Air-Spionage in den USA ernten konnte, gab es doch noch genügend andere, vor allem örtlich begründete Schwierigkeiten, die eher deutschlandspezifisch waren. Hierzu gehörten auch Auflagen der Stadtverwaltung. Mein Buchhalter hat mir später mitgeteilt, dass die Stadt Nürnberg beim Festival 1978 über 420 000 Mark von uns kassiert hat – Kosten, die natürlich letztlich zulasten der Konzertbesucher gingen. Besonders ärgerlich waren auch die Naziparolen, die man auf die Betonwände des Geländes geschmiert hatte. In Nürnberg war damals die sogenannte Wehrsportgruppe Hoffmann aktiv, die paramilitärische Geländespiele durchführte und sogar mit einem Terroranschlag auf das Dylan-Konzert drohte. Als ich

Das legendäre Konzert von Bob Dylan auf dem Reichsparteitagsgelände (Zeppelinfeld) in Nürnberg, Juli 1978 (an der Gitarre rechts vom Schlagzeug: Eric Clapton). (Privatarchiv Fritz Rau)

die Stadtverwaltung bat, alle Naziparolen an den Betonbauten zu beseitigen, hieß es, dies sei unsere Sache. So mussten wir neben den vielen sonstigen Vorbereitungsarbeiten auch noch beschmierte Betonwände abkratzen.

Der technische Direktor der Dylan-Tournee hieß Patrick Stansfield. Er half unserem technischen Leiter Lauti Lautenfeld und seinen Mitarbeitern, die besten technischen Voraussetzungen für das Dylan-Gastspiel zu schaffen. Wir bauten die große Open-Air-Bühne gegenüber der Hitlertribüne auf, sodass sich die ganze Aufmerksamkeit der Besucher auf die Konzertbühne und den Auftritt der Künstler richtete. Sorgen machte mir die große Soundanlage mit gewaltigen Boxentürmen, die notwendig war, um überall eine gute Beschallung zu garantieren. Hierzu reichte es nicht aus, nur rechts und links von der Bühne Lautsprecherboxen zu positionieren, sondern es wurden auch in der Mitte des Festivalgeländes noch einmal entsprechende Türme aufgebaut. Hierbei handelte es sich um sogenannte »Delay Towers«, die den Bühnensound mit minimaler Verzögerung weitergaben. Das erfreuliche Resultat war, dass die Lautsprecheranlagen vor der Bühne nicht zu stark aufgedreht werden mussten, wodurch den Besuchern in den vorderen Reihen eine übermäßige Lautstärkebelastung erspart blieb. Außerdem sorgten die »Delay Towers« dafür, dass auch die Besucher in der hinteren Geländehälfte einen genügend intensiven Sound erleben konnten.

Ich wollte das Nürnberger Open Air zu einem ganz besonderen Ereignis machen. In dieser Absicht war es mir gelungen, als zweiten Superstar neben Bob Dylan auch Eric Clapton mit Band zu verpflichten. Da beide dem Blues besonders verbunden waren, luden wir zudem zwei afroamerikanische Bluessänger ein, Sonny Terry und Brownie McGhee. Diese Pioniere des Blues hatten wir zuvor schon mehrmals als besondere Höhepunkte unserer *American Folk Blues Festivals* präsentiert und so in Europa bekannt gemacht.

Für die Pause zwischen den glanzvollen Auftritten von Eric Clapton und Bob Dylan mit ihren Bands stellten wir ein einfaches Barrelhouse Piano auf die Bühne, an dem der Bluessänger und -pianist Champion Jack Dupree Platz nahm und eine halbe Stunde lang seine Songs zum Besten gab. Nach dem Set von Eric Clapton war das gesamte Equipment abgeräumt worden, sodass Champion Jack Dupree auf einer vollkommen leeren Bühne spielte – ein besonders wirkungsvoller Effekt. Es war wirklich ergreifend zu erleben, wie dieser Bluesman mit seinem ganz einfachen Spiel die achtzigtausend Besucher faszinieren konnte. Zwischen dem lauten, elektrischen Sound der vorausgegangenen Clapton-Band und dem anschließenden Dylan-Konzert war seine vergleichsweise leise Darbietung ein Moment der Ruhe. Clapton wie Dylan gratulierten mir zu dieser Programmgestaltung, die sie angenehm überraschte.

Nachdem Champion Jack Dupree seinen letzten Song beendet hatte, erwartete das zufriedene Publikum geduldig eine weitere längere Umbaupause. Aber da geschah etwas, was keiner erwartet hatte: Es gab keine Pause. Patrick Stansfield und Lauti Lautenfeld hatten das gesamte Bühnenequipment von Bob Dylan und Band auf mit Rollen versehenen Podesten hinter dem Vorhang bereitgestellt. So öffnete sich nun einfach der Vorhang hinter der bisherigen Bühne, und eine neue Bühne samt spielbereitem Equipment wurde Zentimeter um Zentimeter nach vorne geschoben. Das Publikum war völlig von den Socken und lauthals begeistert.

Und dann kam Bob Dylan, selbst äußerst gespannt auf seinen Auftritt, mit seinen Musikern und Sängerinnen. An diesem Tag hatte es fast überall in Bayern geregnet, was unter anderem einige Münchner Journalisten veranlasst hatte, nicht nach Nürnberg zu kommen, obwohl sie Bob Dylan eigentlich hätten sehen wollen. Glücklicherweise regnete es auf dem Reichsparteitagsgelände nicht, sodass die Besucher im Trockenen waren. Die Wolken waren regenschwer und der Himmel verhangen, aber als Dylan die Bühne betrat, riss die Wolkendecke auf, und eine späte Abendsonne tauchte ihn und die ganze Bühne in ein mildes Licht – ein Beleuchtungseffekt, wie ihn keine Leni Riefenstahl zu verwirklichen vermocht hätte. Der Herrgott war mit uns und umgab Dylan mit seinem Glorienschein.

Bob Dylan bestätigte später mehrmals, dass der Auftritt in Nürnberg eines der ergreifendsten und besten Konzerte seines Lebens gewesen sei. Der Künstler hatte die schlimmen Erlebnisse in der Berliner Deutschlandhalle verarbeitet und zeigte über zwei Stunden lang das ganze Spektrum seines Könnens. Seine afroamerikanischen Sängerinnen ließ er Gospelsongs vortragen, die das Publikum erreichten und berührten.

Plötzlich stand auch er allein auf der Bühne, die Gitarre im Arm und im Gestell die Mundharmonika vor dem Mund, und trug ein paar seiner besten Songs akustisch vor. Auch die Begleitmusiker wuchsen an diesem Abend über sich hinaus. Eric Clapton ging spontan auf die Bühne und schloss sich der Band an.

Ich stand am seitlichen Bühnenrand und erlebte die Künstler aus nächster Nähe. Gleichzeitig konnte ich die Ergriffenheit der achtzigtausend Besucher spüren. Ich hatte drei Tage und drei Nächte kaum geschlafen, und so manche Captagon-Aufputschpille geisterte durch meine Blutbahnen. Ich war all die Jahre Nichtraucher geblieben, doch während der Vorbereitungsarbeit zu diesem Open Air erlebte ich plötzlich und zu meiner Überraschung, wie ich eine Zigarette nach der anderen rauchte. Ab diesem Zeitpunkt war ich Kettenraucher – bis zu meinem Herzinfarkt 1994.

Und doch war ich in diesem Augenblick der glücklichste Mensch der Welt. Nach der letzten der vielen Zugaben hatte ich eine Art Nervenzusammenbruch und fing an, hemmungslos zu weinen. Auf dem Weg hinter die Bühne kam Dylan an mir vorbei und bemerkte das jämmerliche Häufchen Elend. Er nahm mich in den Arm und führte mich zum Bus, der die Künstler ins Hotel brachte.

Am nächsten Tag ging es gemeinsam weiter nach Paris, wo wir in der größten Halle der Stadt sieben Konzerte mit Dylan veranstalteten. Er hatte sich gewünscht, im Zug durch Europa zu reisen, und so hatten wir einen Luxuswaggon mit allem Komfort gemietet, der an den normalen fahrplanmäßigen Zug angehängt wurde. Dadurch blieben wir unter uns und konnten völlig ungestört die am Fenster vorbeiziehende Landschaft genießen. Dieser von der Deutschen Bundesbahn vermietete Luxuswaggon war übrigens einst für Hermann Göring gebaut worden.

Am zweiten Tag unseres Parisaufenthalts rief mich Dylan mitten in der Nacht auf meinem Hotelzimmer an. Er sagte, dass er kaum schlafen könne und immer wieder an das Nürnberger Ereignis denken müsse. Er könne es immer noch nicht richtig einordnen, wisse nicht, was dort wirklich geschehen war. Auch ich war hilflos und rettete mich in den Satz: »Bob, wir haben deine Bühne gegenüber der Hitlertribüne aufgebaut und Achtzigtausend, zumeist Deutsche, haben Hitler den Rücken zugedreht und dir ihr Gesicht zugewandt.« Bob sagte: »Maybe – vielleicht!«, und legte auf.

Wenn ich heute nach dem beeindruckendsten Konzert meiner Laufbahn gefragt werde, nenne ich das Nürnberger Dylan-Konzert von 1978. Die für mich wichtigste und mit dem stärksten persönlichen Engagement verbundene Produktion war jedoch *Tabaluga und Lilli* mit Peter Maffay.

Im Rückblick auf Nürnberg fällt mir auch eine unangenehme Begebenheit am Rande ein. Die großen Boxentürme und die anderen hohen Bühnenaufbauten erfüllten mich mit Sorge, und ich dachte mit Grausen an eine mögliche Katastrophe – zum Beispiel hätte ja einer der Türme umfallen und Konzertbesucher erschlagen können. Es geschah nämlich oft, dass vorwitzige Fans die Turmaufbauten bestiegen, um eine bessere Sicht auf die Bühne zu haben. Wir haben diese Leute natürlich sofort wieder heruntergeholt, aber auch das erhöhte die Gefahr eines Einsturzes. Zudem waren kurz vor unserem Nürnberger Termin auf einem *Monsters of Rock-Festival* in England zwei Lautsprechertürme umgestürzt, und es hatte Tote und Verletzte gegeben. Als ich also während der Vorbereitungsarbeiten in Nürnberg von Journalisten gefragt wurde, wie ich mich fühle, entfuhr mir angesichts der geschilderten Gefahren für das Publikum der Satz: »Wir hoffen, dass alles gut geht, aber wir stehen als verantwortlicher Veranstalter mit einem Fuß im Gefängnis.«

Als Marcel Avram zwanzig Jahre später verhaftet wurde, kommentierte die angesehene *Süddeutsche Zeitung* das Geschehen mit der Überschrift: »Fritz Rau: Wir stehen ohnehin mit einem Fuß im Gefängnis!« Diesen Satz derart aus seinem Zusammenhang zu reißen, war äußerst unfair, denn Marcels Verhaftung hatte nicht das Geringste mit den Gefahren bei Open-Air-Festivals zu tun. Ich beschwerte mich beim Chefredakteur der Zeitung und erreichte, dass ich den Sachverhalt in einem direkten Interview mit der Süddeutschen klären konnte.

Ein Hardrock-Festival mit The Who – und Miriam Makeba

Der große Erfolg des Open Airs mit Bob Dylan 1978 bewog uns, im Folgejahr eine weitere Großveranstaltung in Nürnberg ins Auge zu fassen. Hauptattraktion sollte diesmal eine meiner absoluten Lieblingsgruppen sein: The Who mit ihrem berühmten Gitarristen Pete Townshend und dem glänzenden Sänger Roger Daltrey. Mit *My Generation* haben The Who 1965 den Kultsong der jungen Rockfans geschrieben. Später entstanden Meisterwerke wie die Rockopern *Tommy* und *Quadrophenia* sowie viele weitere großartige Songs und Schallplatten.

In Absprache mit Pete Townshend und Bill Curbishley, dem damaligen Manager der Gruppe, stellten wir ein interessantes Programm zusammen, das weitgehend dem Hardrock gewidmet war. Neben den Who als Headlinern konnten wir AC/DC, die Scorpions und die US-Hardrockgruppe Cheap Trick verpflichten. AC/DC ist eine nach wie vor ganz hervorragende Bluesrockgruppe mit einer ungeheuren Energie, und für das Open Air war die australische Band genau richtig. Die Scorpions wiederum hatten in jener Zeit Schwierigkeiten mit dem Neuaufbau der Gruppe nach dem Weggang des Gitarristen Michael Schenker, daher war der Auftritt mit

The Who sehr wichtig für sie. Und Robin Zander, der Leadsänger von Cheap Trick, war als Besatzungskind in Nürnberg geboren, weswegen der Auftritt in dieser Stadt für ihn eine ganz besondere Bedeutung hatte.

Von den drei vor den Who auftretenden Bands war also eine regelrechte Hardrockorgie zu erwarten, bei der jeder den anderen übertreffen wollte. Das brachte mich auf eine Idee, die selbst Pete Townshend verwirrte; doch konnte ich ihn und seinen Manager im Laufe einer längeren, geduldigen Besprechung erfreulicherweise zur Zustimmung bewegen. Ich beabsichtigte nämlich, noch einen zusätzlichen Act mit ins Programm zu nehmen, der zunächst gar nicht zu den vier anderen Bands zu passen schien. Dabei handelte es sich um die südafrikanische Sängerin Miriam Makeba, die nicht nur eine überragende und weltweit anerkannte Interpretin der schwarzen Musik Südafrikas ist, sondern die auch an der Seite des damals noch im Gefängnis sitzenden Nelson Mandela für die Beseitigung der Apartheid gekämpft hat.

Es kam so, wie ich es erwartet hatte. Die drei Rockgruppen, vor allem auch unsere deutschen Scorpions, schlugen beim Publikum voll ein. Ich bin mir sicher, dass hinterher viele der siebzigtausend Besucher vom stundenlangen rhythmischen Kopfnicken Nackenschmerzen hatten. Als letzten Auftritt, bevor die Who auf die Bühne kommen sollten, plante ich Miriam Makeba mit ihrer afrikanischen Familie, der Band und den Chorsängern ein. Diese Stunde der leiseren Töne und des intensiven Zuhörens sollte die aufgeheizte Stimmung etwas beruhigen.

Mein Vorhaben wäre beinahe schief gegangen, da viele der Hardrockanhänger auf die afrikanischen Lieder von Miriam Makeba mit Ungeduld reagierten und Rufe wie »Aufhören!« laut wurden. Einige wenige Hitzköpfe warfen sogar leere Bierdosen auf die Bühne, was Horst Lippmann und mich veranlasste, auf die Bühne zu gehen und uns demonstrativ rechts und links von der Künstlerin aufzustellen. Aber Miriam Makeba ist eine Kämpferin. Nach ihrem ersten Song sagte sie nur den einfachen Satz: »This is not the way to welcome an artist in Nuremberg.« [Das ist aber nicht die richtige Art, um einen Künstler in Nürnberg willkommen zu heißen.] Schon ab dem zweiten Song wurde das Publikum ruhiger und begann, sich auf die afrikanischen Rhythmen der Sängerin einzulassen. Wo zuvor Headbanging, das rhythmische Nach-vorne-Schleudern des Kopfes, angesagt war, swingten nun immer mehr gut gelaunte Zuschauer friedlich im Takt mit. Diese Momente der Ruhe und des Zuhörens waren genau das richtige Vorspiel für die Musik der Who. Pete Townshend, der den Makeba-Auftritt am Bühnenrand neugierig verfolgt hatte, befürchtete nach den ersten Dosenwürfen das Schlimmste. Aber selbst er musste staunen, und am Ende der Makeba-Darbietung war er von den afrikanischen Künstlern und dem Nürnberger Publikum richtig begeistert. Er kam schließlich zu mir und sagte: »Fritz, you're crazy – but surprisingly good! [Fritz, du bist verrückt, aber überraschend gut!]

Und dann kam der Höhepunkt des Tages mit dem Auftritt der Who, der bei zunehmender Abenddämmerung von einer einzigartigen Lightshow mit Laserstrahlen unterstützt wurde. Es war das erste Mal, dass ich eine derartige Lasershow erlebte. Das war damals noch etwas ganz Neues. Roger Daltrey begann das Konzert mit *We're Not Gonna Take It* aus *Tommy*. »See me, feel me…«

Joan Baez

1978 veranstalteten wir neben dem Nürnberger Dylan-Event noch ein weiteres Open-Air-Programm mit je einem Konzert auf der Ulmer Donauinsel und im Saarbrücker Stadion. Auch hier konnten wir mit einer außergewöhnlichen Starbesetzung aufwarten: Es spielten Genesis (mit Phil Collins als Sänger), Frank Zappa, Alvin Lee von Ten Years After, den sein Auftritt 1969 in Woodstock zum Superstar gemacht hatte, und die Scorpions. Letztere stellten bei diesen beiden Open Airs zum ersten Mal – und mit großem Erfolg – ihren neuen Gitarristen Matthias Jabs vor. Damit waren die neuen Scorpions geboren, und in dieser Besetzung sollten sie bald ihren weltweiten Durchbruch erleben.

Ich hatte die verwegene Idee, zu diesen Open Airs auch Joan Baez einzuladen und sie, ähnlich wie im Folgejahr Miriam Makeba in Nürnberg, als ruhigen Punkt zwischen den Auftritten von Frank Zappa und Genesis zu präsentieren. Indem ich Joan Baez ganz allein mit ihrer Gitarre auf die Klangorgien Zappas folgen und den bombastischen Soundteppichen von Genesis vorausgehen ließ, setzte ich auf den totalen Kontrast – und es gab so manchen, der mich wegen dieser dialektischen Programmfolge schlichtweg für verrückt erklärte.

Zu diesem Zeitpunkt hatte ich schon über Jahre hinweg eng mit Joan Baez zusammengearbeitet, die ich bereits 1966 beim Ostermarsch in Frankfurt kennen gelernt hatte. Ich zeigte ihr damals unsere Programmhefte von den *American Folk Blues Festivals* und den anderen Livedokumentationen authentischer Musik, und sie wirkte sehr beeindruckt. Wir einigten uns bald auf die Durchführung einer ersten Deutschlandtournee, der später weitere Tourneen in Deutschland und ganz Europa folgten. Ihre Solokonzerte nur mit Gitarre waren faszinierende Musikerlebnisse, und sie begeisterte ihr Publikum nicht nur in den größten Konzerthallen, sondern zum Beispiel auch vor 14 000 Besuchern auf der Loreley. Sie war auch eine wichtige Stimme der US-amerikanischen Bürgerrechtsbewegung unter Martin Luther King sowie der weltweiten Friedensbewegung zur Beendigung des Vietnamkriegs. Später hat sie sich vor allem auch in der europäischen Friedens und Ökologiebewegung im Kampf gegen Atomraketen und Atomenergie engagiert. Für mich ist sie so etwas wie die personifizierte Zivilcourage.

Bei uns in Deutschland hat Joan Baez zwei ganz besondere Freunde gefunden. Der eine ist Konstantin Wecker, der sie sehr oft auf dem Klavier begleitete – unsere Tournee mit Joan Baez, Konstantin Wecker und Mercedes Sosa war einer der Höhepunkte unserer Arbeit –, der andere ist Udo Lindenberg, den sie als Künstler und Persönlichkeit besonders schätzt. Sie hat ihre eigene, deutsche Version des Lindenberg-Songs *Wozu sind Kriege da?* auf Schallplatte aufgenommen und dieses Lied bei ihren Konzerten überall auf der Welt mit dem Hinweis gesungen, dass hier die Stimme eines jungen und neuen Deutschlands zum Ausdruck komme. 1978 hat sie mir ein wunderbares Geschenk gemacht – einen wertvollen Folianten, in den sie faszinierende Karikaturen von unserer Europatournee hineingezeichnet hat. Außerdem widmete sie mir einen Song, der mir sehr am Herzen liegt:

You in the windy streets of Heidelberg
Your youth, unbearded, takes form in words
And the ghosts of the past are kind
This was your university
The years were long but the spirits free
And your river runs to the Rhine

The smoke-filled taverns that you once roamed
With the discontented who stayed at home
You must have whiskey or you'll die
The beer garden under the old chateau
Our faces now in the candles glow
See the memories, how they shine…

And you remember the Holocaust
You remember all we lost
Children gone and the borders crossed
And we sing of it now for Sasha…

Dieses Lied entstand, nachdem wir beide einen Nachmittag und Abend in meiner alten Universitätsstadt Heidelberg verbracht und dort auch das Cave 54 besucht hatten. Der Abend war gefüllt mit intensiven Gesprächen, insbesondere über die unglaubliche Tatsache, in welch grausam exzessiver Konsequenz wir Deutschen die Judenverfolgung hatten durchführen können.

Zurück zu den Open-Air-Konzerten von 1978 in Ulm und Saarbrücken, die eine große Bedeutung für Joan Baez' gesamte weitere Karriere hatten. Hierzu möchte ich mir im Folgenden erlauben, ein Kapitel aus ihrer in deutscher Übersetzung vorliegenden Biogra-

Auf Tournee mit Joan Baez, Ulm 1978. (Privatarchiv Fritz Rau)

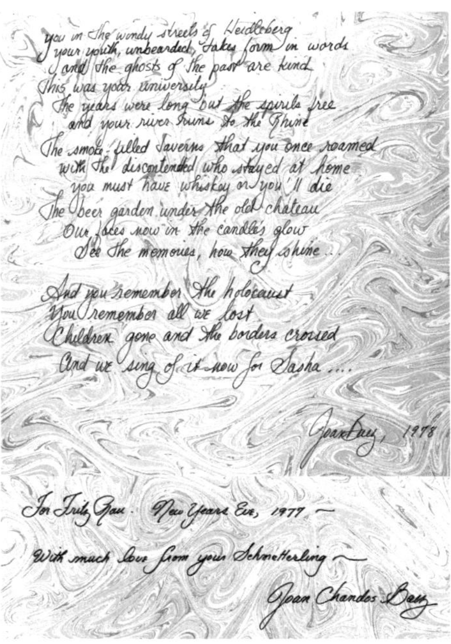

You in the windy streets of Heidelberg
your youth, unbearded, takes form in words
and the ghosts of the past are kind
This was your university
The years were long but the spirits free
and your river runs to the Rhine
The smoke-filled taverns that you once roamed
with the discontented who stayed at home
you must have whiskey or you'll die
The beer garden under the old chateau
Our faces now in the candle's glow
See the memories, how they shine ...

And you remember the holocaust
You remember all we lost
Children gone and the borders crossed
And we sing of it now for Sasha ....

Joan Baez, 1978

For Fritz Rau · New Years Eve, 1977 –

With much love from your Schmetterling –

Joan Chandos Baez

Faksimile des auf Seite 90 abgedruckten, Fritz Rau gewidmeten Songs For Sasha von Joan Baez, der nach einem gemeinsamen Besuch in Heidelberg entstand. (Privatarchiv Fritz Rau/M. Renard/Sygma)

phie *We shall overcome – Mein Leben* zu zitieren, das ihrem Ulmer Auftritt vor über sechzigtausend Konzertbesuchern gewidmet ist:

> Der heutige Abend war ein Experiment. Ich sollte zwischen Zappa und Genesis in einer Rockshow auftreten, eine Dreiviertelstunde lang, bei Einbruch der Dämmerung. Ohne mein Wissen schloß Fritz hinter der Bühne mit den anderen Veranstaltern Wetten ab: Sie waren fest davon überzeugt, daß ich von der Bühne gebuht würde, und Fritz meinte, ich sei hier der Star.

Nur war dies ja wirklich eine Rockshow. Und die Leute kamen, um zu knutschen, zu tanzen und sich die Musik »voll reinzuziehen« und auszuflippen. Was konnte ich denen schon bieten, und was sollte ich singen? Dies und jenes von den Beatles, ein bißchen Dylan, Simon & Garfunkel, und auf deutsch *Sag mir, wo die Blumen sind.* Meine Hände froren zu Eis, mir war kalt bis in die Knochen: Dieser Auftritt konnte zu einer Katastrophe werden.

Fritz bemühte sich redlich, mich und mein Selbstvertrauen wieder aufzurichten. »Sie werden dich lieben, mein Schmetterling«, sagte er und legte den Arm um mich. Dann nahm er mich bei den Schultern und sah mich mit gerunzelten Brauen prüfend an: Seine Brille hatte Schlagseite, und der Rest einer Nudel war in seinem Bart hängengeblieben.

Mit rasendem Herzklopfen, weichen Knien und nach Luft japsend wankte ich zusammen mit Fritz, Jeanne und Andy über den Rasen auf das Podium zu. Hinter der Bühne vollführte Zappa Freudensprünge. Er hatte eben die dritte Zugabe hinter sich, hatte die stehenden Menschenmassen mit seinen Klang-Orgien in einen hypnoseähnlichen Zustand versetzt. Ich geriet immer mehr in Panik. Ich würde allein sein, allein mit meinen sechs Saiten und zwei Stimmbändern.

Die Sonne verzog sich hinter dem Horizont, als wir das Podium bestiegen. Vor den Schlagzeugen, den Keyboards und Verstärkern ließ man einen schwarzen Vorhang fallen. Schon mit dem Umbau für den Auftritt von Genesis beschäftigt, warfen mir die Bühnenarbeiter neugierige, aber respektvolle Blicke zu. Als ich vor den Vorhang trat, sah ich betrunkene GIs im Publikum und viel junges Volk, das sich mit glasigen Augen schon in Woodstock wähnte. Es wurde Zeit. Ich befahl mich und mein Schicksal in Gottes Hand.

Zwischen Vorhang und Mikrophon war nur ein schmales Stück Bühne übriggeblieben. Vor mir ein noch immer unruhiges Publikum, das noch ganz im Bann von Frank Zappa stand und mich mit höflichem Applaus empfing. Guten Abend, sagte ich und ob das nicht ein schöner Tag für Rock and Roll sei. Bei dem Wort »Rock and Roll« kam Beifall auf. Demnach schien über Schlüsselwörter und -sätze eine Art Kommunikation möglich.

Das erste Lied war eine Pleite, weil es niemand kannte. Was für ein Lied das war, kann ich nicht einmal mehr sagen. Ich ließ ein paar Strophen weg und erzählte etwas über die sechziger Jahre (Beifall), über Woodstock (Beifall) und die jungen Leute (kaum Beifall, kein Schlüsselwort). Dann sang ich *Joe Hill*. Und da war es, als hätte ich im Herzen der Älteren eine Saite angerissen und als hätten die Jüngeren, die im Woodstock-Sommer vielleicht zehn Jahre alt waren, das irgendwie gespürt. Ein betrunkener GI kippte einem anderen rücklings in die Arme. Ein dritter beruhigte ihn. Ganz vorn entstand ein merkliches Getümmel, dem von den Seiten ein rhythmisches »Hinsetzen! Hinsetzen!« folgte.

»Ja«, sagte ich in der Diktion einer Deutschlehrerin. »Wenn Sie sitzen, können alle sehen.« Da setzten sie sich, wie es gerade kam, nebeneinander, übereinander, brüllten sich gegenseitig »Ruhe!« zu und krakeelten noch eine Weile, aber sie saßen.

»Sing weiter, Joan!«, rief mir jemand zu. Ich sagte mein nächstes Lied an: »Ein Song von Bob Dylan.«

Starker Beifall. Ich sang *Love Is Just A Four-Letter Word*. Sie kannten das Lied nicht so genau, aber sie klatschten im Takt mit und ließen sich jetzt durch nichts mehr ablenken. Der richtige Zeitpunkt für *Sag mir, wo die Blumen sind*: unter jubelnden Beifallsrufen sangen sie es mit. Ich sah, daß vielen die Tränen in den Augen standen. Warum? Wegen der Jahre, die sie nicht miterlebt hatten? Wegen der »Blumenkinder« in Amerika, denen ihre romantischen Träume galten und die sie nachzuahmen versuchten? Wegen der Erinnerungen, die ihren Eltern, ihren Onkeln und Tanten gehörten, aber nicht ihnen? – Vielleicht.

Ich sang *Swing Low, Sweet Chariot*. Die Verstärkeranlage war hervorragend. Meine Stimme reichte weit über dieses Menschenmeer hinaus, schien an der Sonne abzuprallen und als Echo zurückzukehren. Da sah ich in einer Entfernung von einem Viertelkilometer ein paar hundert Leute am andern Ufer der Donau stehen. Auch sie hörten zu. Ich sah hinüber zu ihnen, hob meine Hand hoch über den Kopf und rief: »Diese Strophe singe ich für die Menschen dort drüben!« Sie winkten zurück und klatschten Beifall, der durch die Entfernung etwas dünn bei uns ankam. Trotzdem drehten sich die Leute um und reckten die Hälse, winkten und klatschten ihnen zu. Als ich meine Strophe für das Flußufer sang, weinten noch mehr, die Menschen hielten sich bei den Händen und streckten die Arme aus.

»Joan! Joan Baez! Sing uns *We Shall Overcome*! Jetzt spürte ich, daß mir selbst die Tränen kamen, warf einen Blick zum Bühnenrand und sah, daß es Jeanne und Fritz, die mir lächelnd zunickten, nicht anders ging.

Ich sang noch eine Reihe anderer Lieder und zum Schluß *We Shall Overcome*. Alle standen auf und hielten sich mit hochgestreckten Armen bei den Händen. Wir sangen und weinten miteinander, und der deutsche Sonnenuntergang tat das Seine. Dann verbeugte ich mich, rief »Dankeschön« und verließ unter ohrenbetäubendem Beifallsgeschrei die Bühne. Mit verdächtig roten Augen konnte Fritz nur noch mit dem Kopf schütteln, und auch die schönen Rehaugen von Jeanne waren rotumrändert, als sie mir die Gitarre abnahm.

Dann gesellte sich ein neues Geräusch zu dem Gebrüll und Getrampel der Massen: der Klang leerer Bierdosen, die auf der Bühne landeten.

»Gott im Himmel!« sagte Fritz. »Das machen sie immer, wenn sie jemanden zurückhaben wollen!« Damit wies er mit stolz ausgestrecktem Arm auf die Blechbüchsen, die jetzt aus allen Richtungen auf die Bühne flogen.

»Na, Schmetterling, was hältst du von einer Zugabe?« Fritz wagte sich hinaus in den Hagelsturm fliegender Dosen und verkündete, daß ich, sobald keine Lebensgefahr mehr bestünde, zurück auf die Bühne käme. Da legte sich der Sturm. Ich sang *Blowin' In The Wind* und sah sie träumen, weinen und vor Freude strahlen wie vorhin. Während meines Auftritts hörten die meisten zu trinken auf, und auch von den Rowdys war kein Laut mehr zu hören. Als ich mich aber am Schluß des Liedes noch einmal verbeugte und die Bühne verließ, ging die Fete erst richtig los. Wieder kamen die Bierdosen geflogen, Sprechchöre setzten ein, das Getrampel und Gejohle vermischte sich mit einem wilden Pfeifkonzert.

Ich gab noch sieben Zugaben, bevor Fritz dann doch verkündete, daß jetzt Ende sei und man die Bühne für Genesis freigeben müsse. Noch ganz benommen gingen wir über den Rasen zurück. Als Frank Zappa mir gratulierte, konnte ich ihm nur mit einem erschöpften Lächeln danken. Es war Zeit für ein paar kräftige deutsche Würstchen mit Pommes frites.

Am nächsten Tag hieß es in den Zeitungen, ich hätte den andern die Show gestohlen. Am Flughafen erkannten mich mehr Menschen als sonst, und einer von der Sicherheitstruppe brachte uns noch weitere Artikel mit, die er gelesen und ausgeschnitten hatte – Berichte über diesen Tag, über die Bands, die jungen Leute und die Lady mit der Gitarre, die eine ganze Stunde lang auf der Bühne gestanden hatte. Ich umarmte Fritz, wischte ihm ein paar Brotkrümel von seinem grauen Pullover und bestieg die Maschine.

1984 kam es leider zu einem Zerwürfnis, das für unsere Freundschaft eine schwere Belastungsprobe darstellte. Bill Graham brachte Bob Dylan und Santana zu Open-Air-Konzerten nach Europa. In den anderen europäischen Ländern wurden als Vorgruppen junge, aufstrebende Bands präsentiert – ein Konzept, das sich als sehr erfolgreich erwies. Da kam ich auf die unglückliche Idee, diese Programmabfolge zu ändern, um Joan Baez einen Lieblingswunsch zu erfüllen. Sie hatte eine sehr enge Beziehung zu Bob Dylan, den sie über alles bewunderte, mit dem sie aber seit Jahren nicht mehr zusammengearbeitet hatte. Also wollte ich Joan Baez zusammen mit Bob Dylan und Santana auftreten lassen, und Bill Graham erfüllte mir meine Bitte. Doch so einfach, wie ich gedacht hatte, war die Sache nicht, da Joan Baez, die eigentlich den Anfang machen sollte, darauf bestand, vor Bob Dylan aufzutreten und auch einige Lieder mit ihm gemeinsam zu singen. Dylan wollte das jedoch nicht und behandelte sie überhaupt sehr nachlässig. Das Ende war, dass Joan Baez aus der Tournee ausstieg. Ich trage einen großen Teil der Schuld an dem Unglück, da ich die Situation nicht zu klären vermocht hatte. In der Folge kam es zu einer sehr heftigen Störung unserer Beziehung und auch zu einem Zerwürfnis mit Bill Graham. Das ändert jedoch nichts an meinem großen Respekt vor der Lebensleistung des verstorbenen Bill Graham und an meiner ungeminderten Bewunderung für Joan Baez als Künstlerin und Mensch.

Ein besonders gutes Verhältnis hatte Joan Baez zu meiner Frau Hildegard. Joan besuchte sie nicht nur zu Hause, sondern auch noch im Krankenhaus. Bei der Beerdigung von Hildegard 1983 lief über Tonband das *Ave Maria* von Bach/Gounod, das Joan zuvor für meine kranke Frau aufgenommen und mit einer entsprechenden Ansage versehen hatte.

Spätere Open-Air-Veranstaltungen

Das Programm eines Open Airs mit einer ganzen Reihe von Mitwirkenden muss sehr sorgfältig erarbeitet werden, und die Auftritte der Bands und Solisten müssen genau aufeinander abgestimmt sein. Es ist wie die Menüzusammenstellung bei einem Galadinner, wo die richtige Speisefolge für den Genuss des Ganzen entscheidend ist. Hierbei hat der Veranstalter als Programmgestalter die Chance und die Aufgabe, selbst kreativ tätig zu werden. Er muss sich genau überlegen, was er tut und was er erreichen will und ob er ein konformes Konzert will, bei dem eine Band der anderen gleicht, oder ein dialektisches Programm mit Überraschungen, wie sie die Auftritte von Miriam Makeba in Nürnberg oder von Joan Baez in Ulm und Saarbrücken darstellten.

Ich bin nie ein Freund mehrtägiger Open-Air-Festivals à la Woodstock geworden. Diese habe ich lieber meinen tüchtigen Kollegen Marcel Avram und Marek Lieberberg überlassen, die ihre Sache im Übrigen auch sehr gut machten. Bereits vor Jahren begründeten sie das mehrtägige Open-Air-Festival auf dem Nürburgring *(Rock am Ring)*, und nach ihrer Trennung übernahm Marek Lieberberg dieses Festival in alleiniger Regie. Heute wird er allerdings bestens unterstützt von seinem Sohn, der sich insbesondere der vielversprechenden neuen Künstler und Bands annimmt. Inzwischen wird *Rock am Ring* auf dem Nürburgring alljährlich und sehr erfolgreich in enger Zusammenarbeit mit dem Würzburger Veranstalter Peter Pracht organisiert, der dann mit dem gleichen Programm im Nürnberger Fußballstadion, das für Open Airs sehr geeignet ist, *Rock im Park* präsentiert. Ich selbst habe *Rock am Ring* zweimal erlebt: einmal mit dem Auftritt von David Bowie, der im Rahmen einer von uns veranstalteten Tournee bei *Rock am Ring* mitwirkte, und das zweite Mal, als Udo Lindenberg und das Panik-Orchester dort spielten.

Mit David Bowie, Offenbach 1988. (Privatarchiv Fritz Rau)

Zu Beginn der neunziger Jahre produzierte Marcel Avram unter dem Namen *Rock Over Germany* für Mama Concerts & Rau dreitägige Open Airs, für die er alles engagierte, was Rang und Namen hatte: Tina Turner, Rod Stewart, Prince, Joe Cocker und viele andere. Mir kam es dabei vor allem darauf an, dass die früheren Lippmann+Rau-Künstler wie etwa Peter Maffay und Jethro Tull bei diesen Open Airs vor einem großen Publikum auftreten konnten – so zum Beispiel vor hunderttausend Besuchern am Hockenheimring. *Rock Over Germany* wurde zwei Jahre in Folge erfolgreich präsentiert. Veranstaltungsorte waren Lüneburg, Wegberg bei Aachen, Mainz, das hessische Schwalmstadt und der alte Flughafen von München.

Gegenüber solchen mehrtägigen Mammutveranstaltungen bevorzuge ich Open Airs wie die geschilderten in Nürnberg und Ulm, die sich auf einen einzigen Tag beschränken. Dafür bieten sich bevorzugt Fußballstadien mit ihrer von vornherein auf Massenbesuch ausgerichteten Infrastruktur an. Hier gibt es genügend Parkplätze und Toiletten, außerdem Tribünen mit Regenschutz und Sitzplätzen sowie andere Einrichtungen. Für Open Airs besonders geeignet sind etwa das Olympiastadion in München, das Müngersdorfer Stadion in Köln, das Hannoveraner Stadion und die neue Arena Auf Schalke in Gelsenkirchen. Der vielerorts vorgenommene Ausbau der Fußballstadien im Vorfeld der Fußballweltmeisterschaft 2006 in Deutschland – zum Beispiel auf Schalke, in Frankfurt und in München, wo die Stadien mit einem bei Regen verschließbaren Dach versehen wurden – macht die Situation für Open-Air-Konzerte natürlich noch günstiger.

Eine ausgesprochene Vorliebe habe ich für Open-Air-Amphitheater. Zu nennen wären etwa die Loreley (mit 14 000 Plätzen) oder die Karl-May-Bühne in Bad Segeberg (12 000 Plätze), die Iffezheimer Pferderennbahn in Baden-Baden (15 000 Plätze) sowie die Waldbühne (22 000 Plätze) und die Wuhlheide (15 000 Plätze) in Berlin. Konzerte an solchen Veranstaltungsstätten schaffen eine intime Atmosphäre mit oftmals günstigen Sitzgelegenheiten und guter Sicht. Dies gilt noch mehr für die Innenhöfe von Schlössern (etwa in Ludwigslust). Vor allem Peter Maffay haben wir bevorzugt an solchen Örtlichkeiten präsentiert. Während einer einzigen Tournee hat er einmal fünf ausverkaufte Konzerte auf der Bad Segeberger Freilichtbühne gegeben; das heißt, es kamen insgesamt sechzigtausend Besucher allein aus dem Hamburger Raum. Dieser Erfolg ist auch ein Verdienst unseres örtlichen Partners Karsten Jahnke, der Bad Segeberg als ideale Veranstaltungsstätte entdeckt und für uns erschlossen hat. Beliebt sind auch seine Open-Air-Konzerte im Hamburger Stadtpark vor fünftausend Besuchern. Hier fühlt sich Ian Anderson mit Jethro Tull besonders wohl. Jahnke ist übrigens selbst Tourneeveranstalter und betreut heute Künstler wie Klaus Hoffmann, Al Jarreau und viele andere.

Madonna im Waldstadion

Ein bemerkenswertes Open Air war 1988 der erste Auftritt von Madonna im Frankfurter Waldstadion vor fünfzigtausend Besuchern. Ihr Management hatte eine Europatournee mit nur einer Veranstaltung pro Land angesetzt, und so fiel meine Ortswahl auf das verhältnismäßig zentral gelegene Frankfurt.

Da es also Madonna in ganz Deutschland nur hier und nirgendwo sonst zu erleben gab, kam ich auf eine neue Idee: Ich wandte mich an die Deutsche Bundesbahn und schlug eine Aktion »Rock'n'Rail« vor. Meine Anregungen fanden offene Ohren, und schließlich wurden zwanzig Sonderzüge mit je etwa tausend Plätzen eingesetzt, die aus allen Gegenden Deutschlands nach Frankfurt fuhren und die Besucher nach dem Konzert auch wieder sicher nach Hause brachten. Allein durch diese Aktion wurden damals außerhalb des Großraums Frankfurt zwanzigtausend Eintrittskarten verkauft. In jedem der Sonderzüge wurde die Wahl einer Miss Madonna veranstaltet, und für die Veranstaltung wurde der Bahnhof Sportfeld in Frankfurt in »Bahnhof Madonna« umgetauft. Von diesem Bahnhof hatten die angereisten Fans nur wenige Hundert Meter zum Stadion. Außerdem schaltete die Bahn bei Vorverkaufsbeginn bundesweit eine ganzseitige Anzeige in der *Bild-Zeitung*, was wir uns angesichts des zu erwartenden Konzertgewinns aus eigenen Mitteln nie hätten erlauben können.

Open Airs und kein Ende

Wenn ich ehrlich bin, muss ich zugeben, dass ich nach den ersten Open Airs in Deutschland angenommen hatte, dass das Bedürfnis nach Open-Air-Veranstaltungen bald wieder nachlassen würde – zumal sich unangenehme Schlechtwettersituationen ja nicht vermeiden ließen und auch immer wieder auftraten. Aber dank einer guten Organisation und der Bereitschaft der Künstler zur Mitarbeit konnten derartige Beeinträchtigungen und andere Probleme zufriedenstellend gemeistert werden. Heute gibt es mehr Open Airs denn je, und ein Ende ist nicht abzusehen.

Entscheidend ist für mich das bei großen Open-Air-Konzerten entstehende Gemeinschaftsgefühl, das wahrscheinlich ein wichtiges Geheimnis des Erfolgs dieser Veranstaltungen ist. Jeder Besucher weiß, dass er Tausende und Abertausende von Gleichgesinnten trifft, die wie er ihre Rolling Stones verehren oder ihren Peter Maffay. Mittlerweile haben diese Gemeinschaftserlebnisse längst auch einen generationsübergreifenden Charakter angenommen – Eltern und Kinder pilgern zusammen zu dem Open-Air-Ereignis, und vielleicht ist da ja auch noch ein rüstiger Großvater mit von der Partie, der nach Möglichkeit alles bezahlt. So entsteht »Family Entertainment«, Familienunterhaltung.

Die VIP-Besucher, zu denen leider vielfach auch Medienpartner gehören, neigen demgegenüber bedauerlicherweise oft dazu, den Tag bei gutem Catering im VIP-Zelt zu verbringen, wo sie praktisch nichts vom eigentlichen Konzert mitbekommen, selbst wenn sie sich bisweilen mal kurz an den Rand des Geschehens begeben und aus sicherer Entfernung einen Blick auf das Open Air werfen. Solchen Leuten fällt dann nur auf, wie klein die Künstler aus dieser Entfernung sind und wie mangelhaft die technischen Bedingungen, vor allem der Sound, sein können. Doch nur wer im Innenraum oder auf den Rängen das Geschehen ganz konzentriert und wenn möglich aus nächster Nähe mitverfolgt und ein Teil der begeisterten Masse wird, kann das Konzert musikalisch und gesellschaftlich voll erleben und danach die Erinnerung an einen unvergesslichen Tag oder Abend mit nach Hause nehmen.

Ganz deutlich wurde dieser besondere Charakter von Open Airs bei unseren Konzerten auf dem ehemaligen Reichsparteitagsgelände in Nürnberg offenbar. Hier war es auch Adolf Hitler gelungen, Zigtausende seiner Anhänger zu versammeln – doch diese kamen auf Befehl und noch dazu in Uniform und Gleichschritt. Die heutigen Open-Air-Besucher aber kommen freiwillig und müssen für ihre Teilnahme sogar eine verhältnismäßig große Summe Geld bezahlen und viele Strapazen auf sich nehmen, die sich aus der Natur der Sache ergeben.

Allerdings sind die Veranstalter aufgefordert, ihr Bestes zu tun, um den Festivalbesuchern einen schönen Tag zu ermöglichen. Hierbei kommen sie nicht ohne den Einsatz großer finanzieller Mittel aus, indem sie etwa für ein gut geschultes Personal und die Bereitstellung von Lebensnotwendigkeiten wie Toiletten sowie eine Bewirtung mit schmackhaften und günstigen Speisen und Getränken sorgen müssen.

Zum Schluss dieses Kapitels möchte ich noch von einem persönlichen Erlebnis berichten, das sich bei einem der Nürnberger Open Airs ereignete: Jedes Mal, wenn eine neue Band auf die Bühne kam, begab ich mich vom Backstagebereich auf das Konzertgelände, um den Sound und andere Gegebenheiten zu kontrollieren. Einmal hatte ich meinen Backstagepass vergessen. Als ich mich nun auf den Rückweg hinter die Bühne machte, fand ich mich vor einem baumlangen, muskelbepackten Ordner, der mich nicht durchlassen wollte. Ich schrie: »Ich bin Fritz Rau!«, und der Ordner gab zurück: »Ich bin Karl Müller, und Sie kommen ohne Backstagepass hier nicht rein!« Ich war sprachlos. Schließlich erschien der Chef der Security, und die Situation konnte geklärt werden. Dem Karl Müller aber habe ich einen Sonderbonus von zwanzig Mark in die Hand gedrückt. Außerdem machte ich deutlich, dass ich ihn von nun an bei allen Großveranstaltungen als Ordner für den Backstagebereich eingesetzt haben wollte.

Ich habe einmal irrtümlich behauptet, ein Backstageordner müsse kontrollieren und dürfe nicht denken. Das war falsch, denn alle unsere Mitarbeiter müssen natürlich denken, um vernünftig handeln zu können. Es gilt viel eher der Satz, dass ein Backstageordner keine Entscheidungen treffen darf – etwa ob ein Besucher ohne Pass nun durchgelassen wird oder nicht –, sondern er hat nur zu kontrollieren und muss notfalls den Chef des Ordnungsdiensts per Walkie-Talkie oder Handy herbeirufen.

Es gibt nur ganz wenige begnadete Künstler, die ein großes Open-Air-Publikum mental und emotional auch wirklich erreichen und über die Distanz hinweg berühren können. Mir fallen da etwa Mick Jagger, Bruce Springsteen oder auch Peter Maffay ein. Das geht über die Stimme, die verstärkt und übertragen werden kann, weit hinaus. Aber die Konzertbesucher müssen auch bereit sein, sich erreichen zu lassen und sich voll auf das Bühnengeschehen zu konzentrieren – selbst wenn sie erst später gekommen sind und nun verhältnismäßig weit von der Bühne stehen oder sitzen. Nur dann kommt es zu jenem wunderbaren geistigen Koitus zwischen Künstler und Zuhörer, der Open-Air-Konzerte so besonders und aufregend macht.

3. Kapitel

Rocklegenden

Obwohl wir durch unsere *American Folk Blues Festivals* die Rockszene sehr beeinflusst haben – insbesondere der Rhythm'n'Blues von Leuten wie Muddy Waters und John Lee Hooker hatte für die jungen britischen Rockbands Vorbildfunktion –, haben wir es in der ersten Hälfte der sechziger Jahre versäumt, die aufstrebenden jungen Musiker der Rockszene nach Deutschland zu holen. Unsererseits waren die *American Folk Blues Festivals* zunächst als Veranstaltungen für unsere Jazzfreunde gedacht gewesen, die wir so mit den Quellen des Jazz vertraut machen wollten. Doch mussten wir vor allem in Deutschland oft erleben, dass unsere Blueskünstler von Anhängern wie Musikern des Modern Jazz als »zu primitiv« empfunden wurden.

Ich erinnere mich an eine nächtliche Diskussion mit Norman Granz, Oscar Peterson und Horst Lippmann, bei der es um den Blues ging. Mein Freund Oscar Peterson machte uns den Vorwurf, mit den Bluesfestivals eine Art »Onkel-Tom-Politik« zu betreiben, da hier schwarze Künstler als primitiv und rückständig gezeigt würden. Norman Granz hingegen hat uns zu den *American Folk Blues Festivals* gratuliert und sie als einen wichtigen Beitrag zum Selbstverständnis der Menschen afroamerikanischer Herkunft in den USA bezeichnet. Vor allem natürlich in Großbritannien, aber auch in Skandinavien, Holland, Belgien und Frankreich fungierten die Künstler unserer Festivals als Lehrmeister des Blues und damit als Inspiratoren der Rockmusik. In Deutschland setzte das Interesse der Musiker am Blues erst später ein, sodass unsere Bluesfestivals auf die hiesige Rockszene keine so bedeutenden Auswirkungen hatten.

Der Blues kam erst später und eher indirekt nach Deutschland – auf dem Umweg über die englischen Söhne der amerikanischen Bluessenioren, also vermittelt durch die Musik der Rolling Stones, Eric Claptons, der Animals und anderer britischer Bands.

Einer der wenigen deutschen Musiker, die durch die *American Folk Blues Festivals* direkt inspiriert wurden, Blues zu spielen, ist der Berliner Gitarrist Frank Diez, der später über dreißig Jahre mit Peter Maffay gearbeitet hat. Für mich ist er der interessanteste deutsche Bluesmusiker. Selbst seine Solos bei Maffay-Songs wie Eiszeit bleiben unvergesslich. Besonders hervorzuheben ist die Musik, die Frank Diez im Electric Blues Duo zusammen mit seinem englischen Freund, dem Bluespionier Colin Hodgkinson, macht. Hodgkinson war Bassist von Alexis Korner gewesen, der 1961 mit Blues Incorporated die erste britische Bluesband gründete, und in der legendären Band Back Door ersetzte sein virtuoses Bassspiel sogar die Gitarre. Später verpflichtete ihn Mick Jagger als Bassist seiner eigenen Schallplattenproduktionen.

Frank Zappa

Auch für den Einstieg von Lippmann+Rau in die Rockszene war unser Lehrmeister Norman Granz ausschlaggebend. Schon 1968 brachte er Frank Zappa und seine Mothers of Invention nach Europa und übertrug uns die Organisation der Tournee. Für die antiautoritäre Bewegung war Frank Zappa mit seinem *total music theatre* nicht nur ein Bürgerschreck, sondern auch ein Symbol des Aufstands. So kam es in Berlin zu einem denkwürdigen Konzert im damaligen Sportpalast. Schon am Nachmittag kam eine Delegation der Kommune Eins in das Hotel Kempinski, um Zappa aufzufordern, bei seinem Konzert die achttausend Besucher im Sportpalast zum Sturm auf das Gefängnis Moabit aufzurufen. Dort sollte der Politclown Fritz Teufel befreit werden. Zappa lehnte dieses Ansinnen mit dem Hinweis ab, dass momentan die Zeit für Revolution nicht gegeben sei und wir durch eine solche Aktion nur mehr Gefängnisinsassen bekommen würden, aber keine Befreiung von Fritz Teufel.

Mit Frank Zappa (vorne Mitte) und den Mothers of Invention, 1968. (Privatarchiv Fritz Rau / Günter Zint/PAN-Foto)

Als das Konzert im Sportpalast begann, war die Terrorkommune Eins mit vielen Anhängern erschienen und störte den Auftritt schon sehr früh mit Sprechchören wie »Mothers of Reaction« und »Revolution«. Frank Zappa entgegnete von der Bühne, dass die Zeichen der Zeit nicht auf Revolution stünden, sondern auf Evolution und einen Marsch durch die Institutionen, wie er dann später tatsächlich stattfand – bis ins deutsche Außenministerium hinein. Dann wurde die Bühne von den Demonstranten besetzt, und es drohte ein Konzertabbruch bereits vor der Pause, sodass wir die Eintrittsgelder hätten zurückerstatten müssen. Die Demonstranten, an Musik und Performance der Mothers of Invention anscheinend kaum interessiert, verlangten eine öffentliche Diskussion. Ich konnte den Anführern klar machen, dass eine solche Programmänderung der weitaus größeren Zahl der Konzertbesucher überhaupt nicht gefallen würde, und versprach, die Diskussion nach Beendigung des Konzerts auf der Bühne auszurufen. Gleichzeitig gelang es mir, die hinter der Bühne versammelte Polizei, die das dringende Bedürfnis hatte, im Sportpalast tätig zu werden, in ihrem Tatendrang zu bremsen, indem ich darauf hinwies, dass bei einem Polizeieinsatz ein ungeheurer Schaden an zerstörten Einrichtungsgegenständen und vor allem an unserem Equipment entstehen würde.

Das Konzert ging weiter, wir verzichteten natürlich auf eine Pause, und umgeben von Demonstranten spielte Frank Zappa mit seiner Band eine ungeheure Musik, die alle beeindruckte. Es war wie eine Art Götterdämmerung. Ich begann derweilen, die Tonanlagen auf der Bühne Stück für Stück abzubauen, um sie vor der Zerstörung zu retten, schließlich hatten wir am Tag darauf schon das nächste Konzert. Zum Schluss spielte nur noch Zappa allein auf seiner Gitarre und seinem Verstärker. Nach dem Ende der Veranstaltung versuchte ich zum Mikrofon zu gelangen, um eine Diskussion über weiß der Teufel was zu beginnen, aber in diesem Moment ertönte eine Stimme über den Saallautsprecher. »Hier spricht die Polizei. Wir fordern Sie auf, sofort den Sportpalast zu räumen.« Es war wie ein Wunder, aber die Leute gingen tatsächlich hinaus, und die Revolutionäre verzichteten schließlich darauf, ein Gewaltspielchen zu starten.

Frank Zappa und seine Musiker waren von diesem Vorfall so mitgenommen, dass der Künstler immer wieder daran erinnerte und zugab, vor Angst in die Hosen geschissen zu haben. Ich muss gestehen, dass auch meine Unterhose an diesem Abend nicht sauber blieb.

Jimi Hendrix

Unsere nächste Rocktournee machten wir mit dem unvergleichlichen Jimi Hendrix. Die Zusammenarbeit mit ihm war ein Höhepunkt meines Lebens.

Bereits 1966 hatte ich den Anruf eines befreundeten Londoner Konzertagenten erhalten. Er empfahl mir, nach Paris zu fliegen, um im legendären Musiktempel Olympia eine neue Gruppe zu erleben, die genau das sei, was mir gut täte. Ich fragte nicht lange nach Namen, sondern flog nach einem arbeitsreichen Tag nach Paris. Kurz vor dem Konzert kam ich an und quälte mich auf meinen Stuhl im Innenraum des Olympia. Schließlich wollte ich die Künstler live erleben und nicht unbedingt im Backstagebereich Pernod trinken und quatschen und darüber die Veranstaltung versäumen.

Die Band war ein Trio, bestehend aus einem Gitarristen, der auch sang, sowie Bass und Schlagzeug. Sie haute mich vom Sitz, und ich erlebte eine wahre »Experience« (Erlebnis) – die Jimi Hendrix Experience, mit dem Meister an der Gitarre, Noel Redding am Bass und Mitch Mitchell am Schlagzeug. Die beiden Letzteren waren Engländer, während Jimi Hendrix aus Seattle kam und in den USA jahrelang in Rhythm'n'Blues-Bands gespielt hatte, vor allem in New York, wo ihn Chas Chandler, der Bassist der Animals, entdeckte. Chandler nahm ihn mit nach London, und von dort aus hat er unsere Welt verändert. Nach dem Pariser Konzert wankte ich – ohne jeden Alkoholeinfluss! – hinter die Bühne und sagte sofort eine Deutschlandtournee zu, ohne jede Rücksicht darauf, wie bekannt oder unbekannt Jimi Hendrix in Deutschland war. Wahrscheinlich hätte ich viel Geld verloren, wenn die Tournee damals wirklich stattgefunden hätte. Aber zu unserem Glück wurde sie abgesagt. In der Zwischenzeit ist Hendrix mit seiner Gitarre beim legendären Festival im kalifornischen Monterey im wahrsten Sinne des Wortes »explodiert« und nahezu über Nacht zum Superstar geworden. So konnte er nicht wie geplant nach Deutschland kommen, sondern musste zunächst in den USA die Früchte seiner Experience ernten.

Unsere erste Tournee fand erst Januar 1969 statt. Ich hatte die wildesten Gerüchte über Hendrix gehört, darunter die Nachricht, dass er in Stockholm ein Hotelzimmer in Brand gesteckt habe. Also beschloss ich, etwa drei Wochen vor der Tournee nach London zu reisen, um Jimi Hendrix näher kennen zu lernen und mich auf unsere umfangreiche Deutschlandtournee einstellen zu können. Durch Vermittlung seines Londoner Agenten, meines Freundes Harold Davidson, der wie wir zur europäischen Norman-Granz-Familie gehörte, konnte ich Hendrix persönlich begegnen und zog mit ihm etwa drei Tage durch die Gegend – als ein nahezu perfektes Groupie sozusagen.

Während dieser Zeit wurde ich in den Kulissen eines Londoner BBC-Studios Zeuge eines Auftritts der Jimi Hendrix Experience in der erfolgreichen *Lulu Show*. Lulu war damals eine sehr populäre Sängerin, die ihre eigene TV-Show hatte und hierzu Gäste einlud, darunter eben auch Hendrix. Die Produzenten der Show hatten die kühne Idee, Jimi zu einem Duett mit Lulu am Ende der Show zu überreden. Er blieb wie immer ganz ruhig und ließ die Fernsehleute die Show entsprechend vorbereiten. Als die Zeit für seinen Auftritt gekommen war, spielte er seinen Hit *Hey Joe*, den er aber recht abrupt beendete. Nun tippelte Lulu auf Jimi zu, um das geplante Duett mit ihm zu singen. Aber er ging nach vorne und stieß Lulu zurück. Statt des Duetts erlebten wir eine Ansage des Künstlers: »We'd like to stop playing this rubbish and dedicate a song to the Cream – dedicate this to Eric Clapton, Ginger Baker and Jack Bruce.« [Wir möchten gerne aufhören, diesen Unfug zu spielen, und widmen den nächsten Song den Cream…] Da ertönte auch schon das prägnante Gitarrenriff von *Sunshine Of Your Love*. Hendrix, ein großer Bewunderer der legendären Supergroup hatte diesen Cream-Song in sein Programm aufgenommen, nachdem er von der Auflösung des Trios gehört hatte.

Ich war begeistert und sprachlos. Was für ein Künstler! Da fiel mir plötzlich ein: Wenn Jimi Hendrix so mit BBC London umgeht, was macht er dann mit mir bei unseren deutschen Konzerten? Ich nahm mir vor, mit Jimi auf Tournee zu gehen und keinen Auftritt zu versäumen. Hierzu kann ich mir nur gratulieren, denn ich erlebte die interessantesten Konzerte meines Lebens.

Jimi Hendrix und seine Musiker kamen in Hamburg mit dem Flugzeug aus London an. Dank unserem Zusammensein in London konnten wir uns wie alte Freunde begrüßen. Nach Konzerten in Hamburg, Düsseldorf und Köln spielte er auch in der Halle Münsterland in Münster. Das Konzert war bestuhlt und der Auftritt der Jimi Hendrix Experience furios. Schon nach den ersten Stücken stand das Publikum auf den Stühlen. Als Zugabe spielte die

Experience die berühmte Verfremdung der amerikanischen Nationalhymne *Star Spangled Banner* als wahren Tieffliegerangriff. Das war für die Münsteraner zu viel, und da eine weitere Zugabe nicht möglich war, fingen sie an, die Stühle zu demolieren.

Jimi Hendrix war erschrocken, als er die verwüstete Halle nach dem Konzert sah. Und die Verwaltung der Halle Münsterland verlangte nun eine Erneuerung der Bestuhlung, was ein Vermögen gekostet hätte. Zum Glück war die Bestuhlung sehr einfach, und es gab keine Sessel. Die meisten Stühle waren lediglich verbogen. Horst Lippmann und ich sowie einige Mitarbeiter verbrachten die Nacht nach dem Konzert damit, die Sitze wieder hinzubiegen, was in erfreulichem Ausmaß gelang. So hatte die Halle Münsterland keine Chance, uns eine neue Bestuhlung bezahlen zu lassen.
Drei Tage später spielte Hendrix in Frankfurt, damals eine Hauptstadt der antiautoritären Bewegung. Das Konzert fand in der Jahrhunderthalle Höchst mit eingebauten, soliden Stuhlreihen statt. Vor dem Konzert kam Jimi zu mir und schlug vor, auf die amerikanische Nationalhymne zu verzichten. Das wiederum wollte ich eigentlich nicht, und wir vereinbarten einen Kompromiss: Er würde diese Zugabe nur spielen, wenn wir – je nach Stimmung des Publikums gegen Ende des Konzerts – beide damit einverstanden wären.

Das Frankfurter Konzert war gewaltig. Das Publikum, durchaus bestehend aus recht rauen Gesellen, war von der Gewalt des Gitarrenspiels und der Experience so erschlagen, dass alle auf ihren Stühlen sitzen blieben. Es war Zeit für die Zugabe. Jimi sah mich hinter der Bühne an, und ich stellte plötzlich fest, dass ich zustimmend nickte. Und die amerikanische Nationalhymne wurde tatsächlich zu einem unvergesslichen Konzerthöhepunkt, der in Frankfurt über viele Jahre unübertroffen blieb.

Ich lud Hendrix ein, mit mir und meinem Fahrer in meinem schönen Mercedes-Privatwagen zu reisen, so konnten wir uns auf der Fahrt näher kommen und unsere Gedanken austauschen. Besonders beeindruckt haben mich Jimis Schilderungen über seine indianische Großmutter, die ihm anscheinend viel Zärtlichkeit gab und seine Fantasie anregte. Wie wichtig ihm seine indianischen Wurzeln waren, zeigte sich auch in seiner wunderschönen Bühnenkleidung mit indianischen Tüchern und Schmuckgegenständen.

Was Jimi am meisten beeindruckte, war »the space«, der Weltraum. Er träumte von fernen Galaxien und Wegen dorthin. Er war ein Ikarus des Blues, der zu den Sternen flog, aber der Sonne zu nahe kam und verbrannte.

Nach dem Frankfurter Konzert hatten wir einen freien Tag. Im Einverständnis mit meiner Frau Hildegard lud ich Jimi in unser Haus nach Oberursel ein. Dort erlebten meine damals elf und neun Jahre alten Kinder Andreas und Saskia die wahrscheinlich schönste Märchenstunde, die je ein deutsches Kind genießen durfte. Jimi, der in meiner Wohnung voller Freude die Bluesschallplatten von Horst Lippmann auf L+R Records entdeckt hatte, gab den Kindern und uns eine wunderbare Einführung in seine Welt des Blues. Wenn beispielsweise Muddy Waters auf der LP zu hören war, lauschte er hingebungsvoll und sprach in leiser Stimme mit ihm. Ich weiß, dass meine Kinder tief beeindruckt waren. Trotzdem spielte meine Tochter Saskia am Vogelkäfig ihres Wellensittichs herum, denn auch er sollte den Blues hören. Plötzlich ging das Käfigtürchen auf, und der Vogel flog pfeilgerade in die Haarpracht von Jimi. Vor Schreck saß ich wie versteinert da, aber Jimi holte den Vogel aus seinem Haarschopf heraus und sagte nur: »Let him be, maybe he likes the blues as well!« [Lass ihn nur, vielleicht mag er den Blues auch!]

Danach wies mich Jimi Hendrix auf einen, wie er meinte, völlig unbekannten Gitarristen hin, der ihn persönlich stark beeinflusst habe: Hubert Sumlin, Leadgitarrist in der Band von Howlin' Wolf. Der gestrenge Frontmann der Band wollte nicht, dass seine Musiker mit eigenen Aktivitäten bekannt wurden und untersagte seinem Meistergitarristen, eigene Aufnahmen einzuspielen. Daher war Jimi der Meinung, dass auch keine Schallplatten dieses Künstlers existierten. Umso erstaunter war er, als ich ihm zwei LPs von L+R Records mit Hubert Sumlin in die Hand drücken konnte, die Horst Lippmann 1964 im Anschluss an die Tournee mit dem *American*

Folk Blues Festival in den Amiga Studios in Ostberlin produziert hatte. Jimi war glücklich, sein Idol wiederzuhören.

Ähnlich erging es übrigens auch Frank Zappa, als wir auf einer Fahrt zum Bremer Beatclub einmal über Blues sprachen. Er versuchte mich davon zu überzeugen, dass wir nicht alle wichtigen Blueskünstler kennen würden, und nannte als Beispiel J. B. Lenoir, der als einer der ersten Bluesmusiker auch zeitbezogene und politische Bluesstücke schrieb und sang. Auch Zappa staunte nicht schlecht, als ich ihm einige Tage später die Horst-Lippmann-Produktion mit J. B. Lenoir, *Alabama Blues*, übergeben konnte. Ich wollte Jimi verwöhnen, so gut ich konnte, und ihn auch mit dem wunderbaren Essen meiner baden-württembergischen Heimat beglücken. So aßen wir in einer handfesten schwäbischen Wirtschaft bei Stuttgart eine meiner absoluten Lieblingsspeisen: Linsen und Spätzle und Saitenwürstle. Ich sagte zu Jimi: »This is my kind of soulfood!« [Das ist meine Art Soulfood – Soulfood nennt man das deftige Essen der Schwarzen in den amerikanischen Südstaaten], und er begann tapfer mit dem Verzehr. Aber sehr bald ließ er den kaum angerührten Teller stehen und entschuldigte sich für einen Moment. Er kam nicht wieder. Wahrscheinlich war ihm schlecht geworden. Sein damaliger Tourneeleiter Gerry Stickells, den ich sehr mag und der später Manager der Gruppe Queen wurde, sagte mir nach Jimis Weggang lakonisch: »Er kriegt dein Lieblingsessen beim besten Willen nicht runter, aber er möchte deine Gefühle nicht verletzen.«

Schließlich kamen wir zu unserem letzten Deutschlandkonzert nach Berlin in den Sportpalast, wo nur wenige Wochen zuvor das bereits geschilderte Konzert der Mothers of Invention stattgefunden hatte. Die Berliner Revolutionäre hatten schon Tage zuvor angekündigt, dass sie uns ihre Schlappe beim Zappa-Konzert heimzahlen und das Hendrix-Konzert stürmen würden. Ich informierte Jimi über diese schwierige Situation. Er war damit einverstanden, das Konzert trotzdem zu wagen. Vorsorglich bauten wir eine über drei Meter hohe Bühne, die nach allen Seiten durch Sperrgitter abgesichert war. Die Experience legte los und erzeugte ein Klanggewitter, das die Demonstranten zunächst stutzig machte. Aber nach kurzer Zeit versuchten sie dennoch, die hohe Bühne zu stürmen. Dies gelang ihnen jedoch nicht, denn wir erlaubten uns, den Herrschaften auf die Hände zu treten, sobald sie sich am Bühnenrand festklammerten.

Jimi und die Experience spielten wie die Götter und füllten den Saal mit apokalyptischen Klangkaskaden. Zum Glück wurden den achttausend Besuchern des ausverkauften Sportpalasts die Störereien der Revolutionäre irgendwann zu viel, und sie taten das Ihre, damit der Spuk endlich aufhörte und die Jimi Hendrix Experience ihr Konzert ungestört zu Ende spielen konnte.

Insgesamt war es eine sehr erfolgreiche Tournee, und zwischen mir und Jimi entstand eine wertvolle Freundschaft. Erst über ein Jahr später konnte Jimi wieder nach Deutschland kommen. Inzwischen hatte er die Jimi Hendrix Experience aufgelöst und seine Spielweise geändert.

Wir betreuten im September 1970 die beiden letzten Konzerte seines Lebens. Das erste war ein Festivalkonzert in der Berliner Deutschlandhalle, bei dem neben Jimi Hendrix als Höhepunkt auch andere Gruppen wie Ten Years After und Canned Heat auftraten. Horst Lippmann und ich saßen an der Bühnenseite und erlebten einen Hendrix, der weitgehend nur Blues spielte und auf seine Bühnenshow früherer Jahre völlig verzichtete. Für den Oktober hatten wir eine Hendrix-Tournee mit Big Band vorbereitet, da er sich immer mehr dem Blues und dem Jazz zuwandte.

Sein letzter Liveauftritt fand am 6. September 1970 auf dem Katastrophenfestival auf Fehmarn statt, wo er am Vormittag als Letzter im strömenden Regen auftrat, ehe die als Ordner engagierten Hell's Angels die Bühne anzündeten und dem groß angekündigten Festival ein Ende bereiteten.

Keine zwei Wochen später erreichte uns aus England die Nachricht, dass Jimi Hendrix erstickt sei. Es gibt viele Gerüchte über seinen Tod, aber ich möchte mich daran nicht beteiligen, da ich nicht dabei war. Ich habe um Jimi Hendrix getrauert wie um einen Bruder. Beim Tod von Duke Ellington, den ich sehr verehre, trauerte ich um einen väterlichen Freund.

Auch meine Kinder werden Jimi Hendrix nie vergessen, und ihre Erzählungen werden meinen Enkelkindern in Erinnerung bleiben. Er und seine unvergleichliche Musik leben in uns allen weiter. Für meinen inzwischen siebenundvierzigjährigen Sohn ist Hendrix das große Idol und sein Vorbild als Gitarrist. In seinem Haus in München steht unsere frühere Couch, auf der Jimi saß und schlief, und es soll sich keiner darauf setzen, außer dem Opa und den Enkeln.

Jethro Tull

Nach einem unserer Konzerte im Januar 1969 machte mich Jimi Hendrix auf eine neue englische Rockband aufmerksam. Sie war die Vorgruppe bei seiner Skandinavientournee gewesen und hatte ihn sehr beeindruckt. Er nannte mir einen Namen, den ich ganz einfach nicht verstand, sodass ich ihn bat, den Bandnamen auf ein Stück Papier zu schreiben: Jethro Tull. Besonders beeindruckt war Jimi von dem Frontmann Ian Anderson, der ausgerechnet Flöte spielte.

Mit Jethro Tull in den siebziger Jahren (dritter von rechts: Ian Anderson).(Privatarchiv Fritz Rau/Kurt Heinrich)

Eine solche Empfehlung bedeutete mir sehr viel, und so machte ich mich schließlich auf den Weg nach London, um Jethro Tull ausfindig zu machen. Es dauerte schon seine Zeit, bis ich das winzige Büro der Managementfirma Chrysalis in der Oxford Street 88 fand und dort auf die beiden Partner traf, die das Unternehmen leiteten: Terry Ellis, der sich hauptsächlich um Jethro Tull kümmerte, und Chris Wright, der für Ten Years After und andere Gruppen zuständig war. Terry und Chris haben später die Schallplattenfirma Chrysalis gegründet und daraus eine Weltfirma gemacht. Meine Zusammenarbeit mit ihnen war über viele Jahre sehr erfolgreich.

Chrysalis hatte ein interessantes Briefpapier in grüner Farbe und mit einem ausgestanzten Schmetterling links oben. Bei meinen Verhandlungen mit Terry Ellis fiel mir dieser Briefbogen auf, und ich fragte ihn danach, da er mir irgendwie bekannt vorkam. Verschmitzt lächelnd eröffnete mir Terry Ellis, dass er mir seine Künstler schon vor einigen Wochen schriftlich angeboten und sich über das Ausbleiben jeder Antwort geärgert hatte. Wir wurden uns trotzdem einig, und nachdem mir Terry einige JethroTull-Schallplatten vorgespielt und auf den Riesenerfolg von Jethro Tull in der Royal Albert Hall hingewiesen hatte, beschlossen wir eine baldige Deutschlandtournee.

Auch wenn sich bald herausstellen sollte, dass Jethro Tull damals mehr deutsche Fans hatte, als ich dachte, hätte ich mit der anvisierten Tournee wahrscheinlich trotzdem Geld verloren, da ich der Mehrzahl der deutschen Musikjournalisten den Namen genauso buchstabieren musste wie Hendrix zuvor mir. Aber zu unserem Glück wurde die Tournee abgesagt, da der Band eine US-Tournee angeboten wurde. In Amerika zu spielen ging allemal vor, denn die Vereinigten Staaten waren für eine Rockgruppe die wichtigste Etappe auf dem Weg zur weltweiten Bedeutung.

Ich war natürlich zunächst traurig und bat Terry, auf dem Weg in die USA einen kleinen Umweg über Frankfurt zu machen und in der dortigen Jahrhunderthalle wenigstens ein Konzert für ganz Deutschland zu geben. Dieses Konzert sollte dann zugleich der

Beginn einer Promotionkampagne für Jethro Tull im Hinblick auf die später geplante Deutschlandtournee sein.

Die scheinbar brillante Idee eines Gastspiels in Frankfurt erwies sich aber als ein großer Fehler. Das Konzert war in wenigen Tagen ausverkauft und genauso auch die kurzfristig angesetzte zusätzliche Veranstaltung am späten Nachmittag. Jethro Tull waren bei den deutschen Rockfans viel bekannter, als es mancher Musikkritiker und auch ich für möglich gehalten hatten.

Das erste Konzert begann. Wir hängten ganz einfach ein Schild mit der Aufschrift »Ausverkauft!« an die Tür und dachten an nichts Böses. Auch nicht an Security zum Schutz der Halle. Aber es waren aus ganz Deutschland mehrere Tausend Jethro-Tull-Begeisterte angereist, die keine Eintrittskarten mehr bekommen konnten. Die Jahrhunderthalle hat Glaswände mit riesigen Scheiben, und unglücklicherweise lagen hinter der Halle große Steinbrocken herum, die für irgendeine Baumaßnahme benötigt wurden. Während nun drinnen Jethro Tull die *Bourée* von Johann Sebastian Bach spielten, hörten wir plötzlich ein furchtbares Bersten von Glas. Einige gewaltbereite Rockfans hatten mit den Steinbrocken die Scheibenwände eingeworfen und sich einen Zugang zum Innenraum verschafft. Doch hingen die oberen Scheibenhälften noch wie Guillotinen in den Fensterrahmen, sodass die einströmenden Randalierer sehr gefährdet waren. Ich schnappte mir irgendwie eine Holzlatte und schrie: »Ihr bringt euch in Lebensgefahr, bleibt zurück!« Glücklicherweise war die Mehrzahl jener Fans, die keine Karten mehr bekommen hatten, inzwischen enttäuscht abgezogen, sodass die übrig gebliebenen Demonstranten in der Jahrhunderthalle Platz fanden und das Konzert zu Ende gebracht werden konnte. Ich hörte noch eine Ansage von Ian Anderson, in der er dem mit Gewalt eingedrungenen Publikum Vorwürfe machte, »so unkind [unfreundlich] to Mister Rau« gewesen zu sein.

Die Direktoren der Farbwerke Hoechst als Eigentümer der Jahrhunderthalle waren entsetzt und baten mich um eine Besprechung am nächsten Morgen. Ich erschien übernächtigt, aber pünktlich und wurde mit dem Hinweis begrüßt, dass in der Halle erhebliche Schäden in Höhe von etwa vierzigtausend D-Mark entstanden seien. Der Jurist in mir versuchte deutlich zu machen, dass ich als Veranstalter nur für solche Schäden haften würde, die meine Kartenkäufer verursacht hatten, nicht aber für Demonstrationsschäden von außen. Die Herren Direktoren schienen dafür Verständnis zu haben, doch machten sie mich darauf aufmerksam, dass es unter diesen Umständen in Zukunft eben keine Konzerte der sogenannten Rockmusik in ihrer Halle mehr geben würde. Da holte ich mit zittrigen Händen mein Scheckbuch aus der Tasche und schrieb einen Scheck über vierzigtausend Mark aus. Das war damals sehr viel Geld für uns, und eigentlich konnten wir uns eine solche Summe kaum erlauben. Gleichzeitig übernahm ich die Verantwortung für Schäden bei weiteren Konzerten und stellte klar, dass ich eine Beeinträchtigung der Freiheit unserer Musik in einer der Öffentlichkeit gewidmeten Halle nicht zulassen würde.

Nach der Besprechung in Höchst begab ich mich ins Frankfurter Hotel von Jethro Tull und traf Terry Ellis. Ich erzählte ihm, was vorgefallen war, und zu meinem Erstaunen zückte der Manager plötzlich sein Scheckbuch und reichte mir einen Scheck über zwanzigtausend Mark, die Hälfte der Schadenssumme. Unser Vertrag sah eine hälftige Teilung der Bruttoeinnahmen vor, weswegen sich Ellis verpflichtet fühlte, auch die Hälfte des Schadens zu tragen. Das war auch für Jethro Tull damals viel Geld. Aber zugleich war es der Beginn einer guten, über dreißig Jahre anhaltenden Zusammenarbeit und einer herzlichen Freundschaft zwischen Ian Anderson und mir. Terry Ellis übergab mir den Scheck mit den Worten: »You saved Rock'n'Roll for all of us!« [Du hast den Rock'n'Roll gerettet – für uns alle!]

Heute wird Jethro Tull von Alex Nicol betreut, der jahrelang an meiner Seite gearbeitet und dabei alles gelernt hat, was es in diesem Geschäft zu lernen gibt. Nicol und sein Partner konnten im Dezember 2004 bei der Tournee von Ian Anderson mit der Neuen Philharmonie Frankfurt eine DVD und CD produzieren: *Ian Anderson Plays Orchestral Jethro Tull.* Zu meiner persönlichen Freude las ich auf dem Cover eine Danksagung an Alex Nicol und

Alex Steiman von Double A Entertainment, der Ian Anderson noch den Zusatz hinzugefügt hatte: »Thanks to Fritz Rau, everlasting German promoter, for being there, as always.« [Vielen Dank auch an Fritz Rau, den unverwüstlichen deutschen Veranstalter, weil er, wie immer, dabeigewesen ist.]

The Doors

Schon im September 1968 waren auch The Doors mit ihrem Sänger Jim Morrison zu einem einzigen Konzert nach Deutschland gekommen. Wir luden sie selbstverständlich nach Frankfurt ein. Frankfurt war in den fünfziger und sechziger Jahren zu einer Hauptstadt des Jazz geworden. Anfang der siebziger Jahre schrieb nun die Welt: »Frankfurt – das Mekka des Rock«. Vielleicht hatte dies alles ein wenig mit Lippmann+Rau zu tun.

Im Vorprogramm des Doors-Konzerts in der Frankfurter Kongresshalle spielte die amerikanische Bluesgruppe Canned Heat mit ihrem körperlich wie stimmlich gewaltigen Sänger Bob Hite. Canned Heat waren laut, aber gut, doch die Doors wirkten etwas müde und abgespannt, da sie den ganzen Tag über in Frankfurt für ihre Schallplattenfirma Promotiontermine hatten wahrnehmen müssen und Jim Morrison diese Anstrengung mit etwas zu viel Alkohol kompensiert hatte. Aber das Konzert ging wie geplant zu Ende, und die Doors wurden mit mäßigem Beifall verabschiedet. Ich begleitete die Gruppe zu den Garderobenräumen, als Jim Morrison plötzlich umkehrte und noch einmal auf die Bühne ging. Er und die anderen Doors hatten das Bedürfnis, noch etwas zu spielen. Inzwischen hatte sich der Saal bereits nahezu geleert. Die wenigen Besucher, die noch da waren, darunter Horst Lippmann und ich am Seitenrand der Bühne, erlebten nun die Doors als eine astreine Bluesband, die noch einmal über eine Stunde spielte – Jim Morrison der Einfachheit halber auf dem Boden liegend. Er improvisierte unheimlich schöne Texte, und wir alle waren sprachlos.

Lippmann und Rau nach dem Doors-Konzert in Frankfurt, September 1968. (Privatarchiv Fritz Rau)

Heute ruht Jim Morrison auf dem Pariser Friedhof Père Lachaise, und sein Grab ist noch immer eine Wallfahrtsstätte seiner Fans.

Janis Joplin

1969 unternahm die Sängerin Janis Joplin eine Europatournee, bei der sie in jedem größeren Land jeweils ein Konzert gab. Auch hierfür schlugen wir die Jahrhunderthalle Höchst vor. Dieses Frankfurter Konzert am 12. April 1969 sollte der einzige Auftritt bleiben, den diese Sängerin je in Deutschland gegeben hat. Kurz vor dem Konzerttermin erhielten wir ein Telex mit der Aufforderung, ein Vorprogramm zu besorgen. Da fiel unsere Wahl auf die Mannheimer Rockröhre Joy Fleming und ihre damalige Band The Hit Kids. 1972 hat Joy Fleming übrigens einen deutschsprachigen Blues als Single veröffentlicht, der sowohl textlich wie musikalisch alles hat, was einen Blues glaubwürdig und authentisch macht. Es ist der im Mannheimer Dialekt gesungene *Neckarbrückenblues* (auch als *Mannemer Brickeblues* bekannt), den ich jedem nur empfehlen kann.

Der Auftritt von Janis Joplin war aus gesundheitlichen Gründen nicht ganz optimal, aber Joy Fleming und ihre Band spielten sich im Vorprogramm die Seele aus dem Leib. Die damalige Frankfurter *Nachtausgabe* überschrieb ihre Kritik: »Wir kamen, um Janis Joplin zu hören, aber richtig erlebt haben wir Joy Fleming!«
Ich freue mich jedenfalls auch heute noch auf den nächsten Auftritt der Mannheimer Sängerin im Oktober 2005 im Musikclub des Frankfurter Südbahnhofs.

Mit Janis Joplin kam es kurz vor dem Konzert zu einem Problem. Sie wollte von mir unbedingt noch einen Tequila mit Salz und Zitrone haben, aber wir konnten in der ganzen Jahrhunderthalle keinen Tequila mehr auftreiben. Sie schrie: »So you will have no concert!« [Dann gibt es eben kein Konzert!] Ganz in der Nähe stand ihr sehr tüchtiger Manager Albert Grossman, der auch Bob Dylan betreute, und verfolgte unseren etwas einseitigen Dialog gespannt und lächelnd. Als Nächstes hörte ich mich Janis Joplin erwidern, dass die Banken am Frankfurter Flughafen glücklicherweise bis 21 Uhr geöffnet seien, wir könnten also den Besuchern des ausverkauften Konzerts ihr Eintrittsgeld problemlos zurückzahlen. Aber ich verhehlte nicht, dass dies für Janis Joplin sehr teuer werden könnte. Schließlich ging sie doch noch auf die Bühne, und das Konzert war gerettet.

An diesem Abend erfand ich die berühmt gewordene Cateringliste für Künstler, das heißt, ich brachte vor jeder Tournee beim entsprechenden Management in Erfahrung, was die Musiker unmittelbar vor ihrem Auftritt haben wollten. So bevorzugte Mick Jagger zum Beispiel einen Whisky, Charlie Watts, der Drummer der Rolling Stones, hingegen ausgerechnet einen deutschen »Liebfraumilch«-Wein. Bei dieser Liste ging es nicht darum, ein Saufgelage zu veranstalten, sondern den Musikern sollte vielmehr eine kleine Erfrischung ermöglicht werden, denn sobald sie mal auf der Bühne sind, sind sie allein, und der Konzertveranstalter ist weit hinten im Backstagebereich.

Bei einem Stones-Konzert in der Frankfurter Festhalle durfte meine damals zwölfjährige Tochter Saskia backstage beim Catering mithelfen. Da kam Mick Jagger auf sie zu und sagte lakonisch: »A Scotch, please!« Mein kleines Mädel antwortete ganz unschuldig: »We have no Scotch, we only have whisky!«, und Mick Jagger lachte aus ganzem Herzen.

Kurzfristig hatte es sich ergeben, dass die Filmfirma Bavaria einen Filmmitschnitt des Frankfurter Janis-Joplin-Konzerts machen wollte. Das Problem hierbei war, dass die Besucher, die ihre Eintrittskarten gekauft hatten, ohne auf die Filmarbeiten hingewiesen worden zu sein, über die Beeinträchtigungen durch das Kamerateam verärgert sein konnten. Doch fand ich einen Ausweg. Da der Auftritt Janis Joplins ohnehin nur eine Stunde dauern sollte, bat ich ihr Management um die Einwilligung, hinterher noch ein zweites Konzert extra für das Fernsehen anzusetzen. Joplin und Grossman willigten ein, und ich konnte nun das Publikum des ersten Konzerts einladen, kostenlos einer Live-TV-Show beizuwohnen und als Komparsen mitzuwirken. Das Publikum arbeitete gut mit und ließ sich vom Regisseur dirigieren, der auf diese Weise hochinteressante Bilder einfing. Der Bavaria-Film mit Janis Joplin wird auch heute noch ab und zu im deutschen Fernsehen gezeigt.

Emerson, Lake & Palmer

Sehr interessant war für mich auch die jahrelange Zusammenarbeit mit der britischen Supergruppe Emerson, Lake & Palmer (ELP), die ich zum ersten Mal bei ihrem Livedebüt auf dem berühmten Open-Air-Festival auf der Isle of Wight 1970 erlebte und ganz spontan zu einem Konzert in die Frankfurter Kongresshalle einlud. Das Trio bestand erst seit wenigen Monaten, und zum Zeitpunkt ihres Frankfurter Konzerts war ihre erste Platte noch nicht auf dem deutschen Schallplattenmarkt erschienen. Das Label Island wollte über die deutsche Phonogram fünftausend LPs importieren, aber die Sendung ging beim deutschen Zoll verloren, und wir mussten ohne diese wichtige Hilfe in das Frankfurter Konzert gehen. Kein Wunder, dass nur etwa vierhundert Besucher kamen, die aber hellauf begeistert waren.

Emerson, Lake & Palmer waren eine der wichtigsten Bands des Progressivrocks, und einige ihrer Werke schrieben Rockmusikgeschichte, darunter *Pictures At An Exhibition* nach *Bilder einer Ausstellung* von Modest Mussorgski. In ihren Kompositionen und Adaptationen bezogen sie sich weniger auf den Blues als vielmehr auf die europäische Klassik. Diese Orientierung an Klassikelementen hatte für Greg Lake schon in der Zeit bei seiner ersten bemerkenswerten Gruppe King Crimson angefangen, deren Album *In The Court Of The Crimson King* heute Kultstatus hat. Auch Keith Emerson hatte mit seiner Vorgängergruppe The Nice bereits Werke klassischer Komponisten wie Bach, Sibelius und Tschaikowsky verrockt.

In Frankfurt führten wir Verhandlungen mit dem damaligen Ballettdirektor John Neumayer, der die interessante Idee hatte, einen Ballettabend mit Emerson, Lake & Palmer und ihren *Pictures At An Exhibition* im Mittelpunkt zu produzieren. Leider konnten wir hierfür keine Fernsehanstalt gewinnen. Zu jener Zeit wäre die Fernsehausstrahlung eines solchen Musikereignisses vermutlich zu einem weltweiten Erfolg geworden.

Leider haben sich Emerson, Lake & Palmer 1978 getrennt, nachdem sie in den Jahren zuvor die größten Hallen in Deutschland bis zum letzten Platz gefüllt hatten – bei ihrer letzten Tournee sogar zweimal die Frankfurter Festhalle. In Amerika gehörten sie zu den ersten Gruppen, die in riesigen Open-Air-Stadien auftraten. Zum Beispiel spielten sie vor achtzigtausend Besuchern im kanadischen Montreal.

Wie Jethro Tull arbeitet inzwischen auch Greg Lake mit Alex Nicol und seinem Partner zusammen und entwickelt sich musikalisch weiter. Er ist künstlerisch und gesundheitlich auf einem Höhepunkt, weswegen ich große Erwartungen hege. Anfang Juli 2005 war er in Deutschland, wo er mit der Hochschule für Musik Franz Liszt in Weimar an einem neuen Projekt arbeitete. Gemeinsam mit seiner neuen Band und Studenten der Musikhochschule übte er eine *Weimar Experience* ein – eine Art Symbiose zwischen der Musik der deutschen Klassik und der Rockmusik Greg Lakes. Ich habe die Proben in Weimar besucht und bin tief beeindruckt, vor allem auch vom Engagement der Professoren und Studenten für dieses Projekt.

Eric Burdon

Beim *American Folk Blues Festival* 1963 in der Londoner Croydon Hall in Fairfield stellte mir der örtliche Veranstalter in einer Pause fünf junge Musiker vor und sagte: »These are The Animals.« [Das sind »Die Tiere«.] Ich antwortete nur: »I prefer human beings« [Mir sind Menschen eigentlich lieber], und so kam es zu keiner nennenswerten Kommunikation. Heute tut mir diese Bemerkung natürlich leid.

Von nun an trat Animals-Sänger Eric Burdon aber immer wieder in mein Leben, und ich bin ihm für seine wunderbare Bluesstimme dankbar. Sehr gern erinnere ich mich an seine 1973er Tournee mit dem Bluessänger Jimmy Witherspoon. Mein persönlicher Höhepunkt war aber im Jahr zuvor das Offenbacher Konzert mit der großartigen schwarzen Soulgruppe War. Der einzige Weiße in der Band war – neben Burdon – der Mundharmonikaspieler Lee Oscar aus Dänemark, der mir ganz besonders gefiel. Die LP *Eric Burdon Declares War* mit Songs wie *Blues For Memphis Slim* oder *Tobacco Road* zählt eindeutig zu meinen Lieblingsplatten, und ich höre sie immer wieder gern.

Eric Burdon ist gut mit Udo Lindenberg befreundet, und die beiden haben wiederholt prächtig miteinander zusammengearbeitet, vor allem bei der *Dröhnland Symphonie* 1978 sowie später bei Lindenbergs Jubiläumstournee *30 Jahre Panik* 2004. Auf Burdons Auftritt im Rahmen der *Dröhnland Symphonie* werde ich im Kapitel zu Udo Lindenberg noch eingehen.

Bruce Springsteen

Ein absoluter Höhepunkt meiner Arbeit war die Begegnung mit Bruce Springsteen. Während der Verhandlungen mit dem Dylan-Management zur Europatournee 1978 kam ich in Los Angeles mit dem erfolgreichen Agenten Frank Barcelona aus New York zusammen. Nach einem arbeitsreichen Verhandlungstag lud er mich zu einem Clubgastspiel mit einem Künstler ein, den er mir nur empfehlen könne. Ich war müde, und ein Jetlag machte mir zu schaffen. Ich hatte zu nichts mehr Lust und wollte nur noch ins Bett. Andererseits nahm ich Frank Barcelona sehr ernst, da ich mit ihm schon jahrelang sehr gut zusammengearbeitet hatte.

Ich ging also mit. Der Club hatte etwa tausend Plätze und war annähernd gefüllt. Dann kam ein Sänger mit Gitarre auf die Bühne und faszinierte mich vom ersten Ton an. Ich hatte das Gefühl, dass er nur für mich sang, und war mit einem Mal wieder hellwach. Sein Manager und Produzent Jon Landau prägte bereits damals den prophetischen Satz: »I saw the future of Rock'n'Roll: Bruce Springsteen!« [Ich habe die Zukunft des Rock'n'Roll gesehen.] Nach dem Konzert ging ich hinter die Bühne und bot sofort eine Tournee an. Wahrscheinlich hätte ich auch in diesem Fall ein Vermögen verloren, wenn die Tournee zustande gekommen wäre, da Springsteen zu diesem Zeitpunkt in Deutschland noch nicht sehr bekannt war. Doch Bruce zog sich für einige Zeit aus dem Business zurück, um sich auf seine musikalische Entwicklung zu konzentrieren. Als man dann nach Jahren beschloss, in Europa auf Tournee zu gehen, erinnerte sich Jon Landau an mich, und ich durfte 1981 Springsteens erste Deutschlandkonzerte präsentieren.

Bruce Springsteen und seine E Street Band kamen von Paris nach Hamburg geflogen. Ich fuhr zum Flughafen, um alle zu begrüßen, aber Bruce war nicht da, weil ihn Verhandlungen mit der Schallplattenfirma in Paris aufgehalten hatten. So machte ich mich später noch einmal auf den Weg zum Flughafen. Man hatte mir gesagt, dass Bruce keine Luxuslimousine wünsche, sondern sich in einem Kleinbus wohler fühle. Also hatte ich einen VW-Bus besorgt, mit dem wir vom Flughafen zum Hotel fuhren. Auf dem Weg erzählte mir Bruce, dass die Gespräche in Paris und besonders das superlange Luxusdinner mit bester französischer Küche für ihn sehr anstrengend gewesen seien. Und das Essen habe ihm nicht wirklich geschmeckt. Plötzlich bat er uns, anzuhalten. Er hatte einen McDonald's entdeckt und strahlte übers ganze Gesicht. »Fritz, let's go!« Wir stellten uns an der Theke an, und jeder orderte einen Viertelpfünder und einen Softdrink. Wir verspeisten unsere Hamburger, und Bruce war zufrieden. Nach dem Essen forderte er mich auf, mit ihm den Tisch zu reinigen und den Abfall zu beseitigen. Dann setzten wir die Fahrt fort, und Hamburg erlebte eines der besten Konzerte, die je im CCH (Congress Centrum Hamburg) stattfanden. Allerdings weiß ich nicht, ob Bruce Springsteen auch heute noch so viel Freude an einem Hamburger bei McDonald's haben kann wie damals.

Bruce Springsteen ist für mich der beeindruckendste Open-Air-Sänger des Rock'n'Roll. Er kommt ohne große Produktion aus, spielt mit einfacher Bühne und einfachen Instrumenten, aber der Sound muss immer stimmen. Um das sicherzustellen, probte er bei seinen Deutschlandkonzerten vor jedem Auftritt mehr als drei Stunden.

Springsteen ist auch ein großes Vorbild von Peter Maffay. Während der 1981-er Deutschlandtournee war Maffay gerade für seine nächste LP im Studio, und bei der Studioarbeit ließ er sich nicht einmal durch einen Bruce Springsteen ablenken. Doch fuhren wir später zum Abschlusskonzert der Europatournee nach London, und ich konnte Peter Maffay mit dem »Boss« bekannt machen.

Queen

Ein weiterer Höhepunkt unserer Arbeit waren die Konzerte mit Queen. Wir hatten die Band über Elton John und dessen Manager John Reid, der damals auch Manager von Queen war, kennen gelernt. Obwohl das Meisterwerk *Bohemian Rhapsody* bereits er-

schienen war, kamen zum ersten Konzert im Frankfurter Palmengarten nur etwa achthundert Besucher. Später haben Queen bei ihren Tourneen so große Hallen wie die Olympiahalle in München und die Frankfurter Festhalle jeweils zweimal ausverkauft.
Der größte Erfolg war ein Open-Air-Konzert mit Queen als Headliner auf dem Mannheimer Maimarktgelände mit über 68 000 Besuchern. Dort hatte im Vorprogramm auch der irische Gitarrist Gary Moore einen triumphalen Auftritt.

Für mich war Queen-Sänger Freddie Mercury, der 1991 leider verstorben ist, der beste Belcantosänger des Rock. Sein anlässlich der Olympiade in Barcelona gesungenes Duett mit der spanischen Operndiva Montserrat Caballé ist wunderschön. Queen haben echte Hymnen geschrieben, vor allem *We Are The Champions*, das man häufig in den Sportstadien hören kann.

Während eines Konzerts in der Berliner Deutschlandhalle zog sich Freddie Mercury kurz vor der Pause bei einem Sprung eine Verletzung des Fußgelenks zu. Der Knöchel schwoll gleich stark an, aber trotz seiner Schmerzen hielt Freddie Mercury bis zum Ende der ersten Konzerthälfte durch. In der Pause empfahl uns der Arzt, das Konzert abzubrechen und die Besucher nach Hause zu schicken. Doch Freddie Mercury, der auch nach verschiedenen Injektionen immer noch starke Schmerzen hatte, weigerte sich und bestand auf einer zweiten Konzerthälfte. Er sagte mir ganz einfach: »Wir können das Publikum nicht im Stich lassen.« Das ist Rock'n'Roll vom Feinsten. Ich werde Freddie nie vergessen, dass er unser Konzert gerettet hat. Er und Queen werden immer in meinem Gedächtnis bleiben.

Santana

Ende der sechziger Jahre arbeiteten wir eng mit der US-Plattenfirma CBS zusammen, die in Deutschland von unserem alten Jazzfreund Rudy Wolpert geleitet wurde. CBS übernahm auch unser erstes Schallplattenlabel Scout, auf dem Horst Lippmann vor allem deutsche Jazzmusiker und andere Spezialitäten wie etwa Blueskünstler produziert hatte. CBS hatte einen genialen Direktor, Clive Davis, der Ende der sechziger Jahre viele neue Rockgruppen unter Vertrag nahm und deren Platten unter dem Sammelbegriff *That's Underground* auf den Markt brachte. Wir machten mit den interessantesten dieser CBS-Rockgruppen Europatourneen, darunter Bands wie Santana, Chicago, Blood, Sweat & Tears und andere.

Da Santana von Bill Graham betreut wurde, entwickelte sich besonders zu dieser Gruppe ein intensives Verhältnis. Carlos Santana schuf mit seiner Musik eine aufregende Fusion zwischen dem Rock und der mexikanischen Musik seiner Vorfahren. Sein Vater war ein Mariachi-Trompeter gewesen. Mariachi nennt man die volkstümliche mexikanische Straßenmusik.

Verleihung der Goldenen Schallplatte an Carlos Santana (vierter von links). Links im Bild: Der US-amerikanische Konzertveranstalter Bill Graham. (Privatarchiv Fritz/Rau Petra Kerstan)

Unsere Zusammenarbeit mit Santana erstreckte sich über dreißig Jahre, und gemeinsam sind wir durch dick und dünn gegangen. 1999 geschah dann ein Wunder: Santana brachte eine CD namens *Supernatural* heraus, die ein Welterfolg wurde und allein in Deutschland über eine Million Mal verkauft wurde. Ein Grund für den Überraschungserfolg ist sicher, dass bei dieser CD Santana und Clive Davis nach Jahrzehnten wieder zusammenarbeiteten. Als Produzent brachte Davis Santana dazu, anstelle von langen Jazzimprovisationen wieder richtige Songs zu schreiben (wie etwa *Maria*). Außerdem wurden junge Musiker, die den Meister Carlos Santana verehrten, eingeladen, auf der Platte mitzuwirken. Auch Santana gehört heute längst zu den Klassikern des Rock, die nach wie vor eine weltweite Bedeutung haben.

Simon and Garfunkel

Über Jahre hinweg war es mein Wunschtraum, Simon and Garfunkel in Deutschland zu präsentieren. Aber angesichts der deutschen Geschichte und der Judenverfolgung im Dritten Reich weigerte sich das amerikanische Sängerduo, in Deutschland Konzerte zu geben. Joan Baez, die mit beiden eng befreundet ist, bot mir ihre Vermittlerrolle an. Gemeinsam fuhren wir zu einem Konzert des Duos nach Amsterdam, und vor allem Joan Baez' Überzeugungsarbeit ist es zu verdanken, dass die beiden Künstler einwilligten, ihre Meinung zu einer Deutschlandtournee noch einmal zu überdenken. Da aber Simon and Garfunkel sich bald darauf trennten, begann unsere Zusammenarbeit zunächst mit Paul Simon allein. Die Tournee zu seinem 1979 erschienenen Album *One Trick Pony* war ein großer Erfolg in mittleren Hallen.

Endlich beschlossen Simon and Garfunkel, sich wieder zu vereinigen, und gaben im Rahmen ihrer Welttournee 1982 auch drei Deutschlandkonzerte im Dortmunder Westfalenstadion, im Offenbacher Fußballstadion und auf der Berliner Waldbühne. Auch wenn die Konzerte schließlich ausverkauft waren, lief der Vorverkauf zunächst nur sehr schleppend an, und das war meine Schuld.

Das ZDF hatte den Fernsehmitschnitt des legendären Wiedervereinigungskonzerts im New Yorker Central Park vor über vierhunderttausend Besuchern aufgekauft und wollte ihn vor Tourneebeginn senden. Ich habe alles getan, um das zu verhindern, und hatte leider Erfolg. Während der Film in allen anderen europäischen Ländern vor der Tournee ausgestrahlt wurde – mit der Folge, dass daraufhin die dortigen Konzerte innerhalb weniger Tage ausverkauft waren –, wurde er bei uns erst nach den drei Konzerten gezeigt. Ich hatte die Befürchtung gehabt, dass sich viele Fans von Simon and Garfunkel das Konzert sparen könnten, wenn sie zuvor schon den Film gesehen hatten. Aber das Gegenteil war der Fall, und so bewies das Beispiel der anderen europäischen Länder, dass das Fernsehen weniger unser Konkurrent ist, sondern vielmehr hilft, Appetit auf Liveveranstaltungen zu machen.

1986 wurde dann Paul Simons Meisterwerk *Graceland* veröffentlicht, das er Südafrika und der Anti-Apartheid-Bewegung gewidmet hatte. *Graceland* ist eine einzigartige Revue mit südafrikanischen Gästen wie Miriam Makeba, Hugh Masekela und den wunderbaren Mombasa Singers. Diese Platte gehört für mich zu den eindrucksvollsten Musikerlebnissen meines Lebens.

Ike and Tina Turner

Ende der sechziger Jahre erreichte uns die Kunde von einer jungen Sängerin und ihrem Ehemann, die 1969 im Vorprogramm der Amerikatournee der Rolling Stones einen unglaublichen Erfolg hatten – Ike and Tina Turner. Die künstlerische Zusammenarbeit zwischen Ike und Tina war genial. Tina, von Mick Jagger als »the hardest working woman in our business« [die am härtesten malochende Frau in unserem Geschäft] gerühmt, war die Frontfrau, und er produzierte die Musik. Begleitet wurden sie von der Vocalgruppe Ikettes und einer hervorragenden Band. Lippmann+Rau haben Ike and Tina Turner zum ersten Mal 1971 nach Deutschland gebracht. Es war der Beginn einer erfolgreichen Zeit und einer jahrzehntelangen persönlichen Freundschaft.

Mitte der siebziger Jahre kam es zur Trennung von Ike und Tina. Trotz des beruflichen Erfolgs und der gemeinsamen Kinder war für Tina das Zusammenleben mit ihrem Mann immer schwieriger geworden. Und so begann sie, ihre One-Woman-Show zu entwickeln. Als wir sie das erste Mal in Europa präsentierten, machte das Publikum diesen Alleingang nicht mit, und wir erlebten zunächst einen Misserfolg. So kamen zu ihrem Konzert in der Frankfurter Jahrhunderthalle nur fünfhundert Besucher.

Aber dann fand Tina Turner in Roger Davies einen kongenialen Manager. Er kümmerte sich vor allem auch um neue Songkomponisten für Tina, die dann jene Lieder schrieben, die ihr ein einzigartiges Comeback verschaffen sollten. Das Ergebnis war die CD *Private Dancer*. Sie war ein solcher Erfolg, dass bei der nächsten Europatournee auch die größten Konzerthallen ausverkauft waren und sich Tina Turner zu einem Superstar entwickelte, der bis zum heutigen Tag ganze Fußballstadien füllen kann.

Tina Turner hat inzwischen ein Alter erreicht, in dem man ruhig ans Aufhören denken könnte, aber ihre Stimme, ihre Vitalität, ihre erotische Ausstrahlung sind nach wie vor so groß, dass ich mich auf eine nächste Tina-Turner-Tournee sehr freuen würde. Und für Frauen muss es etwas Wunderbares sein, Tina Turner live zu erleben und dabei das eigene Alter einfach zu vergessen.

The Eagles

Sehr beeindruckt haben mich die Konzerte mit der amerikanischen Westcoast-Gruppe The Eagles, deren Hit *Hotel California* um die Welt ging. Leider haben diese Musiker kaum Europatourneen gemacht, sodass ich sie nur zweimal erleben konnte. Wie Bruce Springsteen und Peter Maffay sind die Eagles Soundperfektionisten, die sich vor ihren Konzerten stundenlangen Soundcheckproben unterziehen, bis der Klang in jeder Konzerthalle optimal ist – auch in schwierigen Großhallen wie der Olympiahalle in München oder in den genauso schwierigen Hallen mittlerer Größe wie dem CCH in Hamburg.

Die Eagles-Musiker mögen insbesondere die Frankfurter Festhalle und das Frankfurter Publikum. Bei ihrer letzten Europatournee mussten die Eagles Zugabe um Zugabe geben. Sie saßen schon zur Abreise bereit in ihren Limousinen, da wurden sie von uns wieder herausgeholt und gaben noch eine nächste und übernächste Zugabe. Es war ein Zauberkonzert. Unvergesslich ist mir der Song *Life's Been Good* des Meistergitarristen Joe Walsh: »It's hard to leave, when you can't find the door.«

Paul McCartney

Ich habe nie ein Konzert der Beatles betreut, bin aber seit der LP *Sgt. Pepper's Lonely Hearts Club Band* von 1967 ein Beatles-Fan. Diese LP ist nicht nur eines der erfolgreichsten, sondern auch eines der kreativsten Alben, die die Rock- und Popmusik je hervorgebracht hat. Auch wenn ich nie mit den Beatles selbst zu tun hatte, so hatte ich nach deren Auflösung 1970 doch Gelegenheit, mit ehemaligen Mitgliedern der Band zusammenzuarbeiten, so mit George Harrison bei seiner Produktion *Festival Of Indian Music*, wo auch Ravi Shankar auftrat, mit dem wir mehrere Tourneen gemacht haben.

Auch Paul McCartney erwies mir nach Gründung seiner Band Wings die Ehre einer Zusammenarbeit. Bei den Werbe- und Promotionarbeiten für unsere erste Wings-Tournee wurde uns verboten, die Namen »Paul McCartney« oder »Beatles« zu erwähnen. In meiner Verzweiflung druckte ich auf dem Tourneeplakat die Köpfe aller fünf Bandmitglieder inklusive Paul McCartney ab, in der Hoffnung, dass die potenziellen Konzertbesucher den Ex-Beatle erkennen würden. Die Tournee war mäßig erfolgreich, aber wir spielten von vornherein nur in mittleren Hallen, die wir auch füllen konnten. Paul McCartney hatte Recht gehabt, darauf zu bestehen, dass sein Name nicht genannt wurde, denn durch diese Art der Ankündigung wurde der Name »Wings« zu einem eigenständigen Begriff, und die Band konnte später auch die größten Hallen ausverkaufen.

2004 gab Paul McCartney eine Reihe von sehr schönen Konzerten, bei denen er neben seinen eigenen Songs auch einige der wichtigsten Stücke der Beatles spielte. Marcel Avram präsentierte ihn vor zweimal zwanzigtausend Besuchern unter freiem Himmel in München auf dem Königsplatz. Ich wohnte dem ersten Konzert bei und saß über zwei Stunden als glücklicher Mensch im Regen – bis zur letzten Zugabe.

Prince

Ein ganz besonderes Erlebnis waren die Konzerte mit Prince, dem extravaganten Dandy, der auch auf der Bühne eine wahre Rock-Extravaganza zum Besten gegeben hat. Prince hat hervorragende Songs wie etwa *Purple Rain* geschrieben, und seine Musik zeichnet sich, ganz ähnlich wie die von Michael Jackson, durch einen kreativen Umgang mit der vielfältigen Tradition der afroamerikanischen Musik von Jazz und Swing bis Blues und Gospel aus, die in seinen Songs immer wieder lebendig wird.

Ich habe mit Prince mehrere Tourneen machen dürfen und hatte dabei stets mit seinem sehr tüchtigen früheren Manager Steve Fagnoli zu tun. Der Star selbst schottete sich immer ab, sodass ich keine Gelegenheit hatte, mit ihm zu kommunizieren. Nach einem Konzert in Hamburg gab er einmal im Hotel Atlantik einen Empfang für die Medienpartner. Es war schon merkwürdig anzuschauen, wie Prince dastand und die in einer langen Reihe aufgestellten Journalisten kurz zur Audienz empfing. Da bekam ich Mut und gliederte mich in die Menschenschlange ein. Als ich vor dem Meister stand, lachte sich Steve Fagnoli halb tot und rief: »This is Fritz Rau, our tour promoter!« Dies zauberte selbst auf das Gesicht von Prince ein leises Lächeln. Ich aber war glücklich, da ich seinen Händedruck verspürt hatte, und natürlich beschloss ich, meine Hand nun eine längere Zeit nicht mehr zu waschen.

Rod Stewart

Rod Stewart erlebte ich bereits in seinen früheren Jahren mit den Faces (den vormaligen Small Faces), bei denen übrigens auch der spätere Stones-Gitarrist Ron Wood spielte. Die Faces waren ein wilder Haufen, der uns auf Tour einige Schwierigkeiten bereitete, aber wir haben alles gemeinsam überlebt.

Später trennte sich Rod Stewart von den Faces und kam solo mit wunderbaren Songs wie *Sailing* auf den Markt. Bei seiner Tournee 1986 brachte ich eine Frau zu den Konzerten mit, in die ich mich sehr verliebt hatte. Nach dem Konzert in Würzburg hatten wir ein gemeinsames Abendessen mit Rod Stewart. Kurz vorm Nachhausegehen trafen sich Rod und ich zufällig auf der Toilette, und er sagte lakonisch: »Fritz, die Gisela ist genau die Richtige für dich – get her [greif zu].«

Rod hat mir zu meinem fünfundsiebzigsten Geburtstag über das Fernsehen gratuliert und sich an meinen Lieblingsspruch erinnert: »I'm just a humble ticketseller.« [Ich bin bloß ein ganz einfacher Kartenverkäufer.]

Besonders gefreut habe ich mich über seine CDs der Reihe *The Great American Songbook*, auf denen er seine Liebe zum Jazz entdeckt und Swingstandards interpretiert. Diese drei seit 2002 erschienenen CDs waren ein großer Erfolg, vor allem in den USA.

Al Jarreau

Zur gleichen Zeit wie Rod Stewart war auch der unvergleichliche Vokalartist Al Jarreau auf Tournee. Auch er war von Gisela begeistert und riet mir, diese Frau zu heiraten. Und so geschah es dann auch. Wer kann schon solchen Ratschlägen widerstehen – und vor allem einer solchen Frau.

Nach zehn Jahren Ehe wurden Gisela und ich geschieden, was eine schöne Freundschaft zwischen uns ermöglichte, die auch heute noch anhält. Besonders eng sind auch meine freundschaftlichen Bande zu ihren Kindern Felicitas und Alexander sowie vor allem zu ihren Enkelkindern Ann-Kathleen, Annabelle und Leon.

Al Jarreau habe ich in den siebziger Jahren auf Vermittlung der Schallplattenfirma Warner Brothers in San Francisco kennen gelernt. Er ist studierter Psychologe und Sozialarbeiter und hat seine Gesangsakrobatik nach Feierabend in den Jazz- und Bluesclubs der Westküste entwickelt. Er hat mich so beeindruckt, dass ich ihn sofort nach Deutschland holen wollte, obwohl damals keine LP von ihm auf dem Markt war. Sein Auftritt bei den Berliner Jazztagen 1976 war eine Sensation und machte ihn schlagartig bekannt. Am Tag zuvor hatten wir ein Clubgastspiel im legendären Onkel Pö in Hamburg angesetzt, aber da waren nur 47 Personen gekommen, von denen die meisten Journalisten waren.

Al Jarreau ist vielleicht der einzige US-Künstler, der zuerst in Deutschland bekannt wurde, bevor er auch in seiner Heimat Erfolg hatte. Unsere Begeisterung für Al Jarreau hat Warner Brothers wahrscheinlich zusätzlich inspiriert, ihn unter Vertrag zu nehmen. In einer New Yorker Zeitung las ich eine groß aufgemachte Anzeige, in der sein erstes Konzert in New York mit ins Englische übersetzten Auszügen aus dem *Spiegel* angekündigt wurde.

2003 besuchte ich Al Jarreaus Konzert in Mainz zusammen mit meiner Exfrau, ihrer Tochter Felicitas und einer Bekannten, die zufällig Ärztin ist. Hinter der Bühne stellte ich die drei Damen mit den lakonischen Worten vor: »This is my wife, my daughter and my doctor!«

Stevie Wonder

Stevie Wonder erlebte ich zum ersten Mal Mitte der sechziger Jahre im Pariser Olympia, als die berühmte US-Plattenfirma Motown ihre erfolgreichen Künstler erstmalig auch in Europa vorstellte. Unter den auftretenden Künstlern waren neben Stevie Wonder auch die wunderbare Sängerin Diana Ross und ihre Vokalgruppe The Supremes. Der damals vierzehnjährige Wonder wurde als »Little Stevie« präsentiert und spielte eine ganz hervorragende, bluesinspirierte Mundharmonika.

Später hat sich Stevie Wonder zu einem Künstler entwickelt, der in seinen Konzerten vor allem elektronische Musikgeräte wie etwa Fairlight-Computer einsetzte und mit Klangeffekten experimentierte. Ein Kritiker fragte ihn einmal: »Warum willst du diese künstliche Musik spielen, wo du doch ein so authentischer Blueskünstler bist? Spiel doch einfach nur Klavier und Mundharmonika.« Die Antwort von Stevie war: »Ich setze die elektronischen Geräte ein, weil sie da sind! Meine Vorfahren hatten diese Chance nicht, denn sie mussten ihre Gitarren selbst basteln und auf billigen und unvollkommenen Instrumenten spielen.«

Wie Ray Charles ist auch Stevie Wonder blind, aber zugleich äußerst bemüht, wie ein sehender Mensch aufzutreten. Als ich ihn bei einer Tournee in den achtziger Jahren einmal im Berliner Hotel Kempinski auf seinem Zimmer besuchte, saß er da und schaute Fernsehen. Er freute sich besonders über die gute Farbübertragung der deutschen Geräte. Was soll man da noch sagen?

Während dieser Tournee komponierte Stevie Wonder übrigens seinen Welthit *I Just Called To Say I Love You*, der nachts im Tonstudio unseres Freundes Frank Farian bei Bad Homburg aufgenommen wurde.

Miles Davis und John Coltrane

Dieser Abschnitt ist zwei legendären Musikern gewidmet, die in erster Linie natürlich in die Sparte des Jazz einzuordnen sind, doch war insbesondere der große Trompeter Miles Davis ein Wanderer durch viele Stilrichtungen, und er hat auch dem Rock entscheidende musikalische Impulse gegeben.

Davis hat in ganz jungen Jahren an der Seite von Charlie Parker Bebop gespielt und später mit Platten wie *Sketches Of Spain* (1960) Meisterwerke des Jazz geschaffen. Eine besonders bemerkenswerte Platte, die nicht so bekannt ist, ist seine Musik zu dem französischen Film *Fahrstuhl zum Schafott* von Louis Malle, für den Miles Davis zusammen mit sehr guten französischen Jazzmusikern zu den gezeigten Filmszenen die Musik improvisierte.

Durch seine Jazzrockplatten wie *Bitches Brew* (1970) wurde Miles Davis darüber hinaus auch für Rock- und Popmusiker zum Lehrmeister, und er hat als erster Jazzmusiker eine Art Hip-Hop gespielt. Daher nannten wir eine seiner Tourneen *Jazzcreator – Rockinnovator*.

Ich lernte Miles Davis 1960 kennen, als ich Tourneeleiter der Produktion *Jazz Winners* von Norman Granz war. Neben dem Oscar Peterson Trio mit dem Bassisten Ray Brown – meinem absoluten Idol am Bass – sowie dem Stan Getz Quartet wurde bei diesem Konzertereignis noch das Miles Davis Quintet präsentiert, in dem damals auch John Coltrane spielte. Miles Davis war gerade mit einem Sextett sehr erfolgreich gewesen. Doch hatte Saxophonist Cannonball Adderley die Band verlassen, und kurz vor Tourneebeginn war es auch noch zu einem Zerwürfnis zwischen Davis und Coltrane gekommen. Dennoch wollten die beiden Musiker den Vertrag mit Norman Granz als Quintett erfüllen, und so durften wir sie, Gott sei Dank, in Europa erleben.

Dieses Quintett hatte ein hervorragendes musikalisches Potenzial, allerdings gestaltete sich bei den europäischen Konzertauftritten das Zusammenspiel von Davis und Coltrane verhältnismäßig kurz. Nachdem man das Thema des Stücks gemeinsam vorgestellt hatte, ging Miles Davis ab und überließ die Bühne John Coltrane. Einmal traf mich Miles am Bühnenrand, von wo aus ich begeistert das Konzert verfolgte. Er meinte nur kurz: »Let's have a beer, Fritz, he will play for ages!« [Komm, gehn wir ein Bier trinken, der spielt jetzt ewig und drei Tage!] In der Tat konnten Johns intensive Chorusse auf dem Tenorsaxophon ellenlang sein. Aber da war keine Sekunde Langeweile drin. Ich wollte eigentlich John Coltrane zuhören, aber wer kann jemandem wie Miles schon eine Bitte abschlagen. Also gingen wir Bier trinken.

Später haben wir Miles Davis noch mehrfach präsentiert und recht unterschiedliche Konzerte erlebt. Wenn er gut drauf war, konnte er den Himmel auf Erden blasen, und auch live eine musikalische Qualität erreichen, die seinen besten Schallplattenaufnahmen nahe kam. Wenn er allerdings schlecht drauf war, konnte er auch recht uninspiriert spielen – oder so gut wie gar nicht. In späteren Jahren holte er sich immer wieder hochbegabte junge Musiker in sein Ensemble und scheute sich nicht davor, auf einem Stuhl sitzend lediglich die Einsätze zu geben und das Ensemble zu dirigieren. Allerdings soll er unter einer schmerzhaften Arthrose in den Fingergelenken gelitten haben, sodass ihm jede Spielbewegung wehtat, was seine Zurückhaltung erklärt.

Bei seinen letzten Tourneen von den achtziger Jahren bis zu seinem Tod 1991 lief Miles Davis wieder zur Höchstform auf. Ich erinnere mich besonders an eine Veranstaltung, die ich in der Berliner Waldbühne produzierte. Damals brachte ich unter dem Titel *Music From USA* die unterschiedlichsten amerikanischen Musikstile zusammen – Memphis Slim spielte Blues, Chuck Berry Rock'n'Roll und George Benson Crossover mit Jazz- und Popelementen. Eindeutiger Höhepunkt war aber Miles, der durch die Sparten und Stile wanderte und Trompetenmusik vom Feinsten spielte.

John Coltrane durfte ich auch auf zwei Tourneen mit seinem epochalen Quartett erleben – mit Elvin Jones am Schlagzeug, Jimmy Garrison am Bass und dem Pianisten McCoy Tyner.

Bei einem Stuttgarter Konzert hat mich dieses Quartett so fasziniert, dass ich, obwohl ich backstage viel zu tun hatte und mir eigentlich nur ein Musikstück gönnen wollte, wie gebannt bis zum Ende des Konzerts sitzen blieb und darüber die Abrechnung der Programmhefte vergaß. Ja, ich ließ sie sogar in der Halle liegen und war auch im Übrigen als Tourneeleiter kaum ansprechbar. Das John Coltrane Quartet begann seinen Auftritt in einer so furiosen Weise, dass man den Eindruck hatte, sie spielten alle gegen alle, um einen einzigen Chaossound zu fabrizieren. Aber dieses Chaos mündete im Verlauf des Konzerts in die göttliche Ordnung vollendeter kollektiver Improvisation – A Love Supreme.

Privat war John Coltrane im Übrigen ein ganz ruhiger, bürgerlich wirkender Mensch, der beim Frühstück meistens zwei zusätzliche Brötchen schmierte, um sie dann auf der Reise im Bus oder in der Bahn zu verspeisen.

Klaus Doldinger

Ein weiterer Grenzgänger zwischen Jazz und Rock und darüber hinaus einer der interessantesten deutschen Musiker und Komponisten ist Klaus Doldinger. Das erste Mal bin ich ihm beim deutschen Amateur Jazz Festival in seiner Heimatstadt Düsseldorf begegnet. Doldinger war damals Klarinettist der Feetwarmers. Diese Band – in der der spätere Bundesminister Manfred Lahnstein die Posaune blies – spielte einen sehr modernen Dixieland-Jazz. Ich war bei diesen Amateurwettbewerben Mitglied der Jury, und um den ersten Preis in der Sparte Traditioneller Jazz bewarben sich jahrelang die Frankfurter Two Beat Stompers, die Berliner Spree City Stompers und eben die Düsseldorfer Feetwarmers; alles Bands von durchaus professionellem Zuschnitt. Natürlich fühlte ich mich als »Gastarbeiter« aus Frankfurt den Two Beat Stompers besonders verbunden, aber als Jurymitglied war ich zu Neutralität verpflichtet – und wenn Doldinger mit seinen Freunden als letzte Nummer das furiose *King Of The Zulus* spielte, war ich so mitgerissen, dass ich sogar vergaß, kein Altbiertrinker zu sein.

Später hat sich Klaus Doldinger zu einem der besten deutschen Tenorsaxophonisten entwickelt, und ich durfte als Konzertreferent der Deutschen Jazzföderation Tourneen mit dem hervorragenden Klaus Doldinger Quartett organisieren.

Mit Passport gründete Doldinger dann eine Band, die sich als die interessanteste Jazzrockgruppe Deutschlands erweisen sollte – auch wenn ihm die Jazzpuristen seine Ausflüge in den Rockbereich verübelten. Passport wurde auch international erfolgreich, vor allem in den USA. Mit der Filmmusik zum Kultfilm *Das Boot* gelang Klaus Doldinger ein weiteres Meisterstück, das auch außerhalb Deutschlands Beachtung fand.

Die Scorpions

Die einzige Rockgruppe aus Deutschland, die seit Jahrzehnten weltweit erfolgreich ist, sind die Scorpions aus Hannover mit ihrem wunderbaren Sänger Klaus Meine und den Gitarristen Rudolf Schenker und Matthias Jabs. Sie sind vor allem in den USA und in Japan besonders beliebt, wo sie selbst bei großen Open-Air-Konzerten als Headliner auftreten.

Ich habe die Scorpions schon in den siebziger Jahren kennen und schätzen gelernt und mich bemüht, ihnen auf dem beschwerlichen Weg nach oben behilflich zu sein. Gegen Mitte der siebziger Jahre kam es zu einer Krise, als der Gitarrist Michael Schenker (der Bruder von Rudolf Schenker) die Band verließ und seine eigenen Wege ging. Die Scorpions probierten mit anderen Gitarristen ihr Glück, aber wirklich gefunkt hat es erst mit Matthias Jabs, der bei unseren Open-Air-Festivals 1978 in Ulm und Saarbrücken sein Debüt gab. Von nun an gewann die Karriere der Scorpions rasend an Fahrt. Wir veranstalteten erfolgreiche Tourneen mit der Band, die insbesondere von meinem damaligen Mitarbeiter und späteren Partner Hermjo Klein betreut wurden.

Höhepunkt ihres großen internationalen Durchbruchs war der Song *Wind Of Change*, der zu einer Art Symbol für die mit der sowjetischen Perestroika eingeleiteten politischen Veränderungen wurde. Außerdem ist dieses Lied ganz einfach eine der wunderbaren Balladen, die in der Musik der Scorpions neben dem Hardrock schon immer einen hohen Stellenwert hatten. Aufgrund einer Meinungsverschiedenheit über die Beteiligung der Band bei der weltweit erfolgreichen Open-Air-Serie *Monsters of Rock* kamen wir vorübergehend auseinander, und andere Veranstalter führten höchst erfolgreiche Tourneen mit den Scorpions durch. Aber Ende der neunziger Jahre fanden wir uns wieder und hatten sehr gut besuchte Konzerte in den größten Hallen Deutschlands. Besonderes Aufsehen erregte ein Open-Air-Konzert zusammen mit den Berliner Philharmonikern anlässlich der Weltausstellung 2000 in Hannover. Auch diese hochinteressante Begegnung zwischen E- und U-Musik ist auf Schallplatte erhältlich und dokumentiert einmal mehr, dass die Unterscheidung zwischen »ernster« und »Unterhaltungsmusik« Unsinn ist.

Die Scorpions gründeten 1992 zusammen mit Peter Maffay die Stiftung Nordoff/Robbins Musiktherapie, die insbesondere autistische Kinder und traumatisierte Unfallopfer in unsere Welt zurückführen soll. Die Stiftung arbeitet eng mit der freien Universität Witten/Herdecke zusammen, an der diese Therapieform angewandt und gelehrt wird. Die Nordoff/Robbins-Musiktherapie wird in vielen Ländern der Welt eingesetzt und etwa in England von Künstlern wie Eric Clapton und Paul McCartney unterstützt.

Unerfüllte Träume: Elvis Presley und Barbra Streisand

Auch wenn es mir nicht ganz leicht fällt, möchte ich der Vollständigkeit halber noch zwei Künstler erwähnen, die wir nicht in Deutschland präsentiert haben – obwohl wir es wirklich gerne getan hätten.

Da ist zunächst Elvis Presley, der erfolgreichste Musiker der frühen Rock'n'Roll-Zeit. Elvis bezog seine musikalische Kraft aus dem Blues und dem Gospel, und seine Lieder eroberten die Welt. Sein Glück und sein Unglück zugleich war sein Manager Colonel Parker, der Elvis nur als Soldat für Europa freigab, Konzerte und Auftritte bei uns aber verhinderte. Colonel Parker soll in den USA Schwierigkeiten gehabt haben, und es hieß, er sei kein amerikanischer Staatsbürger und befürchte wohl, nach einer Europareise nicht in die Vereinigten Staaten zurückkehren zu dürfen. Andererseits wollte er nicht riskieren, Elvis Presley allein in die Hände europäischer Konzertveranstalter zu geben. Selbst mein Freund Jerry Weintraub, der alle Presley-Konzerte in den USA veranstaltete, hat sich vergeblich bemüht, den King für uns zu gewinnen.

Ein weiterer Veranstaltertraum, den ich nicht verwirklichen konnte, waren Konzerte mit der Sängerin Barbra Streisand. Wenn die Streisand beispielsweise *People* singt, geh ich in die Knie. Ich hätte weiß Gott was darum gegeben, diese Allroundkünstlerin in Deutschland vorstellen zu dürfen, aber sie sagte Nein und gab dafür zirka sechs Millionen Gründe an. Immerhin gelang es meinem früheren Partner Marcel Avram aufgrund seiner internationalen Beziehungen, Barbra Streisand zusammen mit einem britischen Veranstalter in London zu präsentieren, und ich durfte als begeisterter Zuhörer eines ihrer Konzerte in der Wembley Hall erleben.

Und dann wäre da noch Herbert Grönemeyer…

Dass wir Elvis und Barbra Streisand nicht präsentieren durften, sind Versäumnisse, die nicht in meiner Macht standen. Doch möchte ich hier noch ein peinliches Versäumnis ergänzen, das ich durchaus persönlich zu verantworten habe: Ich habe Herbert Grönemeyer abgelehnt.

Diesen hervorragenden Künstler lernte ich 1983 bei der Stuttgarter Intercord kennen, seiner damaligen Plattenfirma. Er hatte schon mehrere LPs mit interessanten Liedern auf dem Markt, aber ein wirklicher Durchbruch stand noch aus. Mit tatkräftiger Unterstützung der Intercord organisierten wir eine Clubtournee in Häusern mit Kapazitäten bis zu tausend Besuchern (wie zum Beispiel das Quasimodo in Berlin). Leider war die Publikumsresonanz mit nur etwa hundert Personen pro Konzert erschreckend schwach.

Das Jahr 1983 war für mich sehr schwierig, da meine Frau Hildegard im Januar schwer erkrankte und fortan pflegebedürftig war. Wir kämpften an ihrer Seite um ihr Leben, bis sie am 1. Dezember starb. Zudem hatte ich mich, zusätzlich zur Belastung durch meine normalen Tourneen, auch vor den Karren der Politik spannen lassen und im Bundestagswahlkampf 1983 die Organisation der *Grünen Raupe* übernommen, was mich bis ans Ende meiner Kräfte und meiner Nerven strapazierte. Hiervon wird im folgenden Kapitel zu lesen sein.

Dies hatte zur Folge, dass ich letztlich keines der von uns veranstalteten Konzerte Grönemeyers besuchte. So etwas ist unentschuldbar und kam sonst auch nie bei uns vor. Trotzdem hatte Herbert Grönemeyer selbst nach der erfolglosen Tournee noch Interesse, weiterhin mit uns zusammenzuarbeiten, und schickte mir ein Tonband mit der Aufschrift »Bochum«. Das ist sein Heimatort, aber ich konnte nicht allzu viel mit diesem Namen anfangen.

Und da beging ich einen zweiten, noch unverzeihlicheren Fehler und habe mir das Tonband nicht einmal angehört. Mein Sohn Andreas war leider nicht zu Hause, um die Situation zu retten, wie er es – wovon noch zu berichten sein wird – etwa zehn Jahre zuvor im Fall von Udo Lindenberg getan hatte. Außerdem erfuhr ich, dass Grönemeyer die Schallplattenfirma gewechselt hatte und nun mit seiner neuen Platte *Bochum* zur EMI Electrola ging. Dies tat mir für die Intercord leid.

Ich schrieb also forsch und furchtlos an Herbert einen Brief, in dem ich ihm unverblümt klar machte, dass auch ich kein Tourneezauberer sei und ihm angesichts der schlechten Besucherzahlen der Clubtournee nicht weiterhelfen könne. Ich habe ihn also im wichtigsten Moment seiner Karriere im Stich gelassen. Auch das ist unverzeihlich.

Bochum wurde bekanntlich ein Riesenerfolg, und Lieder wie *Männer* oder *Flugzeuge im Bauch* haben mich später einfach umgehauen, aber wir kamen zu Recht nie wieder zusammen. Heute ist Herbert Grönemeyer besser denn je, was seine jüngste, nach dreijähriger Pause vorgelegte CD *Mensch* eindrucksvoll unter Beweis stellt. Er gehört zu den wichtigsten Künstlern der deutschsprachigen Unterhaltungskultur. Und so kann ich nur sagen: »Mensch Rau, da hast du wieder einmal richtig versagt!«

Es gäbe sicher noch so manches von den »Rocklegenden« und den anderen Künstlern, denen ich begegnen durfte, zu erzählen. Aber es kommt mir hier nicht darauf an, jeden Namen zu erwähnen, sondern ich will nur charakteristische Begegnungen und Szenen herausnehmen, die für unsere Arbeit hinter der Bühne typisch waren.

4. Kapitel

Demokratische Mosaikkultur: Die *Grüne Raupe* und andere politische Veranstaltungen

Die Zusammenarbeit mit Joan Baez, Harry Belafonte und vor allem mit Udo Lindenberg machte mich auch mit den politischen Aktivitäten dieser Künstler bekannt.

Harry Belafonte war in den USA der fünfziger Jahre der erste Sänger, der mit dem damals neuen Medium der Langspielplatte Millionenumsätze erzielen konnte, und er galt mit seinen LPs, auf denen die Lieder seiner karibischen Heimat zu hören waren, zeitweise als der erfolgreichste Schallplattenkünstler überhaupt. Auch seine Liveauftritte sind bis zum heutigen Tag ein bleibendes Erlebnis für jeden, der dabei sein kann. Auf dem Höhepunkt seiner Popularität stellte Belafonte acht Jahre lang seine Weltkarriere hintenan, um sich der Sache von Martin Luther King und der schwarzen Bürgerrechtsbewegung anzunehmen. Später hat er die Apartheidpolitik in Südafrika bekämpft und sich für seinen jahrzehntelang im Gefängnis sitzenden Freund Nelson Mandela engagiert. Von Harry Belafonte lernte ich sehr viel über die Möglichkeiten der Künstler, sich und ihre Popularität im Dienste der Menschheit für politische Ziele einzusetzen.

Ähnlich folgenreich war für mich die Freundschaft mit Joan Baez, deren Einsatz für eine Beendigung des Vietnamkriegs sie zur Jeanne d'Arc der internationalen Friedensbewegung machte.

Während des Vietnamkriegs forderte sie die amerikanischen Frauen unmissverständlich auf: »Sag Ja zu jenen [Soldaten], die Nein sagen.«

Ein Künstler, der sich in Deutschland für die Friedensbewegung stark machte, war Udo Lindenberg. Im Lauf unserer jahrelangen Zusammenarbeit ist mir seine Idealvorstellung von einer »Bunten Republik« immer deutlicher geworden.

So ergab es sich, dass ich meine Tätigkeit zu Beginn der achtziger Jahre in den Dienst der deutschen Alternativ- und Friedensbewegung stellte. Das begann mit einer Veranstaltung gegen den Bau der Frankfurter Startbahn West, woran sich dann musikalische Protestaktionen gegen die Stationierung von Atomwaffen – wie zum Beispiel anlässlich der Menschenkette von Ulm nach Stuttgart – sowie später die Konzerte *Rock gegen Atom* auf der Loreley und der Berliner Waldbühne anschlossen. Höhepunkte waren die Veranstaltungen *Künstler für den Frieden* von 1982 und 1983, vor allem im Bochumer Fußballstadion und in der näheren Umgebung mit über hunderttausend Besuchern. In einem zwölfstündigen Open-Air-Konzert traten in Bochum viele bedeutende Künstler des linken Spektrums auf, allen voran ein sehr beeindruckender Harry Belafonte.

Vor allem dem Einfluss Lindenbergs ist es auch zu verdanken, dass ich mich zunehmend für die Bewegung des ökologischen Humanismus zu interessieren begann, aus der, zunächst als außerparlamentarische Minorität, die Partei der Grünen entstand. Besonders beeindruckt haben mich bei den Grünen Petra Kelly und Otto Schily, der spätere SPD-Innenminister. In Petra Kelly entdeckte ich eine neue Rosa Luxemburg der Gewaltfreiheit und der Basisdemokratie. Ich bewunderte ihre Zivilcourage, ihre Intelligenz und ihren unermüdlichen Einsatz. Leider bestand ihre Schwäche darin, dass sie mit ihren Kräften nicht sorgsam genug hauszuhalten wusste und daher meist am Rande des Nervenzusammenbruchs lebte. Durch eine gemeinsame Bekannte durfte ich Petra Kelly persönlich kennen lernen und war so fasziniert, dass ich mich 1983 dem Wahlkampf der Grünen anschloss, obwohl dieses von der langen Krankheit und dem Tod meiner Frau überschattete Jahr so schwer für mich war.

Als Wahlkampflokomotive entwickelten wir die »grüne Raupe«, die den »Kohl« (also die CDU Helmut Kohls) »fressen« wollte, aber in Gefahr geriet, vom »Vogel« (der SPD Hans-Jochen Vogels) aufgepickt zu werden. Die Auftritte der *Grünen Raupe* waren Wahlkampfveranstaltungen besonderer Art, wie es sie bis dahin noch nicht gegeben hatte. Hierbei spielten die beteiligten Künstler, die bei den Veranstaltungen für regen Zulauf sorgten, eine besondere Rolle.

Es kam mir darauf an, Regeln zu entwickeln, die den Grundsätzen der grünen Bewegung entsprachen. Erste Voraussetzung war, dass alle mitwirkenden Künstler auch Anhänger der Grünen waren. Ich selbst trat zu Beginn meiner Tätigkeit in die Partei der Grünen ein, obwohl ich bisher mit anderen Parteien, etwa der SPD, sympathisiert hatte, ohne mich aber je einer politischen Partei angeschlossen zu haben.

Bereits bei früheren Wahlveranstaltungen vor allem der großen bürgerlichen Parteien waren immer wieder Musiker aufgetreten, ob es sich dabei nun um Marschmusikkapellen oder Rockgruppen handelte. Dort waren die mitwirkenden Künstler aber nur Rahmenprogramm, und im Mittelpunkt standen die politischen Redner, besonders der jeweilige Spitzenkandidat als Hauptredner, auf den die ganze Veranstaltung abgestimmt war. Die Musiker wurden für ihren Auftritt ordentlich bezahlt, das heißt, sie bekamen eine ihrem üblichen Honorar entsprechende Gage. Im Fall der *Grünen Raupe* war nun die zweite Voraussetzung, dass hier eben keine Gagen bezahlt, sondern nur Spesen ersetzt wurden. So erhielt jeder Mitwirkende zweihundert Mark inklusive Hotel- und Aufenthaltskosten. Dieser Spesensatz war für alle gleich: Udo Lindenberg bekam nicht mehr als beispielsweise der Zwerg Felix, der zu seiner Panik-Familie gehörte.

Für die Programmgestaltung der *Grünen Raupe* entscheidend war die Vorgabe, dass die Redner der Grünen jeweils die gleiche Auftrittszeit erhielten wie die beteiligten Künstler, nämlich jeweils acht Minuten. Es war auch wichtig, dass die Künstler Lieder auswählten, die mit der Friedensbewegung und den Zielen des ökologischen Humanismus zu tun hatten. Zum Beispiel rezitierte eine grüne Politikerin Texte von Gandhi zum Thema gewaltfreier Widerstand, und ihr Vortrag wurde untermalt von einem Trio, das indische Raga-Musik spielte. Ein anderer Grüner trug Martin Luther Kings berühmte Rede »I have a dream« vor, begleitet vom schwarzen Bluessänger und -gitarristen Louisiana Red, dessen Vater vom Ku-Klux-Klan ermordet worden war.

Unter den Mitwirkenden befanden sich eine ganze Reihe prominenter Künstler, die der grünen Bewegung nahe standen – Udo Lindenberg, Gianna Nannini, Konstantin Wecker und viele mehr. Diese Prominenten durften aber nur fünfzig Prozent der künstlerischen Beiträge übernehmen, denn bei jeder Veranstaltung war die andere Hälfte aufstrebenden lokalen Künstlern aus der grünen Basis vorbehalten. Hier sind zum Beispiel das herrliche Frankfurter Kurorchester und die wunderbare Volksschauspielerin Tana Schanzara zu nennen, die in Dortmund auftrat. So gestaltete sich die grüne Wahlveranstaltung zu einem bunten Mosaik, bei dem die Auftritte der beteiligten Redner und die Darbietungen der Künstler sorgfältig aufeinander abgestimmt werden mussten. Ich nenne dieses Produktionsprinzip »demokratische Mosaikkultur« und muss sagen, dass mir die kreative Arbeit des Programmgestalters sehr viel Freude gemacht hat.

Ich legte außerdem großen Wert darauf, dass die Veranstaltungen der *Grünen Raupe* sehr präzise durchorganisiert waren und vor allem auch pünktlich anfingen. Den Besuchern und den Medien sollte gezeigt werden, dass die Grünen keine Chaoten, sondern vielmehr disziplinierte Politiker waren. Allerdings kann ich mir gut vorstellen, dass ich den eher anarchisch gesinnten Mitgliedern der grünen Bewegung mit meiner preußischen Disziplin badischer Herkunft reichlich auf die Nerven ging. Umgekehrt stressten wiederum mich diejenigen Vertreter der grünen Basis, die viel redeten, aber nichts zum Gelingen der *Grünen Raupe* beitrugen.

Wichtig war, dass alle angekündigten Künstler und Redner auch wirklich erschienen. Zu einer Veranstaltung der *Grünen Raupe* in Nürnberg konnte der Wiener Liedermacher Ludwig Hirsch nicht erscheinen, da er kurzfristig erkrankt war. Erfreulicherweise gelang es mir, an seiner Stelle Wolfgang Niedecken von der Kölner Gruppe BAP zu verpflichten, der zu dieser Zeit natürlich noch weit bekannter war als Ludwig Hirsch. So gab es für das Nürnberger Publikum statt einer Enttäuschung eine positive Überraschung.

Mein Sohn Andreas, damals 25 Jahre alt, der die Grünen bereits zuvor bei den Landtagswahlen in Hessen gewählt hatte, fuhr mich damals nach Nürnberg, sodass ich Wolfgang Niedecken vom Flughafen abholen und selbst betreuen konnte. Nachdem Andreas die Nürnberger *Grüne Raupe* erlebt hatte, bekannte er auf dem Heimweg: »Vadder, ich war schon auf dem Weg, die Grünen als wenig zuverlässig zu betrachten und sie nicht mehr zu wählen, aber was ich heute an Präzision und künstlerischer sowie rednerischer Qualität erlebt habe, hat mich überzeugt, auch weiterhin die Grünen zu wählen.« Ich war sehr müde, da ich den ganzen Tag im Büro und dann die halbe Nacht backstage gearbeitet hatte. So nickte ich nur wortlos vor mich hin. Was hätte ich auch sagen sollen?

Die Grünen hatten kein Geld – es gab ja noch keine Wahlkampfkosten-Rückerstattung. Daher mussten wir die *Grüne Raupe* selbst finanzieren. Wir haben fünfzehn Mark Eintritt verlangt und den Gewinn an die Grünen weitergeleitet. Doch die Besucher der Grünen Raupe zeigten Verständnis für unsere finanziellen Probleme, und die Rechnung ging auf.

Sehr geholfen hat uns auch das Werbematerial, das von hervorragenden Künstlern wie Tomi Ungerer und meinem Freund Professor Günther Kieser gestaltet wurde, selbstverständlich ohne Honorar. Die Veranstaltungen wurden als Fest der Grünen Raupe angekündigt, und sie waren wirklich ein Fest. Als wir zum Beispiel in der Dortmunder Westfalenhalle Station machten, kamen über zehntausend Besucher, während auf der Konkurrenzveranstaltung der SPD in der Essener Grugahalle trotz der dort aufgebotenen gut bezahlten und namhaften Rockbands nur sechstausend Besucher erschienen. Man sieht, die *Grüne Raupe* war ein voller Erfolg.

Auch am Wahltag konnten wir zufrieden sein: Die Grünen erhielten 5,6 Prozent der Stimmen, hatten somit die Fünf-Prozent-Hürde übersprungen und konnten zum ersten Mal in den deutschen Bundestag einziehen.

Die Vorbereitung und Durchführung der Grünen Raupe hat mich viel Kraft gekostet und viele größere und kleinere persönliche Enttäuschungen mit sich gebracht. Ich habe nicht nur umsonst gearbeitet, sondern auch auf die Berechnung meiner Bürokosten und Spesen verzichtet, wodurch insgesamt ein sechsstelliger Betrag zusammenkam. Am Tag nach der Wahl bin ich aus der grünen Partei ausgetreten, und ich glaube, dass es ähnliche Motive waren, die einige Jahre später den von mir hochgeschätzten Otto Schily dazu bewogen, die Grünen ebenfalls zu verlassen.

Seither habe ich mich gehütet, Wahlveranstaltungen von politischen Parteien zu organisieren und ihnen bei ihrem Kampf um die Macht behilflich zu sein. Ich bin inzwischen zu der Überzeugung gelangt, dass es nicht Aufgabe von Künstlern sein kann, ihre Popularität und ihr Können als sachfremdes Argument in den Wahlkampf einzubringen. Die Stimmabgabe des Wählers sollte allein politisch motiviert sein.

Anders verhält es sich allerdings bei Veranstaltungen, die für die Menschen von allgemeinem sozialen Interesse sind, wie zum Beispiel die Aktionen *Rock gegen Rechts*, die insbesondere von Udo Lindenberg und Peter Maffay stark unterstützt werden. Hier ist der Künstler auf alle Fälle gefragt und sehr wichtig, um seine Stimme als Anwalt der Menschen zu erheben – vor allem wenn es darum geht, verblendeten Neonazis zu begegnen, wie eben bei *Rock gegen Rechts*.

5. Kapitel

Mama Concerts & Rau

1989 kam es zu einer Fusion, die die Konzertbranche auf nationaler wie internationaler Ebene äußerst verunsicherte. Die bisherigen Erzrivalen Marcel Avram und Fritz Rau taten sich zusammen und gründeten eine gemeinsame Firma, die zunächst Mama Concerts & Lippmann+Rau GmbH hieß und später in Mama Concerts & Rau umbenannt wurde. Mir kam es darauf an, dass mein bisheriger Partner und Freund Horst Lippmann mit

Lippmann und Rau bei einer Preisverleihung 1988. (Privatarchiv Fritz Rau)

dieser Fusion einverstanden und an ihr beteiligt war. Ohne seine Zustimmung und seine positive Haltung dem Vorhaben gegenüber wäre dieser Zusammenschluss nicht zustande gekommen.

Horst Lippmann hatte nach dem Tod seines Vaters 1969 das elterliche Hotel Continental am Frankfurter Hauptbahnhof geerbt und sich in den folgenden Jahren mehr und mehr aus dem Unternehmen Lippmann+Rau zurückgezogen. Als ich 1974 die alleinige Geschäftsführung übernahm, hatte er nur noch zehn Prozent Anteil an der Firma. Er blieb aber stets mein Berater und der gute Geist im Hintergrund, und wir waren enge Freunde bis zu seinem Tod 1997.

Ich stand 1989 kurz vor meinem sechzigsten Geburtstag (den ich dann 1990 auf Einladung von Marcel Avram in München feiern durfte), und obwohl ich über ganz hervorragende Mitarbeiter verfügte, die mir stets eine erfolgreiche Arbeit mit Lippmann+Rau ermöglichten, hatte ich nach 35 Jahren im Konzertbusiness genug und wollte meine Veranstaltertätigkeit nicht mehr als One-Man-Show »Fritz Rau gegen den Rest der Welt« weiterführen.

Auf der Suche nach einem Nachfolger

Zuvor hatte ich dreimal versucht, einen Nachfolger zu finden, der die Firma früher oder später weiterführen sollte.

Da war zunächst Mike Scheller gewesen, ein Frankfurter Jurastudent, den ich im dortigen Jazzkeller kennen gelernt hatte. Mir imponierte die Art und Weise, wie er seinen Aushilfsdienst als Pförtner des Clubs erfüllte. Berühmt geworden ist die Anekdote, wie Ende der fünfziger Jahre einmal Frank Sinatra mit Freunden im Jazzkeller erschien. Alle Gäste mussten zwei Mark bezahlen, um eintreten zu dürfen, und so verlangte Mike Scheller auch von Frank Sinatra und seinen Gästen zwei Mark pro Person. Als der Weltstar dies als lächerlich empfand, sagte Mike ganz cool und ganz Frankfurter Jazzer: »You pay two marks or you can't come in!« [Sie müssen zwei Mark bezahlen, oder Sie kommen hier nicht rein!]

Nach der Gründung des Konzertbüros Lippmann+Rau hatten wir unsere Tätigkeit recht bescheiden in einem Zimmer des Hotels Continental von Horst Lippmanns Eltern begonnen. Ich hatte keine Sekretärin, aber Mike Scheller als tüchtigen Assistenten. Wir tippten in einer etwas unbeholfenen Weise unsere Briefe selbst und falteten stundenlang Plakate und anderes Werbematerial bis in den späten Abend hinein. Nach Feierabend ging es dann oft in den Jazzkeller und erst in den frühen Morgenstunden wieder nach Hause. Später konnten wir uns stundenweise eine Sekretärin leisten, dann eine Halbtagskraft und schließlich den Umzug in mehrere Büroräume im Göllner-Haus gegenüber dem Frankfurter Polizeipräsidium in der Friedrich-Ebert-Anlage.

Mike Scheller war als Mann für alle Fälle an meiner Seite und arbeitete wie ein Zehnkämpfer. Er war ein hervorragender Tourneeleiter und kannte sich im Jazz wahrscheinlich besser aus als ich, zumal er auch selbst Trompete spielte.

Die Firma wurde mit den Jahren größer, und Mike Scheller blieb meine rechte Hand bis ins Jahr 1980, als ich meine Midlifekrise bekam und nach München zog. Zuvor hatte ich ihn zum Juniorpartner gemacht. Aufgrund von Differenzen kam es zum Bruch. Er verließ die Firma und gründete ein Konzertbüro, das auch die Tourneekonzerte von Lippmann+Rau in Frankfurt betreute.

In München hatten wir einen sehr tüchtigen örtlichen Veranstalter namens Rüdiger Hoffmann, und er war der zweite, den ich einlud, mein Juniorpartner zu werden. Wir bezogen ein schönes gemeinsames Büro in der bayrischen Metropole. Hierbei war es für mich besonders wichtig, dass mein sehr guter Mitarbeiter Hermjo Klein, meine Assistentin Doris Link und vor allem meine Finanzmanagerin Heidi Jung der Firma erhalten blieben. Leider war Freund Hoffmann dem immensen Druck nicht gewachsen, den ich auf ihn als Juniorpartner ausübte, sodass er schließlich kündigte. Er zog sich auf seine frühere Position als örtlicher Veranstalter zurück und betreute in den folgenden Jahren alle Lippmann+ Rau-Konzerte in der sehr wichtigen Konzertstadt München.

1982 zog ich wieder in die Nähe meiner Familie in den Taunus und eröffnete mit Hermjo Klein, Doris Link und Heidi Jung an meiner Seite das Lippmann+Rau-Büro in Bad Homburg. Daneben hatte ich noch weitere sehr tüchtige Mitarbeiter, wie etwa Lauti Lautenfeld, unseren technischen Direktor, und Roland Fackel, unseren besten Tourneeleiter. Hermjo Klein hat zwanzig Jahre lang mit mir zusammengearbeitet und sich vorzüglich entwickelt. Er war als ein Kenner der spanischen Flamencoszene zu uns gestoßen und hatte bei unserem *Festival Flamenco Gitano* mit La Singla mitgewirkt, die sehr viel Wert auf seine Betreuung legte. Später war er für Joan Baez, die Les Humphries Singers, Neil Diamond, Udo Lindenberg und andere Künstler zuständig, wenn sie auf Tournee waren, und wurde ein wichtiger Garant für unsere gute Zusammenarbeit mit diesen Künstlern. Und so lud ich auch Hermjo Klein ein, mein Juniorpartner zu werden – mein dritter Versuch, einen Nachfolger zu finden.

Doch hat sich im Lauf der Jahre herausgestellt, dass ich als Senior einfach nicht der richtige Partner für einen Junior war, sondern nur als One-Man-Show mehr oder weniger glücklich werden konnte. Bei der Fusion von Lippmann+Rau mit Mama Concerts blieb Hermjo Klein in Frankfurt und gründete mit meiner Einwilligung eine eigene Firma. Er wurde der erfolgreichste meiner früheren Juniorpartner und betreut heute, nach meinem Rückzug aus dem aktiven Veranstalterleben, in seiner Firma ACE Künstler wie Harry Belafonte, Udo Lindenberg, Nana Mouskouri und viele andere. Ich freue mich, dass die ehemaligen Lippmann+Rau-Künstler bei Hermjo Klein und ACE eine veranstalterische Heimat gefunden haben.

Avram oder Lieberberg?

Zurück zum Jahr 1989. In diesem Jahr war ich an einem Punkt angelangt, wo meine Ermüdung so groß geworden war, dass ich das Bedürfnis verspürte, mein Leben mit seinem riesigen Arbeitspensum drastisch zu ändern. Hierzu sah ich vor allem zwei Möglichkeiten: Entweder eine Verkleinerung der Künstlerklientel von

Lippmann+Rau oder aber die Fusion mit einem tüchtigen Partner und einer leistungsfähigen Firma, die den mir besonders am Herzen liegenden Lippmann+Rau-Künstlern ein neues veranstalterisches Zuhause bieten konnte. Ich wollte Lippmann+Rau nicht schrumpfen lassen, mich nicht von wichtigen Künstlern trennen, also habe ich mich für die zweite Lösung entschieden – so entstand Mama Concerts & Lippmann+Rau.

Der Name »Mama Concerts« setzt sich aus den Anfangsbuchstaben der Vornamen der Firmengründer zusammen: Marcel Avram und *Ma*rek Lieberberg. Sie begannen ihre Arbeit als Konzertveranstalter in den frühen siebziger Jahren und wurden später zum erfolgreichsten und stärksten Konkurrenten von Lippmann+Rau.

1987 war es zur Trennung des Duos Marcel Avram und Marek Lieberberg gekommen. Ab diesem Zeitpunkt lag es in der Luft, an neue Konstellationen der Zusammenarbeit zu denken. Was war wohl besser – Marcel Avram und Fritz Rau oder Marek Lieberberg und Fritz Rau? Zunächst liefen Verhandlungen mit Marek Lieberberg in Frankfurt. Die Initialen von Lippmann+Rau (L+R) hätte man gut auch für Lieberberg+Rau übernehmen können. In dieser Atmosphäre der gegenseitigen Annäherung veranstalteten wir 1988 gemeinschaftlich das erfolgreiche Madonna-Konzert im Frankfurter Waldstadion. Und anlässlich meiner zweiten Hochzeit – mit Gisela Nicol – bereitete uns Marek Lieberberg die Freude, vor dem Kurparkcafé in Bad Homburg ein Feuerwerk mit Musikbegleitung zu organisieren.

Zur gleichen Zeit sprach mich ein Kollege darauf an, dass ich seines Erachtens besser zu Marcel Avram passen würde, der in München arbeitete. Es folgte eine Begegnung in unserem Bad Homburger Haus, mit dem überraschenden Ergebnis, dass mir Marcel Avram sympathisch war und dass er in Bezug auf meine Vorstellungen als Konzertveranstalter großes Entgegenkommen zeigte.

Entscheidend aber war der Unterschied im persönlichen Lebensstil zwischen Marcel Avram und Marek Lieberberg. Beide sind hervorragende Tourneeveranstalter, doch mit unterschiedlichen Qualitäten. Marek ist ein Gourmet mit Stil und Geschmack, und Marcel Avram ist noch dazu ein harter Malocher. Kulinarisch ausgedrückt, stand Marek für Kaviar und Champagner und Marcel – so wie ich – für Leberwurstbrot und Bier.

Die Zusammenarbeit mit Marcel Avram

Der Zusammenschluss von Mama Concerts und Lippmann+Rau löste in der Branche und im Medienbetrieb höchste Besorgnis aus. Es fielen sogar Begriffe wie »Mafia« und ähnlicher Unsinn. Die spätere Entwicklung der neuen Firma hat gezeigt, dass wir keineswegs die Alleinherrschaft auf dem deutschen Markt anstreben – was auch gar nicht sinnvoll gewesen wäre, da wir dann alle Forderungen der Künstler mehr oder weniger hätten akzeptieren müssen. Daher konnten auch andere Veranstalter, allen voran Marek Lieberberg, sehr erfolgreiche Tourneen durchführen.

Das für eine Zusammenarbeit zwischen uns entscheidende Entgegenkommen Marcel Avrams bestand darin, dass er mir die Gelegenheit gab, Lippmann+Rau unter dem Firmennamen Mama Concerts & Rau weiterzuführen. Ich legte bei unseren Verhandlungen Wert darauf, dass ich für die Lippmann+Rau-Künstler, mit denen ich schon jahrelang gearbeitet hatte, auch weiterhin allein zuständig war (unter den deutschen Stars waren das zum Beispiel Peter Maffay, Udo Lindenberg und Udo Jürgens, unter den internationalen Größen unter anderem die Rolling Stones, Eric Clapton und Elton John). Ähnliches galt für die bewährten Lippmann+Rau-Mitarbeiter, die mir erhalten bleiben sollten (Heidi Jung, Roland Fackel und andere). Von 1990 bis 1992 zog ich einer vorherigen Vereinbarung entsprechend nach München, um im dortigen Mama-Concerts-Büro an der Vereinigung der beiden Firmen mitzuwirken. Ab 1993 war ich, genauso vereinbarungsgemäß, wieder in Bad Homburg und richtete dort ein Zweitbüro unserer Firma unter meiner alleinigen Leitung ein.

Marcel Avram hatte nie den Wunsch, aus Fritz Rau einen zweiten Marcel Avram zu machen, und ich hütete mich davor, aus Marcel einen zweiten Fritz Rau machen zu wollen. Wir waren beide sehr verschieden, aber unser gegenseitiger Respekt und die Loyalität der neuen Firma gegenüber sorgten dafür, dass wir immerhin siebzehn Jahre erfolgreich zusammenarbeiten konnten.

Mit seinem langjährigen Veranstaltungspartner Marcel Avram, 2002. (Privatarchiv Fritz Rau)

Auf dem Rückcover des Sonderhefts der Zeitschrift *Musikmarkt* zu meinem fünfundsiebzigsten Geburtstag schaltete Marcel Avram 2005 die folgende ganzseitige Anzeige:

Lieber Fritz,
Vielen Dank für 17 gemeinsame Jahre,
die wir unzertrennlich durch dick und dünn gegangen sind.
Diese Zeit wird für mich immer unvergesslich bleiben.
Du bist ein großartiger Mensch und Freund
und ich bin Dir sehr dankbar
für die vielen Jahre unserer beruflichen Partnerschaft.
Ich wünsche Dir von ganzem Herzen Glück,
Gesundheit und ein langes Leben
und schließe mich gerne den Worten von Mick Jagger an:
Rock'n'Rau Forever!

Dein
Marcel

Konzerte mit Frank Sinatra, Liza Minnelli und Sammy Davis jr.

Die erste Zusammenarbeit von Marcel Avram und Fritz Rau galt einem wunderbaren Konzertereignis, das europäische Musikgeschichte geschrieben hat: ein Abend mit Frank Sinatra, Liza Minnelli und Sammy Davis jr. Frank Sinatra war Marcels Künstler. Jahre zuvor hatten er und Lieberberg Sinatra nach Deutschland geholt und dabei viel Geld verloren, da die Eintrittspreise aufgrund der enormen finanziellen Forderungen des Sinatra-Managements ungewöhnlich hoch angesetzt werden mussten und eine unfreundliche Presse auch noch versuchte, dieses Faktum zu einem Skandal hochzupuschen – unter Hinweis auf angebliche Verbindungen Sinatras zur amerikanischen Mafia. All diese Umstände veranlassten Sinatra sogar dazu, das Berliner Konzert abzusagen und seiner Enttäuschung über die deutsche Presse und das deutsche Publikum auf der Bühne der Londoner Albert Hall Luft zu machen. Aber den deutschen Veranstaltern Mama Concerts unter der alleinigen Führung von Marcel Avram gelang es schließlich, das Defizit wieder auszugleichen, und sie haben so hervorragend gearbeitet, dass zwischen Sinatra, seinem Management und den »Mamas« ein Verhältnis von Respekt und Vertrauen entstand.

Sammy Davis jr. wiederum war mein Künstler. Ich hatte die Ehre und das Vergnügen, all seine deutschen Konzerte betreuen zu dürfen. Er war ein großartiger Entertainer und ein wunderbarer Mensch. Sein *Mister Bojangles* hat mich total berührt und seine anderen Songs nicht minder. Bei einer seiner Tourneen (1976) kam Sammy Davis jr. mit einem Vorprogramm aus Künstlern nach Europa, denen er sich sehr verpflichtet fühlte, da sie ihn zu Beginn seiner Karriere unterstützt hatten. Es handelte sich dabei um die legendären Nicholas Brothers, ein Tanzduo, das vor allem in den dreißiger und vierziger Jahren Furore gemacht hatte, sowie um Billy Eckstine, in dessen Big Band Sammy Davis jr. sein erstes Engagement als Sänger bekommen hatte.

Zusammen mit Journalisten fuhr ich nach Amsterdam, um mir das erste Konzert dieser Europatournee anzusehen. Der Auftritt von Sammy Davis jr. war grandios und begeisterte alle, aber die deutschen Journalisten machten mir einhellig klar, dass das mehr als einstündige Vorprogramm bei uns zu Zuschauerprotesten führen würde. In Holland wurden die Nicholas Brothers und Billy Eckstine mit sehr respektvollem Beifall verabschiedet. Aber das deutsche Publikum hält anscheinend nicht sonderlich viel von einem Vorspiel, sondern möchte gleich zur Sache kommen und den Star des Abends von Anfang an auf der Bühne haben.

So begab ich mich also am Morgen nach dem Amsterdamer Konzert mit schwerem Herzen ins Hotelzimmer von Sammy Davis jr., um die Befürchtungen der Journalisten vorzutragen und ihm bei seinen deutschen Auftritten Ärger zu ersparen. Gegenüber den Journalisten hatte ich zuvor noch frech gemeint:

»An der verbleibenden Länge des Vorprogramms werdet ihr meinen Charakter erkennen.« Aber während des Gesprächs mit Sammy Davis jr. rutschte mir das Herz vollends in die Hose, denn auch ich verehrte die Nicholas Brothers und vor allem Billy Eckstine. Schließlich wagte ich es, dem großen Entertainer die Problematik des Vorprogramms so ruhig wie möglich vorzutragen. Zu meiner Überraschung stimmte Sammy zu, das deutsche Vorprogramm zu ändern, das heißt, die Nicholas Brothers zu entlohnen und nach Hause zu schicken und den Auftritt von Billy Eckstine als Solist mit Gitarre zu verkürzen. Dies fiel dem Künstler sehr schwer, aber der Tournee hat es genutzt.

Für die ersten Konzerte von Mama Concerts & Rau kam mit Frank Sinatra und Sammy Davis jr. auch Liza Minnelli nach Europa. Sie war ein glänzender Ersatz für Dean Martin, der aus gesundheitlichen Gründen keine großen Reisen mehr unternehmen wollte. Liza ist die Tochter zweier Genies. Ihre Mutter ist die Sängerin Judy Garland (mit Erfolgen wie *Over The Rainbow*) und ihr Vater der Hollywood-Regisseur Vincente Minnelli, der unter anderem Ein *Amerikaner in Paris* drehte. Kann man überhaupt noch mehr Talent erben? Liza jedenfalls machte als Künstlerin ihren Eltern alle Ehre. Ich hatte übrigens bereits ihre erste Deutschlandtournee 1975 organisieren dürfen, die sofort ein großer Erfolg wurde, zumal durch den Film Cabaret inzwischen auch Liza weltweit bekannt geworden war.

Mama Concerts & Rau veranstalteten die Konzerte mit den drei Superstars in Wien und in der Münchner Olympiahalle mit einer Zentralbühne, was eine optimale Präsentation ermöglichte. Sinatra, Minnelli und Sammy Davis jr. – das war kein schlechter Beginn für das Gespann Avram und Rau.

Michael Jackson

Marcel Avram war der einzige Promoter aus Deutschland, der weltweit agierte. Während Lippmann+Rau sich immer auf Deutschland und Europa beschränkt hatten, organisierte Marcel US-Tourneen mit Rod Stewart, weltweite Tourneen mit Eros Ramazzotti und vor allem mehrere Welttourneen von Michael Jackson.

Als Marcel kurz vor Beginn der 1997er Michael-Jackson-Tournee verhaftet wurde und somit verhindert war, musste ich mich auch um Michael Jackson kümmern, obwohl dieser Künstler bis dahin ausschließlich von Marcel betreut worden war – und das bereits seit den früheren Tourneen der Jackson Five in den siebziger Jahren.

Besonders gut erinnere ich mich an das Premierenkonzert in dem für Konzerte besonders geeigneten Bremer Fußballstadion. Wir konnten dieses Stadion sogar zweimal füllen, ebenso später das riesige Olympiastadion in München. Auf Wunsch Jacksons hatten wir die überdimensionale Open-Air-Bühne bereits einige Tage vor der Bremer Premiere fertig aufgebaut, damit er mit seiner Truppe vier Tage lang auf der Originalbühne proben konnte. Hierfür musste das Bremer Weserstadion hermetisch abgeriegelt werden. Aber als Veranstalter durfte ich trotzdem hinein und konnte den Fortgang der Proben von der Seite der Bühne beobachten.

Mit Michael Jackson im Münchner Olympiastadion (Privatarchiv Fritz Rau/ Tina Däubler)

Zunächst begann alles mit Michael Jacksons hervorragender Band. Nach meinen Erfahrungen mit anderen Künstlern hatte ich erwartet, dass ein »Musical Director« die Bandproben leiten würde und der Sänger dann später hinzukäme. Aber dem war nicht so, denn der »Musical Director« war kein anderer als Michael Jackson selbst, der bei seiner Arbeit mit den Musikern mit einer bemerkenswerten Präzision ans Werk ging. Dann kamen die Tänzer hinzu. Auch hier hatte ich erwartet, dass ein Choreograph die ausgezeichnete Tanzformation einüben würde. Dem war aber wieder nicht so, denn auch der Choreograph war Michael Jackson *himself*, der viele der Tanzfiguren (wie etwa den »Moonwalk«) ja auch selbst erfunden hat. Schließlich kam es zu den Showproben, in denen die Showeffekte und Bühnenbilder eingerichtet wurden. So gab es zum Beispiel einen Panzer, der als Friedensdemonstration auf die Bühne fuhr und, anstatt mit Munition zu schießen, Blumen ausspuckte. Und auch der Regisseur der Bühnenshow war keine Hollywood-Größe wie der *Star Wars*-Regisseur George Lucas, der zuvor in Frankfurt für

Madonna gearbeitet hatte, sondern abermals der »King of Pop« höchstpersönlich.

Jacksons über zwei Stunden dauernde Open-Air-Darbietung war grandios. Selbst meine erwachsenen Kinder waren begeistert und meinten, die Michael-Jackson-Show sei das Beste gewesen, was sie in dieser Hinsicht je erlebt hätten. Und meine erwachsenen Kinder sind mir und den von uns betreuten Künstlern gegenüber in der Regel besonders kritisch.

Ich verehre Fred Astaire, den genialen Tänzer und Überwinder der Schwerkraft über alles und sehe mir immer wieder seine Filme an. Kurz vor seinem Tod wurde er einmal gefragt, wen er in Bezug auf seine Tanzkunst als seinen legitimen Nachfolger bezeichnen würde, und er nannte keinen anderen als Michael Jackson.

Michael Jackson hat hervorragende Platten gemacht und seine Songs selbst komponiert und getextet. In den Kompositionen dieses genialen Schöpfers zeitgenössischer Musik wird immer wieder das ganze Erbe der afroamerikanischen Musik lebendig: von Jazz, Blues und Spiritual über Gospel und Soul bis hin zu Rock und Pop. Meine Lieblingssingle ist der *Earth Song*. Wenn ich nur ein paar wenige Schallplatten auf eine einsame Insel mitnehmen dürfte, dann wäre Jacksons Meisterwerk *Thriller* sicherlich mit dabei. Diese Platte wurde von dem bedeutenden Jazzmusiker, -komponisten und -arrangeur Quincy Jones produziert und ist mit weltweit über vierzig Millionen verkauften Exemplaren das meistverkaufte Popalbum aller Zeiten.

Besonders bemerkenswert erscheinen mir auch die unter der künstlerischen Leitung von Michael Jackson entstandenen Videoproduktionen, die weltweit Begeisterung auslösten, vor allem das Video zu *Thriller*.

Michael Jackson begann seine Karriere im Alter von fünf Jahren als Leadsänger der erfolgreichen Jackson Five, bestehend aus Michael und seinen vier älteren Brüdern, betreut von ihrem sehr strengen Vater Joe Jackson. Michael kannte keine Kindheit und keine Jugend wie andere Kinder. Die Jackson Five traten nicht nur in vornehmen Konzertsälen auf, sondern vor allem am Anfang auch in Spelunken und Clubs. Dort lernte der junge Michael alle Arten der Rassendiskriminierung kennen und hassen. Unter dem Einfluss seiner älteren Freundin Diana Ross – die ich besonders verehre – kam er schon in jungen Jahren auf die Idee, seine Haut durch kosmetische Eingriffe bleichen zu lassen, um wie ein Weißer auszusehen. Er wollte damit zeigen, wie absurd es ist, die Menschen nach ihrer Hautfarbe zu beurteilen, und demgegenüber deutlich machen, dass die Einteilung der Menschen in Schwarz, Weiß oder Braun lediglich eine kosmetische Angelegenheit ist. Leider schlugen die verschiedenen Operationen letztlich fehl und haben zuerst seine Nase und dann auch Teile seines Gesichts verunstaltet.

Zu den Beschuldigungen wegen Kindesmissbrauchs, die 2005 von der US-Staatsanwaltschaft im Prozess gegen Michael Jackson vorgebracht wurden, kann ich nichts sagen – ich war nicht dabei und habe nichts mitbekommen. Ich habe nur erlebt, dass Michael Jackson äußerst liebenswürdig mit Kindern umging und durch seine Organisation *Heal The World* sehr viel Geld für bedürftige Kinder sammelte.

Bei einer seiner früheren Welttourneen mit Jackson legte Marcel Avram den Tourneestart nach München. Aus aller Welt kamen da zweitausend Journalisten angereist, was der touristischen Infrastruktur der Stadt sicher sehr nutzte. Auf Wunsch des Künstlers hatte Michael Jacksons Plattenfirma CBS (später Sony) für die Journalisten in der Olympiahalle eine Art Kinderkirmes aufgebaut – mit Hüpfburgen, Karussells, Autoskootern und dergleichen. Jackson behielt sich vor, nach dem Konzert im Olympiastadion und vor Einlass der Journalisten die leere Olympiahalle mit all den Spielgeräten für etwa dreißig Minuten allein zu benutzen. Hierfür musste die Halle hermetisch abgeschlossen werden. Aber ich durfte zusammen mit meiner Frau Gisela, Marcel Avram samt Frau und Kindern sowie auch der bezaubernden Gloria von Thurn und Taxis und deren Kindern in die Olympiahalle gehen und Michael Jackson zusehen. Trotz der anstrengenden vorausgegangenen

Show vor über siebzigtausend Besuchern, die mehr als zwei Stunden lang gedauert hatte, machte er sich nun, sichtbar glücklich wie ein Kind, über die Karussells, die Schaukeln und die Autoskooter her und lud auch die Kinder von Fürstin Gloria zum Mitfahren ein.

Diese Passagen zu Michael Jackson habe ich am Vormittag des 13. Juni 2005 geschrieben. Ich schloss mit dem Satz: »Ich hoffe, dass Michael Jackson nicht von einer bigotten amerikanischen Justiz vernichtet wird, sondern mit seinem großen Talent seine Arbeit noch viele Jahre lang fortsetzen kann.« In der folgenden Nacht konnte ich dann auf dem Nachrichtensender N24 den dramatischen Freispruch erleben. Mir fiel ein Berg von Steinen vom Herzen, und ich wünsche dem Künstler für seine Zukunft alles Gute. Ich war froh und erschüttert zugleich. Erschüttert war ich von den Aufnahmen, die Michael Jackson beim Verlassen des Gerichtsgebäudes zeigten – hier war ein gebrochener Mann zu sehen, der gar nicht mehr in der Lage war, sich über seinen juristischen Sieg zu freuen. Sehr froh bin ich dagegen über die nun mögliche Aussicht, Michael Jackson in Zukunft wieder über neue CDs, DVDs, Videos oder live als Konzertgast erleben zu dürfen. Sein zukünftiger Tourneeveranstalter ist allerdings nicht zu beneiden. Hiervon kann Marcel Avram ein Lied singen.

Avrams Verhaftung

Die frühen neunziger Jahre waren für Mama Concerts & Rau durch eine Reihe von äußerst erfolgreichen Veranstaltungen geprägt. Was die Tourneen internationaler Stars anbelangt, lag hierbei das Hauptgewicht bei Marcel Avram. Über meinen Schreibtisch liefen lediglich die Konzerte der Rolling Stones 1990 sowie Tourneen von Eric Clapton, Elton John, John Denver, Kenny Rogers, Diana Ross und noch einigen anderen internationalen Größen. In der Hauptsache aber habe ich mich mehr und mehr um deutsche Künstler gekümmert, da es mir ein Bedürfnis war, unsere Erfahrungen aus der Zusammenarbeit mit Weltstars und ihren Produktionen auch für deutsche Musiker fruchtbar zu machen. Dies galt vor allem für die sehr intensive Zusammenarbeit mit Peter Maffay, besonders bei der aufwendigen Produktion von *Tabaluga und Lilli*, und Udo Jürgens.

Im Einverständnis mit Horst Lippmann hatten wir unsere Firma mit dem etwas umständlichen Namen Mama Concerts & Lippmann+Rau inzwischen in Mama Concerts & Rau umgetauft. Was Avrams Mama Concerts angeht, so habe ich dort besonders die Zusammenarbeit mit Astrid Messerschmidt, Klaus Bönisch, Gert Ludwigs, Michael van Almsick, dem technischen Leiter Wolfgang Köllen und mit meiner langjährigen Sekretärin Ingrid Kudell sowie Marcel Avrams langjähriger Assistentin Christine Frammelsberger geschätzt.

Insbesondere dank der von Marcel Avram produzierten internationalen Tourneen war Mama Concerts & Rau nun zu einer weithin anerkannten Weltfirma geworden. Plötzlich sprach man im Zusammenhang mit unserer weltweiten Arbeit voller Respekt von »made in Germany«, »out of Munich« oder Ähnlichem. Marcel Avram wurde für seine Leistungen sogar das Bundesverdienstkreuz verliehen.

Und dann kam es zur Katastrophe.

1997, kurz vor der Europatournee mit Michael Jackson, schlug die Steuerfahndung zu. Nachdem sein Haus tagelang beobachtet worden war, wurde Marcel Avram aus heiterem Himmel verhaftet, und die Weltfirma Mama Concerts & Rau verlor vorübergehend ihren Kopf. Die Münchner Mitarbeiter unter Klaus Bönisch und die Bad Homburger Mitarbeiter unter meiner Leitung rückten enger zusammen und schafften es immerhin, die deutschen Michael-Jackson-Konzerte zu einem Erfolg zu machen. Allerdings wurde die von Marcel Avram ursprünglich angesetzte, etwa vierzig Konzerte umfassende Europatournee vom Management Michael Jacksons auf acht von Mama Concerts veranstaltete Open-Air-Großkonzerte in Deutschland reduziert.

Marcel Avram wurde der Steuerhinterziehung zugunsten Dritter bezichtigt. Auf den dringenden Wunsch des Managements verschiedener großer Künstler hin hatte er nämlich Freistellungsbescheide von der sogenannten Ausländer-Einkommenssteuer erwirkt. Das deutsche Steuerrecht macht die Konzertveranstalter zu Bütteln der Finanzverwaltung, während wir doch eigentlich primär unseren Künstlern verpflichtet sein sollten, die sich uns anvertraut haben und die unsere Klienten sind. Deutsche Veranstalter sind verpflichtet, einen hohen Prozentsatz von den Einnahmen internationaler Künstler einzubehalten. Wenn diese Gelder nicht an die deutsche Finanzkasse abgeführt werden, müssen die Veranstalter dafür haften und die Ausländersteuer aus eigener Tasche bezahlen. Der Hebesatz für die Ausländer-Einkommenssteuer wurde von 15 auf 25 Prozent plus Zuschläge erhöht, das heißt, es müssen insgesamt über 30 Prozent der Bruttoeinnahmen des Künstlers abgeführt werden. Die Tatsache, dass es sich hierbei um eine Bruttosteuer handelt, bedeutet zudem, dass die internationalen Künstler – im Gegensatz zu den deutschen – ihre erheblichen Tourneeausgaben nicht abziehen können. In Anbetracht einer Gewinnmöglichkeit von lediglich 15 bis 20 Prozent für den Künstler und den Veranstalter kann dies fatale Konsequenzen haben.

Dieser Umstand veranlasste die Manager bedeutender Künstler, Überlegungen anzustellen, ob und wie die deutsche Ausländer-Einkommenssteuer vermieden werden könnte. Nicht ohne hervorragende Steuerberater heranzuziehen und sich von guten Anwälten beraten zu lassen, akzeptierte Marcel Avram schließlich einen Weg, die Abzugspflicht der Einkommenssteuer zu vermeiden. Dieser Weg bestand darin, sich um Freistellungsbescheide zu bemühen, welche die Finanzbehörden unter bestimmten Voraussetzungen erteilen konnten. Marcel Avram sah dies als einen Dienst an seinen Künstlern an.

Was die Sachlage zusätzlich verkomplizierte und für Verwirrung sorgte, war das Faktum, dass die verschiedenen Finanzämter, beispielsweise in Hamburg und in München, die Erteilung der Freistellungsbescheide unterschiedlich behandelten, das heißt, einige Finanzämter stellten ohne weiteres frei, andere aber nur zögerlich oder überhaupt nicht. Es herrschte somit eine gewisse Rechtsunsicherheit.

Die gutgemeinten Ratschläge der Anwälte und Steuerberater hatten also Ausnahmegenehmigungen zur Folge, die letzten Endes vom deutschen Finanzamt nicht anerkannt wurden. So wurde Marcel Avram verhaftet und zur Rechenschaft gezogen.

Besonders unfair war seine achtmonatige Untersuchungshaft im Münchner Gefängnis Stadelheim. Obwohl Marcel von vornherein alle Fakten offen dargelegt hatte und somit keine Verdunklungsgefahr bestand, wurde er wegen angeblicher Fluchtgefahr in Stadelheim festgehalten. Schon da Marcel Avram ein weltweit agierender Konzertproduzent war und eine Flucht nicht nur den Verlust aller Künstler bedeutet hätte, die ihm ihr Vertrauen geschenkt hatten, sondern auch all seinen Arbeitsmöglichkeiten ein Ende gesetzt hätte, war diese Untersuchungshaft wegen angeblicher Fluchtgefahr völlig unbegründet und meines Erachtens ein riesiger Irrtum der bayrischen Justiz. Hier ist zu bemerken, dass die damaligen Gesetze, die sogar von Bundesland zu Bundesland unterschiedlich ausgelegt wurden, aufgrund der Anpassung der Gesetze innerhalb der europäischen Gemeinschaft schon wenige Jahre später nicht mehr galten. Vermutlich wäre Marcel Avram heute, nach dieser Gesetzgebungsreform, nicht mehr bestraft worden.

Während der Untersuchungshaft musste sich Marcel Avram einer Magenoperation unterziehen und lag im Krankenhaus, wo wir ihn besuchen konnten. Vor dem Krankenzimmer saß 24 Stunden am Tag ein Polizeibeamter, aber das Scheußlichste war, dass man Marcel mit einer Eisenfußfessel an das Bett gekettet hatte. Er wurde wie ein Schwerverbrecher behandelt, und es ist nur verständlich, dass er sein vom Bundespräsidenten verliehenes Bundesverdienstkreuz daraufhin zurückgegeben hat.

Ich habe Marcel regelmäßig in Stadelheim besucht und erinnere mich mit Grausen an die stundenlange Wartezeit im Vorraum und an das laute Klicken der großen Gefängnistür nach meinem Eintritt ins Gefängnisinnere. Ein besonderes Ereignis war der gemeinsame Besuch mit dem Manager von Eros Ramazzotti. Eine neue Welttournee von Eros Ramazzotti stand an, und der italienische Sänger hielt seinem Veranstalter Marcel Avram die Treue. Diese Tournee wurde von den Mitarbeitern von Mama Concerts & Rau vorbereitet, aber die entscheidende Verhandlung musste mit Marcel Avram selbst geführt werden. Im Besuchszimmer des Gefängnisses Stadelheim saßen sich Häftlinge und Besucher an einem langen Tisch gegenüber – an einer Seite sechs Häftlinge und an der anderen Seite in der Regel sechs Besucher, also pro Häftling eine Person. Damit der Manager und ich beide zugegen sein konnten, hatten wir die Sondererlaubnis erhalten, einen zweiten Besucher mitzubringen. Am Kopfende thronte überhöht ein Justizbeamter, der alle Gespräche beobachtete. An jenem Besuchstag nun hörten die Mithäftlinge, ihre Besucher und der Justizbeamte mit offenen Mündern zu, wie wir über die kommende Welttournee von Eros Ramazzotti sprachen und die wichtigsten Einzelheiten von Marcel Avram absegnen ließen.

Ich bewundere Marcel Avram für die Haltung, mit der er diese Gefängniszeit überstanden hat. Er machte sich nach seiner Einlieferung sofort nützlich, wirkte etwa bei der Essensausgabe mit und betreute die Bibliothek, für die Mama Concerts & Rau Bücher zur Verfügung stellten. Ich glaube, nur so kann man es vermeiden, im Gefängnis verrückt zu werden.

Es ist nicht jeder ein Lump, der im Gefängnis sitzt, und nicht jeder ein Ehrenmann, der eine Villa im schönen bayrischen Alpenvorland besitzt oder als Urbayer in der Schweiz lebt. Marcel Avram hat viel Solidarität von Künstlern erfahren, die ihn im Gefängnis besuchten, darunter Joe Cocker, Peter Maffay und auch der »King of Pop«. Für Michael Jackson muss es ein besonders erschreckendes Erlebnis gewesen sein, ins Gefängnis Stadelheim gefahren zu werden. Außerdem kamen auch die Weltstars Siegfried und Roy sowie der Manager des Weltstars Barbra Streisand, Marty Ehrlichman, nach Stadelheim, um Marcel Avram einen Besuch abzustatten.

Das Urteil

Am 22. Dezember 1997 kam es dann zu den Gerichtsverhandlungen, mit dem Ergebnis, dass Marcel Avram zu 42 Monaten Gefängnis verurteilt wurde.

Anscheinend hatte die bayrische Justiz schließlich erkannt, dass sie einige Schritte zu weit gegangen war, und so wurde Marcel Avram ein Freigängerstatus eingeräumt, der es ihm erlaubte, tagsüber das Gefängnis in Landsberg zu verlassen und sich im nahe gelegenen Büro eines örtlichen Veranstalters aufzuhalten. Auch ich habe hierdurch Landsberg näher kennen gelernt – außerhalb des Gefängnisgebäudes.

Nach der Verurteilung von Marcel Avram war in den Medien allenthalben vom dräuenden Untergang unserer Firma Mama Concerts & Rau zu lesen. Die angesehene *Süddeutsche Zeitung* titelte einen Artikel: »Papa, Mama und die verlorenen Söhne«, mit der Unterzeile: »Die Konzertveranstalter Fritz Rau und Marcel Avram – beide sind krank, einer muß hinter Gitter, die Zukunft wird hart«. Da dieser Artikel nicht nur tendenziös, sondern auch inhaltlich zum Teil schlicht falsch war, gab mir die Redaktionsspitze der *Süddeutschen* auch in diesem Fall fairerweise die Gelegenheit zu einem richtig stellenden Interview. Dieses Interview beleuchtet unsere Situation im Jahr 1998 und sei daher in Auszügen angeführt:

> *Ihr Partner Marcel Avram muss demnächst seine Haftstrafe wegen Steuerhinterziehung antreten. Sie selbst sind nun 68 Jahre alt und haben eine Herzoperation hinter sich. Wie geht es Ihnen, und wie geht es organisatorisch mit Mama Concerts & Rau weiter?*
>
> Marcel Avram wurde Anfang April 1997 bei Nacht und Nebel verhaftet. Das hat uns selbstverständlich in Schwierigkeiten gebracht, wie jedes Unternehmen, dem plötzlich die Führungspersönlichkeit fehlt. Wir als Team haben durch erfolgreiche Tourneen mit Künstlern wie Toni Braxton, Udo Jürgens, Joe Cocker, Michael Jackson und anderen die Situation meistern können.

Seit Dezember ist Marcel Avram vorübergehend in Freiheit. Er konnte an seiner Genesung arbeiten und hat das Münchner Büro unter Bildung einer hochmotivierten und kreativen neuen Geschäftsführung reorganisiert, die sein Vertrauen genießt und auch während seiner Abwesenheit funktionieren wird. Allerdings wird jeder Tag seines Fernseins unsere Situation erschweren.

Mir persönlich geht es gesundheitlich wieder gut. Ich habe durch Diätdisziplin und Verzicht auf Bier 16 Kilo abgenommen und meinen Blutzucker im Griff. Unser Bad Homburger Büro hat daher einen tatkräftigen und erfolgreichen Chef.

Irgendwann wird es auch im Veranstaltergeschäft einen Generationswechsel geben. Welchen Rat geben Sie einem jungen Kollegen, der in Ihre Fußstapfen treten will?

Wer von »Generationswechsel« spricht und dabei Machtwechsel meint, hat unsere Konzertgeschäfte nicht begriffen. Wir Veranstalter sind keine Hochleistungssportler, die auf einem Höhepunkt ihrer körperlichen Leistungsfähigkeit abtreten sollten. Wir sind eher mit Fußballtrainern zu vergleichen, die bis ins Alter erfolgreich arbeiten können, wie zum Beispiel ein über sechzigjähriger Zagallo, der Brasilien zur Weltmeisterschaft führen kann, wenn Berti Vogts dies nicht verhindert.

In unserem Metier spielt nach wie vor die Erfahrung eine große Rolle, die Bonität und jahrelange Bewährung – organisatorisch und finanziell – und vor allem ein Stab hervorragender Mitarbeiter, die man herangebildet hat. Unsere Veranstalterlandschaft ist reich an neuen und bewährten Unternehmen, an jungen und älteren.

Es gibt auch Veranstalter, die gehen in Konkurs und hinterlassen Schuldenberge. Marcel Avram organisiert seit über dreißig Jahren Konzerte und ist immer seiner finanziellen Verpflichtung nachgekommen, auch alle Forderungen und Nachforderungen des Finanzamts hat er bezahlt.

Wir Konzertunternehmer schaffen die wirtschaftliche Voraussetzung für Ereignisse, die Kulturgeschichte sind – ohne Subventionen der öffentlichen Hand, ohne Verschwendung von Steuergeldern. Aber wir zahlen Millionen und Abermillionen Steuern und andere öffentliche Abgaben auf dem Rücken unseres Publikums, das alles durch den Kauf einer Eintrittskarte finanziert.

Jungen Kollegen möchte ich den Rat meines Mentors Norman Granz, des legendären Impresarios von Ella Fitzgerald, Duke Ellington, Marlene Dietrich und vielen anderen Künstlern, weitergeben:

»Ein guter Veranstalter wird eine Stunde früher mit der Arbeit beginnen und eine Stunde länger malochen als seine Mitbewerber. Er muss 24 Stunden seine Künstler und deren Tourneen im Kopf haben, kaum Urlaub machen und sein Privatleben vernachlässigen.«

Und dies hat bei Marcel Avram und Fritz Rau in der Tat jahrzehntelang bestens funktioniert und tut es auch heute noch. Sie brauchen unser Ende nicht herbeizuschreiben, irgendwann sterben wir von ganz alleine. Bitte, haben Sie etwas Geduld.

Soweit das Interview in der *Süddeutschen Zeitung*.

Inzwischen arbeitet Marcel Avram wieder als weltweit respektierter Konzertveranstalter. Allerdings hat seine Firma Entertainment One ihren Sitz inzwischen in der Schweiz. Wir haben Mama Concerts & Rau liquidiert und sind ohne Schulden aus der Affäre hervorgegangen. Trotzdem ist zu bedauern, dass durch die Aktion der bayrischen Justiz eine deutsche Veranstalterfirma mit Weltgeltung letztlich zerschlagen wurde.

Ich habe mich inzwischen aus dem aktiven Konzertgeschehen zurückgezogen und wünsche Marcel Avram für seine weitere Veranstaltertätigkeit das Beste. Ausgesprochen gefreut habe ich mich 2005 über seine Beteiligung an den Europatourneen großer Künstler wie Rod Stewart und U2. Nach wie vor betreut er auch die

Tourneen von Udo Jürgens. Eine besondere Leistung ist seine Produktion eines ganz hervorragenden türkischen Spektakels, *Night Of The Sultans*, in das er viel Arbeit und Geld investiert hat und für das er einen weltweiten Erfolg anstrebt.

6. Kapitel

Rock aus Deutschland: Udo Lindenberg

Während es uns in den fünfziger und sechziger Jahren hauptsächlich darum ging, bedeutende ausländische Künstler, vor allem aus den USA, nach Deutschland und ganz Europa zu bringen und ein multikulturelles Kulturangebot zu präsentieren, wandten wir uns seit Beginn der siebziger Jahre vermehrt deutschen Künstlern und Produktionen aus den Bereichen Rock und Pop sowie der Songpoesie der Liedermacher zu. Hierbei konnten wir unsere Erfahrungen aus der Zusammenarbeit mit den internationalen Größen und deren Produzenten nun für unsere deutschen Künstler einsetzen, was sowohl die künstlerischen Momente wie auch die technischen Aspekte einer Realisierung großer Produktionen betraf.

Vom Jazzschlagzeuger zum Deutschrocker

Udo Lindenberg lernte ich 1970 anlässlich eines Konzerts in der Heidelberger Stadthalle kennen. Im Auftrag des Kulturamts der Stadt präsentierte ich damals ein interessantes Programm unter dem Titel *Jazz Meets Rock*. Zu jener Zeit bestand noch ein tiefer Graben zwischen Jazzpuristen und Rockmusikern. Aus der englischen Rockszene engagierten wir die hochinteressante Band Colosseum für das Heidelberger Konzert. Sänger und Schlagzeuger von Co-

Bei der Verleihung des »Goldenen Concert-Tickets« an Udo Lindenberg in Frankfurt, Dezember 1981. (Privatarchiv Fritz Rau / Claudia Abram)

losseum war Jon Hiseman, der später auch beim United Jazz & Rock Ensemble mitwirkte. Als Attraktion aus Deutschland hatten wir zudem Klaus Doldingers Passport eingeladen, und der damalige Schlagzeuger von Passport war kein anderer als Udo Lindenberg.

Klaus Doldinger ist ein großartiger Jazzmusiker und ein Mann mit offenen Ohren, der mit Passport eine der wichtigsten deutschen Jazzrockgruppen gründete. Und Lindenberg war ein wirklich hervorragender Jazzdrummer; ich bin bis heute absolut überzeugt von seinen Fähigkeiten am Schlagzeug. Auch Horst Lippmann, der das Heidelberger Konzert ansagte, war ganz meiner Meinung und genauso begeistert wie ich – und das will was heißen, schließlich war Lippmann selbst Schlagzeuger und ein hochgeschätzter Jazzexperte.

Die nächste Begegnung mit Udo Lindenberg hatte ich etwa vier Jahre später bei seiner Hamburger Plattenfirma Teldec, mit der ich für die Les Humphries Singers von 1973 bis 1976 sehr erfolgreich zusammenarbeitete. Udo Lindenberg teilte mir mit, dass er eine deutschsprachige Rockplatte gemacht habe. Er drückte mir sogar eine LP in die Hand, mit der Bitte, sie mir genau anzuhören und meine Meinung dazu zu sagen. Ich steckte diese LP ein und nahm sie mit nach Hause, hatte aber nicht wirklich die Absicht, mich näher mit Udo Lindenberg und seiner deutschen Musik zu befassen. Zu Beginn der siebziger Jahre teilte auch ich das verbreitete Vorurteil, dass die deutsche Sprache für den Rock'n'Roll einfach ungeeignet sei. Es hatte schon einige deutschsprachige Versuche gegeben, wie zum Beispiel die der Nürnberger Band Ihre Kinder, die mich aber nicht besonders überzeugten.

Eines Abends überraschte mich mein damals sechzehnjähriger Sohn, indem er auf Udo Lindenberg zu sprechen kam und seine LP lobte, die er auf einem Seitenplatz meines Schreibtisches gefunden hatte. Ich wollte ihm klar machen, dass deutsche Texte in der Rockmusik nichts zu suchen hätten. Aber er schaute mich mit den Augen seiner Mutter an und verlangte, dass ich mir zumindest ein Lied anhören sollte. Da konnte ich natürlich nicht widerstehen. Ich las auf dem originell aufgemachten Cover Titel, die mir reichlich unsinnig erschienen, wie das namengebende *Alles klar auf der Andrea Doria*, doch dann spielte mir mein Sohn diesen ersten Song auf der Platte vor: »Bei Onkel Pö spielt 'ne Rentnerband seit zwanzig Jahren Dixieland…« Mit ein paar kurzen, prägnanten Worten lieferte das Lied eine hervorragend zutreffende Beschreibung des damaligen Trad-Booms in der Hamburger Jazzszene, mit der ich als Anhänger des Frankfurter Modern Jazz nicht allzu viel anfangen konnte. Aber die Musik des Panik-Orchesters faszinierte mich sogleich und half mir, mein Vorurteil gegenüber deutschsprachigen Rocktexten zu überwinden. Udo Lindenberg ist es gelungen, die deutsche Sprache für den Rock zu erschließen, und die gesellschaftliche Wirkung seiner Texte reicht an die der besten englischsprachigen Songs heran.

Der Beginn unserer Zusammenarbeit

Udo Lindenberg war inzwischen bei einem tüchtigen Hamburger Kollegen unter Vertrag, Hans Werner Funke. Er hatte die Bedeutung der lindenbergschen Panik-Musik schon viel früher erkannt als ich und war für den frühen Udo Lindenberg ein wichtiger Veranstalter und Ratgeber. Leider kam es bei einer späteren Tournee zu einem Zerwürfnis zwischen den beiden, sodass ein neuer Tourneeveranstalter gesucht wurde. Viele tüchtige Kollegen haben um Udo Lindenberg geworben, aber ich hatte das Glück, seine Zustimmung zu finden. Das geschah, nachdem es mir gelungen war, ihn in unser Haus nach Oberursel einzuladen, und dort war meine Frau Hildegard eine hervorragende Gastgeberin. Ich hatte die Besprechung geistig sehr intensiv vorbereitet und hielt ihm nun einen langen Vortrag darüber, wie ich mir die nächste Lindenberg-Tournee vorstellte. Aber was Udo in Wahrheit überzeugt hat, war wahrscheinlich, dass ihm meine Frau den besten Käsekuchen der Welt servierte – mit Sauerkirschen darauf. Zuvor hatten auch schon Jimi Hendrix und andere Künstler, die uns privat besuchten, ihre Bewirtungskünste genießen dürfen. Udo Lindenberg und meine Frau wurden gute Freunde und blieben es bis zu Hildegards Tod.

Der Beginn meiner Zusammenarbeit mit Udo Lindenberg und dem Panik-Orchester fällt in das Jahr 1977, als er bei unseren Open-Air-Konzerten auf dem Nürnberger Zeppelinfeld und im Karlsruher Fußballstadion mitwirkte. Hierbei kam es allerdings zu einem Zusammenstoß zwischen Udo und mir, der unsere Kooperation beinahe gleich wieder beendet hätte. Es wurde nämlich vergessen, wie vereinbart, in den Konzertpausen Udos neue LP zu spielen. Udo ist ein Präzisionsfanatiker des Marketings und hat mir dies sehr verübelt. Die erfolgreiche Präsentation des Panik-Orchesters bei den beiden Open Airs sowie auch die gute persönliche und technische Betreuung der Musiker scheinen ihn aber wieder versöhnlich gestimmt zu haben. Damit begann eine jahrzehntelange Zusammenarbeit und eine bis heute anhaltende persönliche Freundschaft.

Unsere erste Deutschlandtournee fand 1978 unter dem Titel *Panische Nächte* statt. Damals kamen aus der Hamburger Szene bemerkenswerte Rocksängerinnen, allen voran Jutta Weinhold, Inge Thomsen und Ulla Meinecke. Auf der Tournee stellten wir diese drei »Rockladies« vor und gaben ihnen so die Möglichkeit zu einem Konzertdebüt vor großem Publikum. Eine schöne Bereicherung des Konzertprogramms waren die »Pustefixbläser«, wie sie Udo Lindenberg nannte, das heißt der Bläsersound von Peter Herbolzheimer.

Besonders bemerkenswert fand ich Udos etwa siebzehnjährigen Schlagzeuger, der sich den Namen Bertram Engel gab. Er spielt noch heute beim Panik-Orchester, aber auch in der Peter Maffay Band eine herausragende Rolle. Für seinen Schlagzeugerkollegen Horst Lippmann war Bertram Engel der talentierteste Drummer in ganz Deutschland.

Die Tournee *Panische Nächte* wurde ein großer Erfolg. Mit ihr konnte Udo Lindenberg nicht nur seine Marktposition festigen, sondern sie verhalf ihm auch zu einer größeren Anerkennung als Künstler. Ein in dieser Hinsicht noch bedeutenderer Schritt sollte allerdings unser nächstes Projekt sein, die ehrgeizige *Dröhnland Symphonie* von 1979, die Rockgeschichte geschrieben hat.

Die »Dröhnland Symphonie«

Udo hatte schon immer den Traum gehabt, eine Rockrevue zu verwirklichen, in der die Figuren seiner Fantasie reale Gestalt annehmen sollten. Er hat die skurrilsten Typen erfunden, wie etwa den Zwerg Felix, die Sängerin Elli Pyrelli, den Geiger Rudi Ratlos, den Mafiaboss Johnny Controlletti und viele andere. Dann machte er sich auf den Weg, und es gelang ihm tatsächlich, für all diese Fantasiegestalten wirklich existierende Personen zu finden, die ihnen genau entsprachen. Bei Johnny Controlletti war das übrigens ganz einfach, denn das war sein jeweiliger Tourneeveranstalter, in diesem Fall also ich.

In Hamburg kam es zur Begegnung zwischen Udo Lindenberg und dem bedeutenden Theaterregisseur Peter Zadek, der für seine spektakulären und umstrittenen Inszenierungen bekannt war. Die beiden beschlossen, gemeinsam eine Rockrevue zu gestalten – das Konzept zur *Dröhnland Symphonie* war geboren. Ich flog nach Hamburg, um die Proben für dieses Unternehmen zu starten, die kostengünstig in der Turnhalle einer Hamburger Bundeswehrkaserne stattfanden. Mein Rückflug war für den gleichen Abend geplant, da ich nur den Probenstart überwachen wollte. Ich flog zwar wirklich abends nach Frankfurt zurück, aber erst vier Wochen später, nach Beendigung der Tournee.

Die Arbeit mit Peter Zadek war zwar faszinierend, aber der Zusammenprall zwischen der Disziplin der Theaterregie und der spontanen, anarchischen Arbeitsweise des Panik-Orchesters war gewaltig, und es war nicht immer leicht, zwischen den beiden Welten zu vermitteln. Oft war es meine Aufgabe, den Kontakt zwischen Udo Lindenberg und Peter Zadek aufrechtzuerhalten, da es Zeiten gab, in denen beide nur über mich miteinander kommunizierten. Peter Zadek brachte aus dem Theaterbereich den Wiener Pantomimen Samy Molcho mit, der eine ausgezeichnete Choreographenarbeit ablieferte, außerdem einen Theater-Lichtdesigner aus Paris, der allerdings weder von Rockmusik noch von Lightshows und den spezifischen Beleuchtungsanforderungen im Rock eine Ahnung hatte. Das Lighting-Design bei Pop- und Rockkonzerten entwickelte sich später zu einer eigenständigen Kunstform.

Für das Gelingen der Tournee sehr wichtig war die hervorragende Arbeit von Lauti Lautenfeld, dem ich mich sehr zum Dank verpflichtet fühle. Lauti war bis 1989 der technische Leiter aller unserer Produktionen, insbesondere auch der Open Airs, wo wir nach amerikanischem Vorbild eine technische Open-Air-Kultur mit riesigen Bühnen und entsprechenden Anforderungen entwickelten. Auf diesem Gebiet war Lauti Lautenfeld der deutsche Pionier, dem Nachfolger wie Bernie Haefner und der Lichtdesigner Günther Jäckle viel zu verdanken haben. Inzwischen besitzt er eine eigene Produktionsfirma und ist, neben anderen Tätigkeiten, heute noch der technische Direktor aller Udo-Jürgens-Tourneen und der Produktionen von Udo Lindenberg. Dank Lauti Lautenfeld und seinen Mitarbeitern, vor allem dem Tourneeleiter Hermjo Klein, gelang es uns, die aufwendige Produktion der *Dröhnland Symphonie* zu realisieren. Auch mir wurde dabei ein totaler Einsatz abverlangt.

Entscheidend für den großen Erfolg waren aber die Energie und der Einfallsreichtum von Udo Lindenberg sowie die bei allen Schwierigkeiten loyale Arbeit von Peter Zadek. Zadek hat Udo viel vom Theaterhandwerk beigebracht, und unser Künstler war ein gelehriger Schüler. Aufgrund seiner oft extravaganten Inszenierungen hatte Zadek damals einen gewissen Ruf als ein teurer Regisseur, und die hohen öffentlichen Subventionen für die Spitzenarbeiten des deutschen Theaters ermöglichten ihm meist ein kostenintensives Arbeiten. Doch zeigte er Verständnis dafür, dass wir natürlich keine Subventionen bekamen und die gesamte Produktion aus dem Kartenverkauf finanzieren mussten, und verhielt sich uns gegenüber äußerst kostenloyal. Dafür sind wir ihm dankbar.

Auch Udo Lindenberg kam mir bei dieser schwierigen und teuren Produktion mit vielen Darstellern und Gästen wie Eric Burdon in ungewöhnlicher Weise entgegen. Im Normalfall trägt der Veranstalter das alleinige Risiko und garantiert dem Künstler ein bestimmtes Mindesthonorar. Im Fall der *Dröhnland Symphonie* jedoch bot mir Udo Lindenberg nicht nur die Teilung des Gewinns, sondern auch die eines eventuellen Verlusts an. Er verzichtete also auf jedes Garantiehonorar und erklärte sich sogar bereit, gegebenenfalls für die Hälfte des entstehenden Defizits geradezustehen. Nur ein solches partnerschaftliches Verständnis zwischen Künstler und Veranstalter macht es möglich, Produktionen wie die *Dröhnland Symphonie* zu verwirklichen.

Bei den Tourneevorbereitungen war Udos Mutter Hermine, der seine ganze Liebe gehörte, bereits schwer an Krebs erkrankt, und er hatte sie in sein Haus nach Hamburg geholt, um dort für ihre

Pflege zu sorgen. Die Krankheit seiner Mutter belastete ihn sehr, und als die Proben begannen, verlor er plötzlich seine Stimme und musste ärztlich behandelt werden. Aber bald gelang es ihm, zu seiner gewohnten Energie zurückzufinden und über seine schlimmen psychischen Schwierigkeiten hinwegzukommen.

Die *Dröhnland Symphonie* wurde ein großer Erfolg. Wir konnten die größten Hallen füllen, etwa die Westfalenhalle in Dortmund, die Frankfurter Festhalle und die Münchner Olympiahalle. Das Entscheidende aber war, dass sich durch diese Verbindung von Rockkonzert und Theater plötzlich auch die Feuilletons renommierter Zeitungen wie der *Frankfurter Allgemeinen* oder der *Süddeutschen Zeitung* für die Rockmusik öffneten. Dass diese hochgeistigen Journalisten nun allmählich anfingen, sich ernsthaft mit der bisher geschmähten Rockmusik auseinander zu setzen, ist maßgeblich das Verdienst von Udo Lindenberg und Peter Zadek gewesen.

Auf der Bühne mit Eric Burdon und Gianna Nannini

In den folgenden Jahren produzierten wir weitere Rockrevuen, wie zum Beispiel die Odyssee. Diesmal war allerdings Udo Lindenberg der alleinige Regisseur. Im Rahmen unserer Odyssee wurde Gianna Nannini mit ihrer Band als Gast vorgestellt und dadurch auf dem deutschen Konzertmarkt bekannt gemacht. Die Rockröhre aus Italien wirkte bei dieser Revue auch als Darstellerin mit und hinterließ beim Publikum einen so nachhaltigen Eindruck, dass ihre Karriere nun auch in Deutschland kräftig an Fahrt gewann und sie fortan ganz allein erfolgreiche Deutschlandtourneen machen konnte. Ein weiterer Gast bei einer späteren Rockrevue war Helen Schneider, eine großartige Sängerin aus den USA. Unter dem Einfluss von Udo Lindenberg gelangen auch ihr mehrere Schallplattenerfolge, an die sich eigene Tourneen anschlossen. Ein großer Hit war etwa ihr Song *Rock'n'Roll Gypsy*.

Udo Lindenberg hatte den Mut, in seinen Revuen hervorragende Sängerinnen und Sänger zu präsentieren, deren stimmliche Fähigkeiten den seinen im Grunde wesentlich überlegen waren. Als Eric Burdon, in den sechziger Jahren Frontmann der Animals und eine der besten Stimmen der Rockgeschichte, bei der Dröhnland Symphonie mitwirkte, gab es so manchen voreiligen Journalisten, der davon schrieb, dass der Sänger von *House Of The Rising Sun* Udo bestimmt in Grund und Boden singen würde. Im Rahmen der *Dröhnland Symphonie* wurde das Rocksymbol Burdon mit drei seiner stärksten Lieder präsentiert, und er kam beim Publikum sehr gut an.

Bei unserem Konzert im holländischen Utrecht war der Saal ausverkauft, weil viele Holländer speziell Eric Burdons wegen gekommen waren. Der Künstler war grandios und erntete einen Riesenapplaus. Udo befand sich nun in einer misslichen Situation – wie sollte er nach dem Auftritt von Burdon auf die Bühne gehen und an dessen Glanzleistung anschließen? Da hatte er eine geniale Idee. Er tat exakt das Gegenteil des Powersängers Burdon und ging allein, nur begleitet von unserem Pianisten Jean Jacques Kravetz auf die Bühne – das heißt, er torkelte mehr, als dass er ging, ohne aber betrunken gewesen zu sein. Dann sang er meine Lieblingsballade *Bis ans Ende der Welt*, die er zusammen mit Ulla Meinecke geschrieben hat. Seine Phrasierung war so vollendet, dass die Holländer in einen Beifallssturm ausbrachen, der den vorausgegangenen Applaus für Eric Burdon noch weit übertraf.

Ulla Meinecke

Ulla Meinecke war von Frankfurt nach Hamburg gezogen, wo sie sich dem Kreis um Udo Lindenberg anschloss. Zunächst war sie seine Sekretärin, doch erkannte Udo sehr bald Ullas Talent als Songpoetin und schrieb einige bemerkenswerte Lieder mit ihr. Ihr Bühnendebüt hatte sie mit den Hamburger »Rockladies« im Rahmen meiner ersten Lindenberg-Tournee *Panische Nächte*. Das war für sie nicht ganz leicht, denn sie hatte noch kaum Erfahrung, aber sie biss sich durch und schaffte es. Ich weiß noch, wie ich sie einmal reichlich deprimiert im Halbdunkeln hinter der Bühne sitzen sah und im Vorbeigehen im besten Badisch zu ihr sagte: »Gell Mädle, Zukunft tut weh.« Sie hat dies als Aufmunterung und Hoffnungsschimmer empfunden, und so war es von mir auch beabsichtigt. Später sagte sie einmal: »Wie gut das gemeint war, begriff ich erst Jahre später.«

Udo Lindenberg produzierte bei Teldec mehrere LPs von Ulla Meinecke. Obwohl sie recht gut waren, hatten sie allerdings nur einen bescheidenen Erfolg. Dann zog Ulla nach Berlin und traf die Verlegerin und Managerin Vivi Eickelberg, die ein Glücksfall für sie war – und nicht nur für sie; auch andere Künstler haben von der Zusammenarbeit mit Vivi Eickelberg sehr profitiert, darunter Hermann van Veen, den sie in Deutschland betreute, und Klaus Hoffmann, ein hochsensibler Songpoet, den ich sehr mag. Ulla Meinecke wechselte nun die Schallplattenfirma und brachte eine LP mit einem Titel heraus, den ich als unmöglich empfand: *Wenn schon nicht für immer, dann doch wenigstens für ewig*. Doch das Lied *Die Tänzerin*, das Ulla zusammen mit dem hochbegabten Edo Zanki geschrieben hatte, wurde zum Hit. Die Platte wurde Ulla Meineckes Durchbruch und verkaufte sich mehr als eine halbe Million Mal. Ulla stellte nun eine ausgezeichnete Band zusammen, und ich durfte ihre ersten Tourneen produzieren. Sie ist heute eine anerkannte Songpoetin mit vielen Auftritten und besonders bemerkenswerten CD-Veröffentlichungen. Wir werden uns bis ans Ende meiner Tage freundschaftlich verbunden sein. Sie war bei der Hochzeit meiner Tochter Saskia in Frankfurt und ist eine gute Freundin geworden, gehört also sozusagen zur Familie.

2005 hat Ulla Meinecke ein wirklich gutes und sehr schön aufgemachtes Buch mit dem Titel *Im Augenblick* herausgebracht. Mit ihrer Erlaubnis möchte ich aus diesem Buch zitieren:

> Fritz Rau, ein stabiler Mann mit einem quasi ambulanten Bekleidungsstil. Bärtig tauchte er in ausgebeulten Wohnhosen auf, meistens einen Pullover überm Hemd, der auch schon mal

ein, zwei Löcher haben konnte. Dabei wirkte er keinesfalls onkelig, eher wie der Anführer eines fremden Stammes. – Eines nicht unbedingt immer friedlichen Stammes. Große Konzerte und Tourneen zu veranstalten ist eine gewaltige logistische Aufgabe, und irgendwas geht immer schief. – Anders als beispielsweise bei der Deutschen Telekom muß aber pünktlich geliefert werden. Deshalb stehen besonders die Verantwortlichen unter richtigem Druck. Er brüllte manchmal derart, daß die Wände wackelten und erwachsene Männer bleich wurden. Es war nicht das niedermachende Gebrüll eines Egozentrikers, eines Machtmenschen mit Killerinstinkt, es war das Gebrüll eines Propheten, der an der Seite der Musiker der großen Macht und Göttin, die die Musik ist, huldigen wollte und sich dabei behindert fühlte. Trotzdem war es schwer zu ertragen. Er fühlte sich den Musikern, aber auch dem Publikum gegenüber verpflichtet. Die Leute zahlten für die Karten, und er wollte das Beste liefern. Er liebte das, was er tat. Er verehrte die Künstler, für die er arbeitete, voller Hingabe und Begeisterung, und er schützte sie. Und die Künstler verehrten und respektierten ihn. Viele liebten ihn. Mit ihm zusammenzusein tat einfach gut. Es machte großen Spaß, ihm zuzuhören. Er konnte wunderbar erzählen in seinem badensischen Dialekt, und er konnte extrem komisch sein. Er hatte eine sanfte, melancholische Seite, sehnsüchtig und voller Wärme. Es gibt ein Foto von ihm und Harry Belafonte, auf dem Fritz erschöpft, wie ein großes Kind, seinen Kopf an Belafontes Schulter gelegt hat, der ihn fest im Arm hält und lächelt. The lion sleeps tonight. Dieser Löwe schlief selten.

Es kam vor, daß Fritz nach langen Nächten früh eine Stunde unter der Dusche verbrachte, um dann ohne jeden Schlaf in den neuen langen Arbeitstag zu marschieren. Ihm entging nichts, ein extrem harter Arbeiter und Diener der Sache. Quasi immer in heiliger Mission. Einmal stand er auf einer Bühnenseite, schaute und hörte begeistert und gerührt Joan

Baez zu. Schön isches! Bis ihn jemand auf einen Fotografen aufmerksam machte, der das Schlagzeugpodest erklommen hatte und fröhlich vor sich hin knipste. Mit gesenktem roten Kopf stob Fritz wie ein Büffel auf den Mann zu und brüllte: »Sie komme in de Himmel und ich ins Gefängnis, weil ich bring Sie jetzt um.«

Das Konzert im Palast der Republik

Von Anfang an schrieb Udo Lindenberg immer wieder Lieder, die sich mit den deutschen Brüdern und Schwestern in der DDR befassten, darunter *Rock'n'Roll-Arena in Jena* und das wunderbare Lied vom »Mädchen aus Ostberlin«, *Wir wollen doch einfach nur zusammen sein*: »Und ihr träumt von einem Rockfestival auf dem Alexanderplatz mit den Rolling Stones und 'ner Band aus Moskau…« Einige Jahre später folgte 1983 der geniale *Sonderzug nach Pankow*. Udo wurde mehr und mehr zu einem Idol der nicht linientreuen Jugendlichen der DDR, die Schwierigkeiten bekamen, wenn sie öffentlich Lindenberg-Songs hörten. Mit einer gewissen Naivität, aber auch mit der Kraft eines Propheten glaubte er, dass es eines Tages zu einer Wiedervereinigung der Deutschen und zum Fall der Mauer kommen würde. Er war weitaus mehr davon überzeugt als die vielen Sonntagsredner in den politischen Parteien, die zwar von der Wiedervereinigung sprachen, aber nicht damit rechneten, dass sie tatsächlich kommen könnte. Sein Hoffen auf die Wiedervereinigung machte Udo Lindenberg zum Bewunderer von Willy Brandt und dessen auf Versöhnung bedachter Ostpolitik.

Es war Udos sehnlichster Wunsch, eine Tournee durch die DDR machen zu können, und ich habe alles drangesetzt, ihm diesen Traum zu erfüllen, aber leider ohne Erfolg. Peter Maffay und Udo Jürgens gastierten in der DDR, auch Nana Mouskouri, Santana und in den späten Achtzigern sogar Bob Dylan und Bruce Springsteen. Doch hat es schließlich immerhin ein Konzert von Udo Lindenberg in der DDR vor dem Mauerfall gegeben.

Ich hatte vom Künstlerdienst der DDR eine Einladung an Harry Belafonte erhalten, bei einem Friedenskonzert im Palast der Republik mitzuwirken. Belafonte sagte zu, aber im Einverständnis mit ihm stellte ich den Ostberliner Verhandlungspartnern die Bedingungen, dass Belafonte nur käme, wenn auch Lindenberg zu diesem Friedenskonzert eingeladen werde und wir anschließend mit ihm auf DDR-Tournee gehen könnten. Ich erhielt eine Zusage, die mir sogar schriftlich bestätigt wurde, und so fuhr ich am 25. Oktober 1983 mit Harry Belafonte und Udo Lindenberg nebst Panik-Orchester nach Ostberlin.

Die Kunde von Udos Auftritt hatte sich im ganzen Osten herumgesprochen und Zehntausende in die Hauptstadt gelockt, die ihr Idol sehen und hören wollten. Unter großem Einsatz der Volksarmee wurde der Palast der Republik total abgeriegelt, sodass sich kein ungeladener ostdeutscher Lindenberg-Fan dem Gebäude nähern konnte. Udo und das Panik-Orchester wurden bewacht wie eine heiße Ware. Den Nachmittag verbrachte Udo mit dem späteren Staatsratsvorsitzenden Egon Krenz. Auch ich durfte mit dabei sein und erlebte verwundert eine richtige Friedenskonferenz auf höchster Ebene. Hierbei ging es vor allem um die Abschaffung der Atomraketen, nicht nur auf dem Boden der Bundesrepublik, sondern auch auf dem Boden der DDR.

Schließlich gelang es Udo doch noch, aus dem Palast der Republik zu entwischen und an die Absperrung vorzudringen. Dort wurde er von seinen Fans so gefeiert, dass befürchtet wurde, es könne zu einem Sturm auf den Palast der Republik kommen. Doch verlief alles friedlich und ohne Zwischenfälle, da die Volksarmee eine sehr starke Präsenz zeigte.

Die Auftritte von Harry Belafonte und Udo Lindenberg im Palast der Republik waren grandios – allerdings hielt sich das weitgehend in blaue FDJ-Hemden gekleidete Publikum beim Beifall für Udo ganz linientreu etwas zurück. Am Schluss gab es Blumen und Umarmungen und eine herrliche Verbrüderung aller Beteiligten, aber Udo nahm nicht daran teil, sondern setzte sich nach hinten auf das Schlagzeugpodest und wurde sehr ernst. Ich habe ihn beobachtet und empfand, dass er in diesem Moment der einsamste Schlagzeuger der Welt war.

Mit Udo Lindenberg, 2003. (Privatarchiv Fritz Rau)

Mit Harry Belafonte, neunziger Jahre. (Privatarchiv Fritz Rau)

Es war ein großer Irrtum unserer westdeutschen Friedensbewegung, zu der sich auch Udo und ich hingezogen fühlten, zu glauben, dass das Wort »Frieden« in den kommunistisch regierten Ländern die gleiche Bedeutung hatte wie in den westlichen. Wir im Westen dachten bei »Frieden« an die friedliche Koexistenz von Ost und West. Die kommunistische Doktrin jedoch verstand darunter – hierin der Pax Romana, dem »römischen Frieden« zu Lebzeiten Christi, vergleichbar – eine Befriedung der Welt auf der Basis einer kommunistischen Weltherrschaft.

Die Vorfälle und Unruhen vor und während des Auftritts von Udo im Palast der Republik hatten Folgen. Die Regierung der DDR befürchtete, dass weitere Lindenberg-Auftritte bei einer DDR-Tournee revolutionsartige Reaktionen des jungen Publikums auslösen könnten. So wurde unser Gastspielvertrag – und damit Udos Herzenswunsch – nicht erfüllt. Die DDR-Tournee haben wir dann erst nach dem Fall der Mauer, im Frühjahr 1990, nachgeholt. Mit dieser Tournee war nun Udo Lindenberg endlich am Ziel seiner Wünsche angelangt. Er hatte die Wiedervereinigung herbeigesungen.

Dreißig Jahre Panik

Nach der Fusion von Lippmann+Rau mit Mama Concerts 1989 und meinem dadurch bedingten vorübergehenden Umzug nach München wurde es ruhiger zwischen Udo und mir. In diesen Jahren bekam Udo zunehmend Schwierigkeiten mit seinem Alkoholkonsum. Veranstalterisch wurde er nun – und wird es bis heute – von Hermjo Klein betreut, der zuvor über zwanzig Jahre lang an meiner Seite gearbeitet hatte und schon in dieser Zeit vor allem auch für Lindenberg tätig gewesen war. In dieser schwierigen Periode seiner Alkoholprobleme hat Hermjo Klein immer zu Udo gehalten und ist mit ihm durch dick und dünn gegangen.

Mittlerweile hat er seine Sucht überwunden und ist seit über vier Jahren trocken. In den letzten Jahren erlebte er ein erfreuliches Comeback, vor allem mit seiner Produktion *Atlantic Affairs* von 2002, und an seiner Jubiläums-Deutschlandtournee *30 Jahre Panik (Aufmarsch der Giganten)* beteiligten sich im Jahr 2004 Gäste wie Peter Maffay, Eric Burdon und andere. Mit diesem Programm konnte Udo wieder in die großen deutschen Hallen wie die Dortmunder Westfalenhalle zurückkehren.

Udo sprach in den letzten Jahren immer wieder von einer Tournee in China. Wie so vieles andere zuvor hielten wir seine Pläne für »udopistisch«. Aber das Wunder geschah. Mit der Unterstützung von VW reisten er und das Panik-Orchester 2003 nach China, wo er mit hochrangigen chinesischen Rockkünstlern als Gästen eine erfolgreiche Produktion der *Atlantic Affairs* auf die Beine stellte.

Die Zukunft Udo Lindenbergs hat erst begonnen. Wir können noch eine ganze Menge von ihm erwarten. Ich freue mich, ihm als Berater nahe zu sein und ihn so oft wie möglich bei Konzerten oder in seinem Hamburger Domizil, dem Hotel Atlantik, besuchen zu können.

Gegenseitige Würdigungen

Udo Lindenberg hat 2004 unter dem Titel *Panikpräsident* eine hochinteressante Autobiographie veröffentlicht, in der er mir die Ehre einer Würdigung unserer Zusammenarbeit gab:

> Manche sehen mich als Paten der Panik-Familie. Dann aber war Fritz Rau der Oberpate für mich. Mein absoluter Übervater in schwierigen und glorreichen Zeiten.
>
> Er verkaufte nicht nur Eintrittskarten, sondern war tief im panischen Geist verwurzelt. Er war unentbehrlicher Ratgeber, ob bei Textgestaltung, musikalischer Umsetzung, Bühnenshow oder als Unterfütterer des kritischen Bewusstseins.
>
> Er, der weit gereiste Indianer, und ich, das ewige Greenhorn, waren über Jahre untrennbar wie Winnetou und Old Shatterhand. Wenn etwas gelungen war, konnte er am Bühnenrand stehen und weinen wie ein Kind.

Ohne ihn hätte es die ganz großen Shows nicht gegeben. Denn für die musste er seinen Überziehungsrahmen bei den Banken voll ausschöpfen. Er riskierte Millionen. Sicher in der Hoffnung, dass sie sich vermehrten wie die Karnickel. Aber eigentlich wusste der Überfuchs, dass mit unseren Shows das große Geld nicht angeschwommen kam. Denn sie waren sehr, sehr teuer.

Meinen unbescheidenen Wohlstand habe ich denn auch weniger mit harter Bühnenakrobatik verdient als mit einigen vergoldeten Scheiben.

2004 erhielt Udo Lindenberg auf der Frankfurter Musikmesse den Musikpreis der Stadt Frankfurt. Der Preis wurde am 30. März durch Oberbürgermeisterin Petra Roth im Kaisersaal des Römers übergeben. Ich bin selbst Mitglied der Jury, die diesen Preis alljährlich vergibt, und bedanke mich bei meinen hochgeschätzten Kollegen, dass ihre Wahl auf Udo Lindenberg fiel. Bei der Preisverleihung im Kaisersaal wurde mir die Ehre zuteil, die Laudatio sprechen zu dürfen. Udo hat sie als Vorwort in sein neustes Buch *Das Lindenwerk* aufgenommen, und auch ich möchte mir zum Abschluss meines Lindenberg-Kapitels erlauben, diese Rede, die mir sehr am Herzen liegt, wörtlich wiederzugeben:

Meine Damen und Herren, lieber Udo!

Heute ist ein schöner Tag, über den ich mich besonders freue, da du den Musikpreis der Stadt Frankfurt erhältst, anlässlich der Frankfurter Musikmesse, die für uns alle von großer Bedeutung ist. Mein erster Gedanke gilt Gronau, Udo Lindenbergs Geburtsstadt. Und die Heimat von Gustav und Hermine, seinen Eltern, die von uns gegangen sind. Wenn es einen Gott gibt, werden Gustav und Hermine heute unter uns sein. In Gronau hast du begonnen Schlagzeug zu spielen und wurdest zu dem kleinsten und jüngsten Drummer, den die Stadt und die Umgebung je erlebt haben. Jazz und Swing waren deine erste Liebe.

Aber dein Weg führte aus dem Geburtsort hinaus in die Stadt, die Anfang der siebziger Jahre am besten geeignet war, deine Ambitionen und Träume zu erfüllen: Hamburg. Du hast dort zwei Musiker getroffen, die äußerst wichtig waren für deine weitere Entwicklung: Peter Herbolzheimer, dessen Pustefixbläser später deine Konzerte schöner gemacht haben, und Klaus Doldinger, der dich als Schlagzeuger in das beste deutsche Jazzrock-Ensemble verpflichtete: Passport. Es ist kein Zufall, dass beide Musiker in den vergangenen Jahren gleichfalls mit dem Musikpreis der Stadt Frankfurt ausgezeichnet wurden.

Du hast dich in Hamburg vor allem bei Passport zu einem hervorragenden Jazzmusiker entwickelt. Jazz ist die hohe Schule, die Universität der Unterhaltungskultur, aber Herbolzheimer und Doldinger haben dir als Jazzer den Weg gewiesen aus dem engen Bereich des Jazz hinaus in das weite Gebiet populärer Musik. Allerdings in der Absicht, das Bestmögliche für viele zu bieten.

Die entscheidenden Wendepunkte deiner Laufbahn waren dein Weg vom Schlagzeug zum Mikrophon, vom Drummer zum Sänger ganz besonderer Art. Noch bedeutender war dein Entschluss, Rocksongs in deutscher Sprache zu texten. Bis dahin galt für die Rockmusik Englisch als Weltsprache. Deutsch wurde für *not singable* erklärt und deine ersten deutschen Texte stießen auf viel Skepsis, auch bei mir. Du hast die deutsche Sprache für die Rockmusik erschlossen. Bei deinen Texten hast du in bester lutherischer Art dem Volk aufs Maul geschaut und eine Sprache der Straße und Kneipen gefunden, mit einfachen Gedanken und Bildern, die aber eine große Wirkung erzielten. Es gab zutreffende Zustandsbeschreibungen und vor allem Menschenhilfe für schwierige Situationen des Alltags, und du hast dich der Minderheiten angenommen, die diskriminiert und vom Spießertum bedroht waren. Randale wurde zum Programm, als Ausdruck von Lebensfreude und kritischer

Haltung den Obrigkeiten gegenüber, jedoch gewaltfrei und basisdemokratisch. Deine Texte haben eine antizipatorische Funktion. Du sagst in aller Gelassenheit voraus, was später geschehen wird. Schon ab 1973 hast du immer wieder Texte geschrieben, die sich mit der Spaltung Deutschlands in Ost und West auseinander setzten und eine Wiedervereinigung als das notwendigste und natürlichste Ereignis forderten. [...] Deine kritische Haltung den Machthabern der DDR gegenüber machte dich einerseits zum Idol der dortigen Jugend und führte andererseits dazu, dass du keine Tournee in der DDR durchführen durftest, abgesehen von einem Auftritt in Ostberlin unter Ausschluss der Öffentlichkeit, deiner Fans. Wenn nicht schon in der DDR, gingst du nach Moskau, wo es umjubelte Panikkonzerte in der Perestroika eines Gorbatschow gab.

Ein besonderes Anliegen war dir die Bedrohung der Menschen in Europa durch die Vorbereitung eines Atombombenkrieges. Es gab Konzerte mit deinen Kollegen gegen Atomraketen in Ost und West und nach Tschernobyl für einen Ausstieg aus der Atomenergie. Du wurdest zu einem der wichtigsten Protagonisten der Friedensbewegung der achtziger Jahre mit Konzerten, Künstler für den Frieden, an der Seite von Harry Belafonte, Joan Baez und vielen deutschen Künstlern. Das Lied *Wozu sind Kriege da?* wurde zur Hymne der Friedensbewegung und ist heute angesichts der Situation in Irak oder Israel aktueller denn je. [...] In jüngerer Zeit hast du deine Kollegen aufgerufen zu Veranstaltungen, *Rock gegen Rechts*, um dem unerträglichen Terror der Neonazis und unverbesserlicher Altnazis zu begegnen.

Aber es gab auch dunkle Seiten in deinem Leben mit Krisen, die der Verzweiflung nahe waren. Du hast diese überwunden, denn am kühnsten ist, wer sich selbst bezwang. Da waren Freunde an deiner Seite wichtig, und hier möchte ich vor allem deinen Frankfurter Tourneeveranstalter Hermjo Klein hervorheben. Die Trockenheit wurde für dich zu einem blühenden Garten deiner Kreativität und führte zu den Erfolgen der Jetztzeit.

Mit der Revue *Atlantic Affairs*, die immer wieder aufgeführt wird, hast du die unsterblichen Lieder deutscher Emigranten, besser gesagt Flüchtlinge, die ihre Heimat in den dreißiger Jahren verlassen mussten, um ihr Leben zu retten, auf deutsche Konzertbühnen zurückgeholt. Und während überlegt wurde, ob weitere Veranstaltungen in Bielefeld oder Bitterfeld stattfinden sollen, hast du den unglaublichen Plan entwickelt, die *Atlantic Affairs* mit deinen Musikern und chinesischen Künstlern in China aufzuführen, und so geschah es vor einigen Wochen mit äußerst erfolgreichen Veranstaltungen in Peking und Shanghai.

Zur Zeit läuft deine neue Revue *30 Jahre Panik* mit liebenswerten Gästen, die deinen Weg begleiteten, und vor allem mit dem herrlichen Panik-Orchester, das ich für eine der besten Rockbands halte, die es überhaupt gibt. Du hast mit diesem Programm wieder die großen Hallen gefüllt, wie die Westfalenhalle in Dortmund mit über 9000 Besuchern und die Messehalle in Erfurt mit 8500 Besuchern, und wir können heute zu meiner Lieblingshalle, der Frankfurter Festhalle, sagen: Lindenberg ante portas. In diesen großen Hallen hast du schon vor Jahren deine Rockrevuen präsentiert, denke an die *Dröhnland Symphonie* mit Peter Zadek als Regisseur, und du hast damals neue Maßstäbe gesetzt.

Du stehst am Beginn deiner Zukunft als Rock-Chansonnier, durchaus in der Tradition deiner französischen Confrères, bei denen der Text, die Lyrik und die Poesie im Vordergrund ihrer Lieder stehen, bei dir aber parallel zu der Sensibilität, der Kraft und der Herrlichkeit der Panikmusik.

In Vorfreude auf deine Lieder, denn jedes Lied von dir ist wertvoller und bedeutender, als es die dürren Worte eines Laudators je sein können, beende ich diese Rede.

Lieber Udo, ich danke dir, ich gratuliere dir und ich liebe dich, na und!

7. Kapitel

Peter Maffay und die Produktion von *Tabaluga und Lilli*

Vom Schlager zum Rock

Ein besonders enges Verhältnis, beruflich und privat, entwickelte sich zwischen mir und Peter Maffay. Im Jahr 2005 konnten wir das fünfundzwanzigjährige Jubiläum unserer Zusammenarbeit feiern – sozusagen eine Art »silberne Hochzeit«. Im Herbst 2003 war ich sogar Trauzeuge bei seiner Hochzeit mit Tanja, die ich sehr schätze. Inzwischen kam Sohn Yaris auf die Welt, dem ich zu seiner Mama und auch seiner Omi herzlich gratuliere. Am meisten hat es mich gefreut, die enge Beziehung zwischen Peter und seinem Sohn zu erleben. Auch wenn der Künstler meist stark beansprucht ist, lieben sich die beiden doch sichtlich über alles. Und das erscheint mir im Blick auf die kommenden Jahre als außerordentlich wichtig.

Bereits 1978 besuchte mich Michael Conradt, der damalige Manager von Peter Maffay und ein sehr tüchtiger Mann, und machte mich auf seinen Künstler aufmerksam. Peter Maffay war damals bei Teldec unter Vertrag. Zu dieser Firma hatte ich besonders gute Beziehungen, da dort auch die Platten von Udo Lindenberg und den Les Humphries Singers erschienen, die 1973 bis 1976 von mir betreut wurden. Dort habe ich auch Dieter Viering, den ältesten und wichtigsten Weggefährten Peter Maffays, kennen gelernt.

Peter Maffay hatte schon Jahre zuvor (1969) mit *Du* einen Riesenhit gehabt, der auch über Deutschlands Grenzen hinaus erfolgreich war. Daran schlossen sich für ihn schwierige Jahre an, in denen sogenannte Erfolgsproduzenten ständig auf ihn einwirkten, neue Hits à la *Du* zu singen. Auch wenn es mit den Hits nun erst mal nicht mehr so gut klappte, gab Peter Maffay nie auf, tingelte mit einem Playbackband durch die Diskotheken und sang live dazu. Es war eine finanziell schwere Zeit für ihn, aber Dieter Viering war an seiner Seite, und die beiden haben oft im VW übernachtet, um Hotelkosten zu sparen.

Peter Maffay war im Alter von dreizehn Jahren mit seinen Eltern vom rumänischen Siebenbürgen nach Bayern gekommen. Ursprünglich wollte die Familie in die USA auswandern, aber sie blieb, Gott sei's gedankt, in Wasserburg am Inn hängen. Dort gründete Maffay mit seinen Freunden eine Rockband namens The Dukes, deren Leadsänger er war. Entdeckt wurde er im Song Parnass in München, wo er mit einer Partnerin Lieder von Bob Dylan und anderen progressiven Sängern vortrug. Seine künstlerische Laufbahn begann also mit einer imitatorischen Phase, an die sich ein großer Hit anschloss, der in der Schlagerwelt Furore machte, worauf wiederum ein jahrelanger Weg der Selbstfindung als Künstler folgte. Die Übernahme des Managements durch Michael Conradt leitete schließlich eine Phase seiner Karriere ein, in der er sich seinen künstlerischen und wirtschaftlichen Zielen mehr und mehr annähern konnte.

Ich stand damals sehr stark unter dem Einfluss von Udo Lindenberg, der mir immer wieder davon abriet, mit Peter Maffay zu arbeiten, indem er ihn in die Schlagerecke stellte. So überwog zunächst auch bei mir die Skepsis, mit der Folge, dass ich Michael Conradt bei seinem ersten Besuch 1978 unter Hinweis auf meine Arbeitsüberlastung einen Korb gab. Auch wenn diese Überlastung durchaus gegeben war, hätte sie niemals einen Grund abgeben dürfen, nicht mit Peter zu arbeiten.

Inzwischen sind Udo Lindenberg und Peter Maffay übrigens gute Freunde geworden und haben 2004 und 2005 beide bei den jeweiligen Tourneen des anderen mitgewirkt: Udo Lindenberg in der Rolle des Pechvogels in *Tabaluga und das verschenkte Glück* und Peter Maffay als Gast in der Lindenberg-Jubiläumstournee *30 Jahre Panik.*

Tourneevorbereitungen

Bald nachdem ich Michael Conradt abgewiesen hatte, lernte ich Peter Maffay während einer Lindenberg-Tournee persönlich kennen, als er die Musiker besuchen kam – einige der hervorragenden Musiker seiner Band gehörten nämlich gleichzeitig auch zu Lindenbergs Panik-Orchester. Ich muss zugeben, dass mich unsere kurze Begegnung backstage in der Berliner Deutschlandhalle beeindruckt hat. Er ging zunächst mit einem anderen deutschen Veranstalter auf Tournee, war aber nicht glücklich mit der Organisation des Ganzen. Ein Konzert musste wegen ungenügender technischer Vorbereitung sogar abgesagt werden.

Da hatte ich das unverdiente Glück, dass Michael Conradt mich 1979 noch einmal aufsuchte und mir die Rohaufnahmen einer gerade entstehenden Schallplatte mit dem Titel *Steppenwolf* vorspielte. Da wurde es sozusagen Sommer für mich. Ich war sofort einverstanden, Peter Maffay einen Besuch abzustatten. Bei unserem Treffen redete ich wie ein Buch und schilderte ausführlich, wie ich mir die nächste Maffay-Tournee vorstellte. Peter sprach nicht viel, hörte mir aber mit aufmerksamen Augen und Ohren zu und beeindruckte mich durch seine Wortkargheit. Am Ende unseres Treffens sagten wir beide Ja zueinander, und das war der Beginn einer anstrengenden, aber erfolgreichen Zusammenarbeit und einer wertvollen Freundschaft.

Wir begannen unsere Tournee zunächst in mittleren Hallen und beschlossen, fortan alle zwei Jahre auf Tournee zu gehen. Dies halte ich für eine wichtige Planung. Zwischen den Tourneen sollte eine genügend große Pause liegen, damit das Bedürfnis des Publikums nach einer Livebegegnung mit dem Künstler wieder neu erwachen und gesteigert werden kann. Die LP *Steppenwolf* war mit über anderthalb Millionen verkauften Exemplaren ein Riesenerfolg, und das Folgealbum *Revanche* (1981) war sogar noch erfolgreicher.

Ich habe mich bemüht, für die Tourneen mit Peter Maffay immer neue Formen zu finden und neue Wege zu gehen. Wie so oft war mir dabei Lauti Lautenfeld eine ganz große Hilfe, der bei unserer Arbeit mit den großen Weltstars alles gelernt hatte, was es auf internationaler Ebene von den besten Bühnentechnikern und -firmen zu lernen gab. Diese Erfahrungen und Entwicklungen machten wir uns nun für unsere Maffay-Tourneen zunutze.

Mit Peter Maffay bei der Ernennung zum »Ehrenhäuptling« der Karl-May-Festspiele in Bad Segeberg. Raus Häuptlingsname: »Der die Sterne zum Klingen bringt«; Mai 2001. (?Privatarchiv Fritz Rau)

Dank der wachsenden Zuschauerzahlen – Höhepunkt waren die fünf ausverkauften Konzerte auf der Bad Segeberger Freilichtbühne mit insgesamt sechzigtausend Besuchern – konnten wir uns erhebliche Produktionskosten erlauben, um dem Publikum ein optimales Konzerterlebnis zu bieten. Wir haben uns auch bemüht, die besten Techniker zu verpflichten. So formierte sich eine feste Maffay-Crew, die inzwischen auch von anderen Künstlern, wie etwa Herbert Grönemeyer, für deren Tourneen verpflichtet wird. Immer wieder kam es zudem zur Zusammenarbeit mit den Meistern aus Großbritannien und den USA, den Mutterländern des Rockbusiness. Hier ist besonders Patrick Woodroff zu erwähnen, der mit seinen Lightshows als der beste Lichtdesigner des Rock'n'Roll gilt und später bei den Rolling Stones, Tina Turner und anderen namhaften Rockstars für die Beleuchtung sorgte. Zunächst war er der Lichtdesigner der Peter-Maffay-Konzerte. Inzwischen hat er mit Günther Jäckle aus Heidelberg einen ebenbürtigen Nachfolger herangezogen. Auch Lauti Lautenfeld bildete mit Bernie Haefner einen Meisterschüler aus, der über zwanzig Jahre für Lippmann+Rau arbeitete und inzwischen technischer Leiter der Peter-Maffay-Tourneen geworden ist. Wie Günther Jäckle war er – als technischer Direktor – wesentlich am Erfolg der späteren *Tabaluga*-Tourneen beteiligt.

Auch bei der Werbung und Promotion für Peter Maffay gingen wir neue Wege – beziehungsweise übernahmen alles Bemerkenswerte, was wir in Großbritannien oder Amerika entdecken konnten. Als in den späteren achtziger Jahren auch die größten Hallen und Freilichtbühnen ausverkauft waren, ließen wir in den Tourneestädten kurz vor dem Konzert ein Plakat anschlagen, das als Werbung für die ausverkaufte Tournee eigentlich sinnlos war. Aber auf diesen Plakaten prangte ein deutlich lesbarer Schriftzug wie »Danke Hamburg«, und so erfuhr das Publikum in jeder Konzertstadt unsere Wertschätzung. Es ist wichtig, bei der Planung und Durchführung einer Tournee auch an die übernächste Tournee und überhaupt an die weitere Karriere des Künstlers zu denken. Das lag mir im Fall von Peter Maffay besonders am Herzen, und, wie man sieht, waren meine Bemühungen von dauerhaftem Erfolg gekrönt.

Der Peter-Maffay-Tag

Damals waren die Konzerte noch bestuhlt und die Karten mit Reihe eins anfangend durchnummeriert. Als nun die Kartennachfrage immer größer wurde, mussten wir uns Gedanken über eine gerechte Verteilung der Eintrittskarten machen, da die Vorverkaufsstellen vielfach die besten Plätze für gute Kunden reservierten und unsere treusten Fans oft zu kurz kamen. So erfanden wir den Peter-Maffay-Tag.

Der wichtigste Termin im Vorfeld einer Tournee ist der Start des Kartenvorverkaufs und damit der Beginn der Kampagne, Monate vor dem eigentlichen Tournee-Ereignis. Daher machten wir den Samstag, an dem der Vorverkauf gestartet wurde, zum Peter-Maffay-Tag. Um den Fans eine faire Chance auf die besten Eintrittskarten zu geben, gab es an diesem ersten Verkaufstag die Karten ausschließlich an einigen zentralen Vorverkaufsstellen. Für die Konzerte in der Festhalle Frankfurt war dies beispielsweise die Festhalle selbst. Wir gingen sogar so weit, dass wir für jede Sondervorverkaufsstelle einen Notar verpflichteten, der kontrollierte, ob die besten Karten auch an diejenigen Fans gingen, die sich zuerst angestellt hatten.

Dieser Peter-Maffay-Tag wurde über Jahre hinweg zu einem Riesenerfolg. Die ersten Fans kamen schon am Abend vorher, und während der ganzen Nacht wurden es immer mehr. Als die Kassen am nächsten Morgen um 8.00 Uhr geöffnet wurden, gab es bereits kilometerlange Schlangen, die wir während der Nacht mittels Barrieren geordnet hatten. Am frühen Morgen, noch vor 6.00 Uhr, gab es kostenlos heißen Kaffee und Kuchen. Peter Maffay und Dieter Viering ließen es sich nicht nehmen, in der Hamburger Sondervorverkaufsstelle am Messegelände (Planten und Blomen) die Fans persönlich zu bewirten. Ich machte dasselbe an der Festhalle Frankfurt, und gute Freunde von uns halfen in den anderen

Konzertstädten aus. Die Maffay-Fans brachten für diese Nacht Kassettenrekorder und sogar Instrumente mit, auf denen sie seine Lieder spielten.

Ich habe viele Briefe bekommen, in denen sich Fans bedankten und bestätigten, dass es für sie bei einer Maffay-Tournee zwei Höhepunkte gebe: das Konzert selbst und die Peter-Maffay-Nacht lange zuvor. In diesem Zusammenhang möchte ich auch auf die hervorragende Arbeit der Maffay-Fanclubs hinweisen, insbesondere der Fanclubzentrale und der Redakteure der Fanzeitung. Im Lauf der Jahre hat sich so eine sehr treue, generationsübergreifende Fangemeinde gebildet, in der Eltern auch ihre Kinder zu den Konzerten mitbringen. Sehr wichtig für diese positive Entwicklung ist aber die persönliche Einstellung von Peter Maffay selbst und seine immer wieder spürbare hohe Wertschätzung für seine Fans.

Musiker, Gäste, Konzerte

Peter Maffay legte stets Wert darauf, bei seinen Tourneen hervorragende Musiker als Gäste zu präsentieren. Allerdings geschah das nicht in Form eines Vorprogramms, was den Gastmusikern auch schlecht bekommen wäre, da die Konzertbesucher in erster Linie Peter Maffay erleben wollten. Daher gestaltete Maffay die erste Konzerthälfte allein und ließ seine Gäste erst in der zweiten Hälfte auf die Bühne kommen, während er sich auf die Gitarristenposition in der Begleitband zurückzog. Auf diese Art und Weise hat er viele interessante Musiker und Persönlichkeiten vorgestellt, wie zum Beispiel Clarence Clemons, den legendären Saxophonisten von Bruce Springsteen, den Woodstock-Helden Alvin Lee von Ten Years After, den Bluespionier John Mayall, aber auch neue begabte Künstler wie Amanda Marshall aus Kanada und vor allem hervorragende Eigenprojekte der Maffay Musiker, wie zum Beispiel New Legend von Carl Carlton, Bertram Engel und Pascal Kravetz.

Kein Künstler bereitet seine Tournee intensiver vor als Peter Maffay. So sind bei ihm etwa besonders lange Proben üblich, die sich manchmal über eine ganze Nacht erstrecken. Man spricht immer wieder von Hallen mit einer sogenannten »schlechten Akustik«. Doch gibt es keine absolut schlechte Akustik, sondern nur mittelmäßige »Akustiker« – also Leute, die für den Sound verantwortlich sind – und Künstler, die keine Geduld haben, durch längere Proben zu versuchen, die betreffende Halle in den Griff zu bekommen. Peter Maffays Soundchecks dagegen haben eine Länge von drei bis vier Stunden, was den beteiligten Musikern zugleich bereits eine Einstimmung auf das abendliche Konzert gibt. Daher sind seine Konzerte auch in schwierigen Hallen klanglich besonders gut. Diese sorgfältige Vorbereitung seiner Konzerte hat er mit Künstlern wie Bruce Springsteen und den Eagles gemeinsam.

Die durchschnittliche Länge der Maffay-Konzerte bewegt sich zwischen zweieinhalb und drei Stunden. So hinterlassen die Konzerte ein voll befriedigtes Publikum, das in bester Stimmung den Heimweg antritt. Der wichtigste und verführerischste Anreiz zum Besuch auch der nächsten Tournee ist die Erinnerung an ein gutes Konzert der Vortournee. Das ist sicher eines der Geheimnisse von Peter Maffays Dauererfolgen.

Tomaten und Kürbisse: Als Vorgruppe der Rolling Stones

Das Jahr 1982 ist für meine Zusammenarbeit mit Peter Maffay von besonderer Bedeutung. In diesem Jahr gingen die Rolling Stones wieder einmal auf Tournee. Veranstalter Bill Graham und Mick Jagger hatten sich in den Kopf gesetzt, dass Europa nunmehr reif für eine Open-Air-Tournee sei. Bisher hatten wir – mit Ausnahme des 1976er Abschluss-Open-Airs in Stuttgart – nur wiederholt die großen Konzerthallen bespielt, zum Beispiel die Frankfurter Festhalle dreimal hintereinander.

Trotzdem war mir wegen der großen Stadien vor der Open-Air-Tournee der Rolling Stones angst und bange, und auch Bill Graham und Mick Jagger machten sich ernste Gedanken, als wir die Europatournee bei einem mehrtägigen Meeting im Pariser Hotel George V gemeinsam vorbereiteten. Bill Graham machte uns auf das »Texas-Syndrom« aufmerksam: Wenn eine international bekannte Rockgruppe die großen Stadien in Texas bespielen wollte, dann verpflichtete man am besten die populärste texanische Rockband als Vorgruppe, um maximale Besucherzahlen zu garantieren. Also haben bei den Stones-Konzerten in Texas ZZ Top als Vorgruppe gespielt.

Mit Mick Jagger (rechts) und Peter Maffay während der Rolling-Stones-Tournee mit Maffays Band als Vorgruppe, Mai 1982. (Privatarchiv Fritz Rau)

Bei unserem Treffen in Paris fragten mich Bill Graham und Mick Jagger daher nach der populärsten Rockgruppe in Deutschland, und ich antwortete, ohne viel nachzudenken, das sei Peter Maffay mit seiner Band. Ich informierte Maffays Manager Michael Conradt über meinen Vorschlag, aber der äußerte Bedenken – wir sollten unserem Künstler eine solche Begegnung besser noch nicht zumuten. Doch noch bevor ich mich am nächsten Morgen zur Fortsetzung unserer Gespräche mit Jagger und Graham traf, rief mich Conradt zurück und teilte mir mit, dass Maffay begeistert und entschlossen sei, sich dem Stones-Publikum zu stellen. Also setzte ich mich in unserem Meeting für eine Mitwirkung der Peter Maffay Band bei den deutschen Rolling-Stones-Konzerten ein. Auch finanziell war die Sache für Peter Maffay sehr interessant, da er für jede verkaufte Eintrittskarte einen bestimmten Betrag erhielt. Wir verkauften bei dieser Tournee sehr viele Eintrittskarten, sodass sich die Aktion für ihn durchaus auszahlte.

Dieser wirtschaftliche Verhandlungserfolg hatte mich übermütig gemacht, und ich beging einen unheilvollen Fehler: Die Rolling Stones hatten ihrerseits als Tourneevorgruppe die J. Geils Band mit dem hervorragenden Rocksänger Peter Wolf (dem Ehemann der Schauspielerin Faye Dunaway) verpflichtet. Diese Band war für das direkte Vorprogramm der Stones ideal, da sie das Publikum anheizte und in eine Stimmung versetzte, die förmlich nach dem Auftritt der Rolling Stones schrie. Und da bestand ich gegenüber Bill Graham und Mick Jagger darauf, dass »my artist Peter Maffay« kein Opener sei, sondern als »local hero« zwischen der J. Geils Band und den Stones auftreten müsse. Dies hat später der J. Geils Band überhaupt nicht gepasst, und so streute Peter Wolf immer wieder gehässige Anspielungen in seine Ansagen ein, wie zum Beispiel: »Wollt ihr Schlager oder Rock'n'Roll?« Hätte Peter Maffay vor der J. Geils Band gespielt, wäre er vom Publikum in den ausverkauften Fußballstadien wahrscheinlich zunächst zwar auch eher reserviert aufgenommen worden, letztlich hätten sie vielleicht aber eine positive Überraschung erlebt. Doch nach dem intensiven Auftritt der J. Geils Band mit ihrem Hardrock vom Feinsten wollten die meisten Konzertgäste nur noch die Stones und keine andere Gruppe mehr hören – also auch keinen Peter Maffay.

In Hannover begann die Peter Maffay Band ihr Programm mit *Über sieben Brücken mußt du gehen*, und es setzte sogleich ein lautes Pfeifkonzert ein. Zeitgleich mit der Stones-Tournee fand 1982 die Fußballweltmeisterschaft in Spanien statt. Das Publikum hatte sich dort angewöhnt, weiße Taschentücher zu schwenken, wenn es mit dem Spiel nicht einverstanden war. Dieser Brauch stammt aus dem Stierkampf, wo das Taschentücherwedeln üblich war, wenn ein Torero nicht den Publikumserwartungen entsprach. Und so gab es in diesem Jahr bei den MaffayAuftritten im Stones-Vorprogramm mehr weiße Taschentücher zu sehen, als wir vertragen konnten. Allerdings wurden die Taschentücher im Verlauf seiner Auftritte und der Tournee überhaupt immer weniger und die Pfiffe und Buhrufe auch. Zuletzt kam es bei den zwei Konzerten im Münchner Olympiastadion sogar zu einer Zugabe, was uns allen sehr gut getan hat.

Fast jeder hatte erwartet, dass Peter Maffay bereits nach den ersten Konzerten aufgeben oder zumindest auf den Auftritt direkt vor den Stones verzichten würde, aber Maffay und seine großartige Band hielten durch bis zum letzten Konzert.

Der furchtbarste Moment für Peter Maffay und Band waren die Auftritte bei den zwei Kölner Konzerten im Müngersdorfer Fußballstadion. Da es für das zweite Konzert noch Karten gab, ließen wir die aufstrebende und gerade sehr populäre Kölner Band BAP den Abend eröffnen. Die Rechnung ging auf, und schließlich war auch beim zweiten Kölner Konzert das Stadion voll. Doch kam es in Köln zu besonders heftigen Reaktionen gegen Maffay, die zumeist von den BAP-Fans ausgingen. Wir wurden mit allerlei Obst und Gemüse beworfen, und darunter befanden sich sogar Kürbisse, von denen einer die Gitarre von Johnny Tame zertrümmerte. Der Kürbis hätte auch seinen Kopf treffen können. Das alles war natürlich keineswegs im Sinne von Wolfgang Niedecken und seinen Musikern. Inzwischen sind BAP und Peter Maffay Freunde geworden, und die Kölner Gruppe hat sogar zwei ihrer Langspielplatten in Peter Maffays Studio in Tutzing produziert.

Trotz der Schwierigkeiten besonders bei den Kölner Konzerten spielte die Peter Maffay Band besser denn je und wuchs von Open-Air zu Open-Air immer stärker zusammen. Auch ich hatte mich zu den Musikern auf die Bühne gesellt, um Tomaten und sonstige Wurfgeschosse abzufangen oder zumindest an den Bühnenrand zu fegen. Das brachte auch die Band und mich näher zusammen.

Am Ende des Kölner Auftritts ging ich ans Mikrofon und erlaubte mir, das Publikum anzubrüllen. Ich bedankte mich zunächst bei dem Teil der Besucher, der die Missfallensbekundungen während Maffays Auftritt nach und nach eingestellt hatte und stattdessen begonnen hatte zuzuhören. Denjenigen, die Gegenstände auf die Bühne geworfen und beleidigende Äußerungen gerufen hatten, sagte ich, dass ich ihnen wünsche, nie in ihrem Leben bei der Arbeit beworfen und beleidigt zu werden – denn ein Musiker, der spielt, ist eben ein Mensch bei der Arbeit, der sich voll auf sein Spiel konzentriert. Zu meiner Überraschung wurde ich dafür mit freundlichem Beifall bedacht.

Letztendlich war die gemeinsame Tournee sowohl für die Rolling Stones als auch für Peter Maffay ein Erfolg. Für die Stones hat sich das an Maffay gezahlte Honorar schon daher gelohnt, weil bei jedem Konzert einige Tausend Maffay-Fans erschienen, die ohne ihren Peter wohl nicht gekommen wären. Und für Peter Maffay – und uns alle – war die Tournee mit den Rolling Stones ein zwar schlimmes und hartes Erlebnis, das aber seiner weiteren Entwicklung sehr genutzt hat. Vier Monate später veranstalteten wir unsere normale Maffay-Tournee und verkauften 36 Prozent mehr Eintrittskarten als bei der vorausgegangenen Tournee. Dies zeigte, dass Maffay durch seine strapazenreichen Auftritte vor den Stones gerade bei den Rockfans ein neues Publikum gefunden hatte und als Rocksänger mit einer starken Band immer mehr Anerkennung fand.

Mick Jagger und Bill Graham, die die Auftritte von Peter Maffay beobachtet hatten, äußerten mir gegenüber ihren Respekt vor der Leistung aller beteiligten Künstler. Schon während der Verhandlungen in Paris hatte ich per Nachtkurier Maffay-Schallplatten in die französische Hauptstadt beordert, die sich Mick Jagger erst anhörte, bevor er eine endgültige Zusage gab. Er sagte damals: »It's a bit soft, but it's alright.« [Es ist ein bisschen sanft, aber schon okay so.]

Begegnungen

Peter Maffay schaut nie auf erreichte Erfolge zurück und versucht, sie zu wiederholen, sondern er hat den Blick stets nach vorne gerichtet und hält nach neuen künstlerischen Herausforderungen Ausschau. Als er 1982 mit seiner so erfolgreichen eigenen Tournee als Rocksänger etabliert war, brachte er 1983 eine Schallplatte heraus, die die gesamte Branche sprachlos machte: *Tabaluga* oder *Die Reise zur Vernunft*. Auf das Ereignis *Tabaluga* werde ich gleich noch ausführlich zu sprechen kommen.

Unsere Tournee *Tabaluga und Lilli* war ein so großer Erfolg, dass zwei Jahre später jeder eine Fortsetzung der Tournee erwartete. Aber Peter Maffay machte etwas ganz anderes. Er befasste sich mit Weltmusik, das heißt mit Begegnungen und Verschmelzungen der Musik aus den verschiedensten Ländern der Erde mit dem Rock'n'Roll. Zunächst unternahm er eine Weltreise, um diesen Musikkulturen in aller Ruhe persönlich zu begegnen. So begab er sich zum Beispiel nach Australien und besuchte die Aborigines-Band Yothu Yindi. Er lebte vierzehn Tage bei den Aborigines und wurde in deren Stamm aufgenommen. Dann flog er nach Louisiana in den Süden der USA und befasste sich dort mit der Cajunmusik von Sonny Landreth und dem New Orleans Blues von Keb' Mo'. Auch lernte er den inzwischen in Paris lebenden wunderbaren Sänger Lokua Kanza aus dem Kongo kennen, und in Berlin traf er die türkische Hip-Hop-Band Cartel, mit der er eine Reise in die Türkei unternahm. Aus seinem Heimatland Rumänien verpflichtete er George Angelescu, der ein hervorragendes Streicherensemble leitete, das original rumänische Musik spielte – unter anderem auch eine Doina, ein rumänisches Volkslied, das emotional dem Blues verwandt ist. In Israel schließlich lernte er die wunderbare jemenitische Sängerin Noa kennen und ließ sich von ihr ihre Heimat zeigen.

Durch das gemeinsame Musizieren in den Heimatländern dieser Künstler kam es zu interessanten musikalischen Begegnungen, und im Zusammentreffen der verschiedenen ethnischen Musikstile mit der Musik der Peter Maffay Band entstand etwas ganz Neues. Auf einer zweiten Reise mit seinen Musikern nahm Peter Maffay diese Fusionsmusik in den jeweiligen Ursprungsländern auf, wobei je ein Titel der ausländischen Musiker zusammen mit der Peter Maffay Band arrangiert und aufgenommen wurde. Das Endergebnis war eine hochinteressante CD, mit der Peter Maffay auch ein akademisch gebildetes und ethnologisch interessiertes Publikum ansprach. Allerdings waren viele seiner treuen Fans nahezu schockiert, da Maffay nicht deutsch sang, sondern in der jeweiligen Muttersprache seiner Gäste. Besonders gefällt mir sein Duett *Wapi Tu*, das er mit Lokua Kanza in einem kongolesischen Dialekt singt. Der Verkauf dieser CD lief natürlich langsamer an als bei den Rock-CDs, doch wurde Peter Maffay damit belohnt, dass sich abermals ein neues Publikum für ihn interessierte und sich andererseits die alten Fans mehr und mehr an die *Begegnungen*-CD gewöhnten.

Also unternahmen wir unter dem gleichen Titel eine Tournee mit den am CD-Projekt beteiligten Künstlern und der Peter Maffay Band. Dieser Konzertabend zeichnete sich durch seine bestechende Dramaturgie aus, was der Tournee stetig wachsende Besucherzahlen bescherte. Als besonderen Gast lud Maffay den Sänger der ehemaligen DDR-Gruppe Karat, Herbert Dreilich, ein, der *Über sieben Brücken mußt du gehen* geschrieben und mit seiner Band zuerst aufgenommen hat. Peter Maffay wurde nie müde zu betonen, dass er diesen Song, der zu seinen erfolgreichsten gehört, Herbert Dreilich und Karat verdankt. Die Konzerte der Begegnungen-Tournee wurden folgerichtig mit einem Duett der beiden Sänger abgeschlossen.

Auf der CD ist ein weiteres Duett zu hören, das wir bei der Tournee leider nicht live aufführen konnten: José Carreras und Peter Maffay mit dem Tabaluga-Song Ich wollte nie erwachsen sein. Hierbei singt Carreras den Text spanisch und Peter Maffay den deutschen Originaltext. Wer sich dieses Duett anhört, kann feststellen, dass Maffays Stimme durchaus auch neben einem Weltstar wie Carreras bestehen kann – ähnlich wie im Fall von Freddie

Mercury, der anlässlich der Olympiade in Barcelona gemeinsam mit der spanischen Sängerin Montserrat Caballé den Song Barcelona zum Besten gegeben hat.

Maffay über Rau

Die Begegnung und Zusammenarbeit mit Peter Maffay war für mein Leben ein Glücksfall. Ich habe sehr intensiv und hart für ihn gearbeitet und einen großartigen Künstler und loyalen Freund erlebt, dem auch ich persönlich sehr viel verdanke. Im März 2005 brachte die Zeitschrift Musikmarkt ein Sonderheft zu meinem fünfundsiebzigsten Geburtstag heraus, das mich sehr berührte und beeindruckte. Peter Maffay hat ein Interview zu diesem Heft beigetragen, das von dem Musikmarkt-Redakteur Martin Schrüfer aufgezeichnet wurde. Ich möchte mir erlauben, dieses Interview in meinem Buch zu zitieren, da es Auskunft über unser Verhältnis und über unsere gemeinsame Arbeit gibt.

> *Erinnern Sie sich an Ihre erste Begegnung mit Fritz Rau?*
> Ich weiß leider nicht mehr, wo diese Begegnung stattgefunden hat, aber wir haben uns getroffen, um über eine Tournee zu sprechen. Das muss Ende der siebziger Jahre gewesen sein.
>
> *Welchen Eindruck hatten Sie damals von Rau?*
> Ich wusste, dass Fritz einer der wichtigsten, wenn nicht der wichtigste Tourneeveranstalter war. Für mich war er der wichtigste. Man sprach von Fritz in sehr respektvollem Ton. Ich dachte mir damals, dass sich für uns, wenn wir zusammenkommen, neue Perspektiven eröffnen können.
>
> *Was ist Ihnen spontan an Fritz Rau aufgefallen?*
> Fritz ist absolut raumfüllend. Fritz hat eine spontane herzliche Seite, die einhergeht mit sehr viel Spontaneität und Druck. Er ist jemand, der erreicht, was er sich vornimmt. Der sehr differenziert und immens energetisch ist. Ich habe

Fritz auch lautstark erlebt. Wenn er sich durchsetzen wollte, dann hat man ihn total wahrgenommen. Nicht nur argumentativ. Auch physisch. Wenn Fritz gegen eine Wand lief, dann wackelte die. Aber das hat er immer im Dienste der Künstler, die er vertrat, getan. Es war ihm ein Anliegen, seine Künstler zu beschützen. Ihre Interessen standen immer über den eigenen. Das macht ihn so glaubhaft.

Fritz Rau wollte nie Menschen verletzen oder demoralisieren, wenn er laut wurde. Es war eher ein Zeichen für seine Selbstsicherheit und seine Kraft.

Welche Perspektiven hat Ihnen die Arbeit mit Fritz Rau eröffnet?
Fritz war ein innovativer Partner, der schnell auf verändernde Situationen reagiert hat und immer Alternativen parat hatte. Letztlich hat er sehr oft beigetragen, uns aus Pattsituationen freizuschwimmen und die Dinge in den Fluss zu bekommen. Es ist eine Begabung, die einhergeht mit Intuition. Das ist nicht nur rationell. Die Emotion kam nie zu kurz.

Gab es für Sie jemals Überlegungen, zu einem anderen Veranstalter zu wechseln?
Niemals. Wäre Fritz nicht gesundheitlich an einem Punkt angelangt, an dem die Vernunft gebietet, einen Gang runterzuschalten, dann würden wir noch genauso heftig zusammenarbeiten.

Wie viel Zeit haben Sie mit Fritz Rau verbracht?
Wir haben pro Tour rund fünfzig Konzerte gespielt, bei Tabaluga immer knapp hundert. Die Vorbereitungen eingerechnet kam viel Zeit zusammen, die wir gemeinsam gelebt haben. Fritz hat sich uns intensiv zur Verfügung gestellt. Wenn er sich committed hat, war er präsent. Physische Präsenz ist ein Zeichen von Loyalität. Auch privat haben wir viel Zeit verbracht. Eine Freundschaft, die nur auf beruflichen Dingen basiert, hält auf Dauer nicht.

Sie waren im Januar auf Clubtournee. Haben Sie Fritz Rau vermisst?
Natürlich! Wir waren etwas anderes gewöhnt. Jetzt auf der Clubtour war der Zeitplan sehr eng. Nichtsdestotrotz war er in Hamburg beim Konzert. Wir telefonieren fast regelmäßig und haben gemeinsame Freunde. Der Kontakt hat gehalten.

In der Musikbranche gibt es nicht wenige, die versichern, dass Fritz Rau eine Art Vaterfigur in Ihrem Leben ist. Ist das zu weit hergeholt?
Da bin ich nicht der einzige, in der Beziehung hat Fritz viele Söhne. Er ist auf alle Fälle ein Mentor für mich. Vater und Sohn ist vielleicht ein wenig zu pathetisch. Als Leuchtturm hat er aber sehr oft für mich fungiert.

Was haben Sie von Fritz Rau gelernt?
Sich zu organisieren. Das auf jeden Fall, denn das beherrscht Fritz immens. Ich habe auch gelernt, an einer Sache dranzubleiben, seine Stabilität ist für viele ein Beispiel. Nicht zuletzt auch für mich. Fritz ist ein sehr junger älterer Herr. Seine geistige Schnelligkeit ist nach wie vor beeindruckend. Einhergehend mit seiner Erfahrung ergibt das einen Mix, für den man sehr dankbar ist, wenn man ihn erleben darf.

Welche lustigen Anekdoten sind Ihnen in Erinnerung geblieben?
Viele. Fritzens Intensität in der Diskussion hat oft dazu geführt, dass er mit einem halben Ei auf dem Sakko herumgelaufen ist. Da haben wir ihn immer geneckt. Im Tiefsten seines Herzens ist Fritz ein Musiker. Er denkt wie ein Musiker. Insofern sind alle Musiker, die mit ihm zu tun hatten, gut weggekommen. Geschäftlich hat er jeden, der mit ihm arbeitete, auf gute Beine gestellt.

Was wünschen Sie ihm zum 75. Geburtstag?
Vor allem Gesundheit. Das ist das, was ihn in die Lage versetzt, dabeizubleiben. Er soll wissen, dass es Leute gibt, die,

auch wenn er manchmal weit weg ist, ihn in Gedanken bei sich am Tisch sitzen haben. Er wirkt immer noch in viele Bühnen hinein. Dazu muss er nicht vor Ort sein.

»Tabaluga und Lilli«

Der zweite Teil dieses Kapitels ist allein unserer Produktion von *Tabaluga und Lilli* gewidmet, die für mich persönlich sehr wichtig ist und einen Höhepunkt in meiner Karriere als Konzertveranstalter darstellt.

Nach dem Riesenerfolg von *Steppenwolf* und *Revanche* mit jeweils über anderthalb Millionen verkauften Exemplaren stand für Peter Maffay die nächste Schallplattenproduktion an. Jeder erwartete, dass Maffay die mit Steppenwolf und Revanche eingeschlagene Richtung mit vergleichbaren Liedern und entsprechenden Umsätzen weiterverfolgen würde. Aber da legte er eine Scheibe mit dem merkwürdigen Titel *Tabaluga* vor. Zusammen mit Freunden wie dem Berliner Texter Gregor Rottschalk und Rolf Zuckowski, der inzwischen vor allem als Verfasser und Sänger von Kinderliedern sehr bekannt geworden ist, erfand Peter Maffay die Geschichte vom kleinen, grünen Drachen, der als letzter Spross der Drachenfamilie das Feuer, die Wärme und die Liebe erhalten soll. Sein Gegenspieler ist ein riesiger Schneemann: Arktos, der Herr der Kälte und des Hasses. In Umkehrung der gemeinhin üblichen Rollenverteilung sind hier die Drachen – repräsentiert durch den kleinen Tabaluga und seinen Vater, den alten Tyrion – »die Guten«, während die Autoren den sonst so liebenswürdigen Schneemann als deren bösen Feind konzipiert haben.

Die erste *Tabaluga*-Schallplatte heißt *Tabaluga oder Die Reise zur Vernunft*. Hier zieht der kleine grüne Drache in die Welt hinaus, erlebt so manches Abenteuer und trifft wichtige Gestalten wie die weise Wasserschildkröte Nessaja. Besonders berührt mich bis zum heutigen Tag das Nessaja-Lied Ich wollte nie erwachsen sein.

Ich wollte nie erwachsen sein.
Hab immer mich zur Wehr gesetzt.
Von außen wurde ich hart wie Stein
und doch hat man mich oft verletzt.

Irgendwo tief in mir bin ich ein Kind geblieben.
Erst dann, wenn ich's nicht mehr spüren kann,
weiß ich, es ist für mich zu spät.

Unten auf dem Meeresgrund,
wo alles Leben ewig schweigt,
kann ich noch meine Träume sehn,
wie Luft, die aus der Tiefe steigt.

Irgendwo tief in mir bin ich ein Kind geblieben…
Ich gleite durch die Dunkelheit
und warte auf das Morgenlicht.
Dann spiel ich mit dem Sonnenstrahl,
der silbern sich im Wasser bricht.

Irgendwo tief in mir bin ich ein Kind geblieben…

Maffays Plattenfirma war über das *Tabaluga*-Projekt zunächst entsetzt. Man konnte sich beim besten Willen nicht vorstellen, dass eine solche Konzeption eine erfolgreiche Langspielplatte in den Dimensionen von *Steppenwolf* ermöglichen könnte. Doch hatte sich Peter Maffay nach seinen bisherigen großen Erfolgen das vertragliche Recht ausbedungen, die jeweils nächste Langspielplatte selbst bestimmen zu können. Erfreulicherweise war ausgerechnet der Finanzdirektor der Plattenfirma der Meinung, man solle diese LP veröffentlichen, um so die nächste Rockplatte zu ermöglichen. Die Produktionskosten für die *Tabaluga*-LP könnten dann zumindest wieder eingespielt werden.

Die Musikbranche war erstaunt, und es gab so manches Gelächter: Peter Maffay als Märchenonkel. Aber die Maffay-Fans nahmen sich von vornherein dieser Platte an und machten *Tabaluga* zu ihrer Sache. Es wurden über achthunderttausend Exemplare verkauft, und die deutsche Schallplattenbranche stand förmlich Kopf. 1986 erschien das nächste *Tabaluga*-Album *Tabaluga und das leuchtende Schweigen*, auf dem sehr ergreifend der Tod des Drachenvaters Tyrion geschildert wird. Auch von dieser Produktion gingen auf Anhieb über neunhunderttausend Exemplare über den Tisch.

Pläne für eine Bühnenproduktion

Schon bald nach der Erstveröffentlichung von *Tabaluga* im Jahr 1983 begann bei Peter Maffay und auch bei mir die Idee zu keimen, *Tabaluga* auf die Bühne zu bringen. Es kam auch immer wieder zu Verhandlungen über Liveaufführungen, etwa mit Bernhard Paul, dem Chef des Zirkus Roncalli, und mit André Heller, dem Meister aus Wien. Jeder war von *Tabaluga* begeistert und entwickelte Ideen für ein Livekonzept. Doch ergab sich keine fruchtbare Zusammenarbeit zwischen Peter Maffay und den Beteiligten; die Chemie stimmte irgendwie nicht, und so schliefen diese Gespräche immer wieder ein. Ich selbst war als der verantwortliche Veranstalter sehr stark daran interessiert, die nächste Tournee in Form von Rockkonzerten in Hallen und Open-Air durchzuführen. Was ist daran falsch, den Erfolg der letzten Rocktournee wiederholen oder gar steigern zu wollen? In den folgenden Jahren konnten wir dieses Ziel auch tatsächlich erreichen.

Da kam es auf Mallorca, Peters Lieblingsinsel und bevorzugtem Aufenthaltsort, zu einem denkwürdigen Treffen zwischen Maffay, dem Chef seiner Schallplattenfirma, Thomas Stein, und mir. Thomas Stein, mit dem Peter und ich über Jahre sehr gut zusammengearbeitet haben, war sein wichtigster Berater in Sachen Schallplattenveröffentlichungen, und ich selbst beriet Peter, was die Vorbereitung und Durchführung von Tourneen anging. Das Ergebnis der tagelangen Gespräche war der Plan, initiiert von Peter Maffay, im Herbst 1993 eine dritte *Tabaluga*-CD, *Tabaluga und Lilli*, herauszubringen und sie im Frühjahr 1994 auf den Konzertbühnen zu präsentieren.

Mit dem Drachen Tabaluga, 2003. (Privatarchiv Fritz Rau)

Tabaluga und Lilli handelt von der Beziehung zwischen Tabaluga und der Eisprinzessin Lilli, die Arktos geschaffen hat, damit sich Tabaluga an ihr verkühlen soll (nur ein vereister Drache ist ein guter Drache – für den bösen Arktos). Doch durch seine Liebe gelingt es Tabaluga, die Eisprinzessin zum Leben und zur Liebe zu erwecken, und damit ist der böse Arktos besiegt.

Tabaluga und Lilli sollte etwas Neues werden, ein Mixed-Media-Konzert, das spartenübergreifend Rockkonzert, Theater und getanzte Musicalelemente vereinigen sollte. Der wichtigste Mann hierfür war – nach Peter Maffay selbst – ein Theaterregisseur, und so machten wir uns auf die Suche nach einem geeigneten Kandidaten. Voraussetzung war, dass die Chemie zwischen ihm und Maffay stimmte und dass er ein echtes Interesse an der *Tabaluga*-Produktion mitbrachte. Ilja Richter, bekannt durch seine jahrelange Moderation der populären Fernsehsendung Disco und im Übrigen ein hervorragender Schauspieler, riet uns, mit dem Regisseur Andrasz Fricsay, dem Sohn des ungarischen Dirigenten Ferenc Fricsay, zu sprechen, und so fuhren Dieter Viering und ich nach Hamburg, wo Andrasz Fricsay lebte.

Unsere Begegnung begann mit einem heftigen Schreck. Wir stiegen die Treppe des Hauses hinauf, wo Fricsay leben sollte, und oben vor der Wohnung stand plötzlich ein Glatzkopf, der ganz wie ein bösartiger Rocker oder gar ein Neonazi aussah. Mein erster Impuls war, sofort umzudrehen und abzuhauen, denn mit dem da oben wollte ich lieber keine Schlägerei riskieren. Doch dann rief er uns mit einer wohltönenden Stimme zu: »Kommen Sie ruhig herauf, ich bin Andrasz Fricsay.«

Fricsay kannte bis dahin weder Peter Maffay noch *Tabaluga*. Das war eine gute Voraussetzung, denn so bestanden wenigstens keine Vorurteile. Wir leiteten unsere Besprechung mit einem Musikbeispiel ein, indem wir ihm das Nessaja-Lied *Ich wollte nie erwachsen sein* mit Maffays wunderbarem Gesang vorspielten. Da sah ich plötzlich Tränen in den Augen des Regisseurs und war selbst sehr bewegt. Wir spürten, dass dieser Gefühlsvulkan unser Mann sein könnte, und organisierten eine Begegnung mit Peter Maffay in Tutzing. Dieses Meeting verlief positiv. Wir konnten beobachten, wie bei beiden der gegenseitige Respekt wuchs und sich ein Vertrauen in die Fähigkeiten des anderen entwickelte. Außerdem akzeptierte Andrasz Fricsay die Märchenwelt des kleinen Drachen sofort und ohne Vorbehalte.

Trotz allem wollten Peter Maffay und ich nicht die Katze (beziehungsweise den Regisseur) im Sack kaufen, und so machten wir uns Hand in Hand auf den Weg zum Münchner Residenztheater, um uns Andrasz' Inszenierung des *Amphitryon* anzusehen und uns ein Bild von seinem Können als Theaterregisseur zu verschaffen. Seine imponierende Regieleistung überzeugte uns davon, dass wir ihm unser ganzes Vertrauen schenken konnten. Für mich war erstaunlich, dass ich mich im Verlauf der Vorstellung zunehmend erfrischt fühlte, obwohl ich abends sehr erschöpft angekommen war – und am Schluss war ich besser drauf als zuvor, genau wie bei unseren besten Konzerten.

Besonders beeindruckt war ich von der Leistung eines mir bis dahin unbekannten Schauspielers namens Rufus Beck in der Rolle des geprügelten Menschen Sosias, dem der Götterbote Merkur übel mitspielt. Peter war von diesem Schauspieler genauso begeistert wie ich, und so machten wir Andrasz Fricsay klar, dass wir diesen Rufus Beck für *Tabaluga und Lilli* gewinnen wollten. Dies geschah schließlich auch und erwies sich als Glücksgriff. Speziell für Rufus Beck wurde die Rolle des Magiers erfunden, der über das ganze Stück hinweg dem kleinen Tabaluga als Zauberer und Ratgeber zur Seite steht und dem Publikum gegenüber als Moderator des Bühnengeschehens auftritt.

Fricsay brachte mit Jürgen Nees auch einen ganz hervorragenden Dramaturgen in unser Team, der vor allem durch das Erstellen der täglichen Probenpläne für die wochenlangen Proben maßgeblich war.

Ein genreübergreifendes Wagnis aus Theater, Musical und Rock

Wie bereits erwähnt, sollte unser Projekt Elemente aus Theater, Musical und Rockkonzert vereinen. Das Theaterelement zeigte sich etwa darin, dass wir vier Maskenbildner und vier Garderobieren verpflichteten, die unsere spätere Tourneemannschaft verstärkten. Vor allem aber wurde es geprägt durch die 280 Kostüme, die wir von den renommierten Kostümschneidern des Ateliers Studio Marabout in München fertigen ließen. Entworfen wurden diese Kostüme von dem berühmten Kinderbuchautor Helme Heine. Durch seine Illustrationen hatte Heine der Tabalugafigur und den anderen Beteiligten bereits lange zuvor bei der ersten Plattenproduktion ein optisches Äußeres verliehen. Auch später spielte er eine große Rolle, als es darum ging, analog zum Drehbuch eines Films das Spielbuch zu entwickeln.

Andere Züge von *Tabaluga und Lilli* waren dem Musical entlehnt, und hierzu gehörte etwa, dass die passenden Tänzer gefunden werden mussten. Andrasz Fricsay hatte die Idee, diese Tänzer in New York, der Hauptstadt des Musicals, zu suchen, und schlug als Choreographen Danny Herman vor, der sich als ein weiterer Glücksgriff erwies. Danny Herman erhielt 1993 den Chicago-Preis als bester amerikanischer Musicalchoreograph – erfreulicherweise erst nach der Vertragsunterzeichnung mit uns und der Festlegung seines Honorars. Er bereitete nun ein Tänzer-Casting in New York vor, zu dem sich vierhundert Bewerber meldeten. Maffay und Fricsay flogen über den Atlantik und suchten zusammen mit Herman 24 geeignete Tänzer aus, die unter Vertrag genommen wurden. Mit den Tänzern und der Choreographie von Danny Herman konnten nun zu den Melodien von *Tabaluga* getanzte Bilder geschaffen werden.

Bei dem Casting in New York war auch meine jahrelange persönliche Assistentin Cathrin Wascher (heute Diez) eine große Hilfe. Sie war von Anfang an intensiv an Vorbereitung und Durchführung der Tournee beteiligt, und ich kann rückblickend nur betonen, dass ich die mit der Produktion von *Tabaluga und Lilli* verbundene gewaltige Arbeit ohne sie nicht geschafft hätte. Ich habe sie 1990 nach dem Mauerfall als Tourneeleiterin unserer Lindenberg-Tournee in der DDR kennen und schätzen gelernt. Erfreulicherweise nahm sie meine Einladung an, in unser Büro nach München zu kommen, und sie wurde im Verlauf einer sehr harten Ausbildungszeit zur überaus tüchtigen Kraft an meiner Seite.

Im eigentlichen Mittelpunkt der Produktion stand allerdings weder Theater noch Musical, sondern das Rockkonzert. *Tabaluga und Lilli* war ein Rockevent und ein waschechtes Konzert der Peter Maffay Band mit allen Solisten auf der Hauptbühne.

Wir hatten beschlossen, dass *Tabaluga und Lilli* nicht in den Theatern aufgeführt werden sollte, sondern in den großen Hallen, in denen auch die normalen Rockkonzerte von Peter Maffay stattfanden. Schließlich entschieden wir uns für die folgenden sechs Hallen: die Festhalle in Frankfurt, die Olympiahalle in München, die Dortmunder Westfalenhalle, die Kieler Ostseehalle, die Deutschlandhalle in Berlin und die Schleyerhalle in Stuttgart. Das Neue an dieser Tournee war, dass wir uns nicht auf eine einzige Bühne vorne beschränkten, sondern die ganze Halle miteinbezogen. Neben der Hauptbühne gab es auch eine Zentralbühne, die über einen langen Steg mit der Hauptbühne verbunden war, sowie vier Nebenbühnen. Auf Theaterkulissen wurde weitgehend verzichtet. Sie wurden ersetzt durch eine Rock-Lightshow mit Lampen, die über der ganzen Halle installiert waren. Der Sound kam von zentralen Lautsprechern an der Hallendecke, die den Klang völlig gleichmäßig nach allen Seiten ausstrahlten. Dies alles sorgte dafür, dass es keine schlechten Hörplätze mehr gab und dass das Geschehen für alle Besucher immer wieder in die Nähe kam. Wir hatten keine Guckkastenbühne mit guten Plätzen vorne und schlechten Plätzen hinten, sondern eine regelrechte Bühnenlandschaft im Innenraum der Halle, in der es nun überall nur noch gute Plätze gab.

Die meisten *Tabaluga*-Lieder sang Peter Maffay selbst, der musikalisch die Rolle des Tabaluga verkörperte. Daneben luden wir Gastsänger ein, wie zum Beispiel Stephan Remmler als Kratermann oder Nino de Angelo, der die Lieder des Tyrion sang, sowie Anita Davis als Tarantula. Die wunderbare Nadeen Holloway übernahm die Rolle der Bienenkönigin, Pascal Kravetz war der Baum des Lebens und die überraschend gute Alexis brillierte in der Rolle der Lilli, des Mädchens aus dem Eis.

Eine entscheidende Rolle für den Erfolg von *Tabaluga und Lilli* kommt fraglos unserem technischen Direktor Bernie Haefner zu. Mit viel Erfindungskunst und in unermüdlicher Arbeit setzte er die Einfälle der beteiligten Autoren in technische Bühnengeschehnisse um. Ihm zur Seite stand der Beleuchtungskünstler Günther Jäckle, der mit seiner Rock-Lightshow ein wahres Meisterwerk ablieferte, das Furore machte.

Ich möchte noch einmal ausdrücklich betonen, dass *Tabaluga und Lilli* kein Musical war. Im Musical sind die Musiker austauschbar und spielen zumeist unsichtbar hinter dem Vorhang. Unsere Musiker hingegen waren die original Maffay-Band mit Frank Diez, Andreas Becker, Jean-Jacques und Pascal Kravetz, Bobby Stern, Ken Taylor, Carl Carlton und Bertram Engel. Sie spielten auf der Hauptbühne und standen schon dadurch im Mittelpunkt.

Im Musical können auch die Sänger ausgetauscht werden, da die Bühnenauftritte wie in der Oper und im Theater im Vorhinein festgelegt sind. Bei *Tabaluga* jedoch wirkte Peter Maffay persönlich mit, und die Sänger waren hochbegabte Solisten, die selbst an der Ausgestaltung ihrer Rolle beteiligt waren.

Es ist schwer, für eine solche spartenübergreifende Produktion einen Begriff zu finden. Ich schlug das Wort »Concertical« vor, aber Maffay war dagegen, weil es ihm zu technisch klang. Auf alle Fälle war *Tabaluga und Lilli* eine fantastische Inszenierung, ein Rockmärchen über Drachen, Feuer, Eis und Liebe und ein Kulturprodukt »made in Germany«, zugleich aber auch eine multikulturelle Produktion mit Mitwirkenden aus vielen Ländern und Völkern, insbesondere den Tänzern aus New York. Ich denke, darauf können alle Beteiligten stolz sein.

Ganz wichtig ist, dass *Tabaluga und Lilli* kein Kindertheater war. Wir mussten uns sogar gegen diesen Begriff wehren, schon da er unsere Besucherzahlen vermindert hätte. Unser »Concertical« war vielmehr »Family Entertainment«, ein Familienprogramm. Wir hatten ein Publikum im Alter von acht bis achtzig, und *Tabaluga* war das Lieblingserlebnis meiner Enkelkinder, aber auch ihrer Eltern und der Generation meiner Schulkameraden. Um günstige Eintrittspreise zu ermöglichen, hatten wir zwei Veranstaltungen täglich vorgesehen. Bei der Nachmittagsveranstaltung zahlten Kinder und Jugendliche bis vierzehn Jahre den halben Preis. Ausgangsüberlegung hierfür war, dass eine vierköpfige Familie nicht mehr als insgesamt hundert Mark aufbringen sollte. Auch diese Rechnung ging auf.

Somit gab es zwei ganz verschiedene Konzerterlebnisse. Während abends die Erwachsenen kamen, waren die Besucher am Nachmittag in der Mehrzahl Kinder und Jugendliche. Allerdings hatten wir darum gebeten, die Kinder nicht allein kommen zu lassen, sondern sie von einem Eltern oder Großelternteil begleiten zu lassen, da es bei unserem »Concertical« sehr stürmisch zuging. Insbesondere Rufus Beck als Magier ging in seiner Moderation gezielt auf die Kleinen ein und entwickelte auch Dialoge, die bei den Kindern besonders gut ankamen. Ich habe selbst zusammen mit meinen Enkeln so manche Nachmittagsvorstellung erlebt und gesehen, wie die Backen immer röter und die Augen immer glänzender wurden – und meine Gemeinschaft mit den Kindern intensiver.

Meine damalige Frau Gisela hat ein Enkelkind, Ann-Kathleen. Wegen der Berufstätigkeit ihrer Mutter verbrachte sie viel Zeit bei uns und erlebte so die Entstehung von *Tabaluga* aus nächster Nähe mit. Am Anfang, da war sie knapp zwei Jahre alt, konnten sie und ihre Spielkameraden das Wort »Tabaluga« noch nicht aussprechen und sagten stattdessen »Batatuga«. Bei den späteren Proben war unsere kleine Ann-Kathleen oft dabei und wurde zum Liebling der Beteiligten. Zum Abschlusskonzert der Tournee ließ ich für unser Enkelkind ein kleines Tabaluga-Kostüm schneidern, und in diesem Kostüm stellten wir sie bei dem Stück *Die Töne sind verklungen* auf die Zentralbühne. Ann-Kathleen stand verschüchtert da, doch Peter kniete vor ihr nieder und sang das Lied in gleicher Augenhöhe mit ihr. Dann nahm er das Kind an der Hand und führte es über den Verbindungssteg durch die ganze Halle zur Hauptbühne hinüber. Diesen Auftritt wird unsere Ann-Kathleen, die inzwischen ein hübscher Teenager geworden ist, nie vergessen.

Von Erich Kästner haben wir uns das Motto der Bühnenproduktion entlehnt: »Nur wer erwachsen wird und Kind bleibt, ist ein Mensch!« Während der Tournee hat Rufus Beck in seinen Schlussworten ein weiteres Leitthema des Stücks auf den Punkt gebracht: »Geliebt wirst du nur, wo du schwach sein kannst, ohne Spott zu ernten!«

In der Vorbereitungszeit besuchte Peter Maffay nahezu jedes Musical, das in Deutschland produziert wurde. Gemeinsam erlebten wir zum Beispiel den erfolgreichen *Starlight Express* in Bochum. Und Andrasz Fricsay nahmen wir in ausgewählte Rockkonzerte mit, damit er unsere Musik kennen lernen konnte. So sahen wir uns in der Dortmunder Westfalenhalle Peter Gabriel, den Mitbegründer von Genesis, an, dessen Bühnenproduktionen immer besonders originell sind. Wir fuhren auch nach London zu einem Konzert von Simply Red in der Wembley Arena, wo wir zu unserer Überraschung unseren Lichtdesigner Günther Jäckle trafen. Patrick Woodroff hatte Simply Red dessen Beleuchtungskünste für ihre Welttournee anempfohlen.

Im Frühsommer 1993 waren die Vorbereitungsarbeiten so weit gediehen, dass wir an die Realisierung denken konnten. Ich nahm bei meiner damaligen Firma Mama Concerts & Rau GmbH Urlaub und zog nach Tutzing an den Starnberger See, wo Peter Maffay sein Büro hat. Cathrin Wascher kam natürlich mit. Hier arbeiteten wir in den kommenden Monaten in einem immer besser werdenden Team, zu dem auch Michael van Almsick als Pressesprecher und die anderen Maffay-Mitarbeiter gehörten. Ich hatte die Gelegenheit, nahezu täglich mit Peter zusammenzukommen und die Tourneeproduktion Schritt für Schritt gemeinsam zu besprechen. Diese Teamarbeit war äußerst produktiv.

Im Sommer 1993 versammelte sich auf Mallorca ein Autorenkollektiv, zu dem neben Peter Maffay auch Andrasz Fricsay, Helme Heine und Gregor Rottschalk gehörten. Auf Grundlage der Idee der ursprünglichen *Tabaluga*-Autoren Maffay, Rottschalk und Zuckowski sollte das Spielbuch zu *Tabaluga und Lilli Live* erarbeitet werden. Unter Verwendung der drei bisherigen *Tabaluga*-Alben entwickelten die Autoren nun eine Bühnenhandlung, die mit der Geburt von Tabaluga beginnt und über den Tod von Tabalugas Vater Tyrion zu einem Happy End führt: Der böse Arktos wird durch die Liebe von Tabaluga und Lilli besiegt.

Die Frau für die Kostenkalkulation: Heidi Jung

Jetzt begannen auch die Kalkulationsarbeiten, also das Erfassen der voraussichtlichen Kosten und das Abschätzen der möglichen Einnahmen. In diesem Zusammenhang möchte ich auf eine Frau hinweisen, die zu den wichtigsten Mitarbeiterinnen und Mitarbeitern meines Lebens gehört: Heidi Jung. Wir haben 35 Jahren zusammengearbeitet und sind heute noch befreundet.

Heidi Jung ist eine der klügsten und energischsten Frauen, die mir je begegnet sind. Was sie für mich leistete, war eine Mischung aus härtester Finanzkontrolle und freundschaftlicher Betreuung für das dickste und älteste Kleinkind der Welt, das in frühen Jahren die Mutter verloren hatte. Ich habe sie bereits in den sechziger Jahren im Frankfurter Jugendamt kennen gelernt, wo sie als städtische Beamtin tätig war. Damals führten wir in Zusammenarbeit mit dem Jugendamt Jazzkonzerte durch, die subventioniert wurden, damit wir günstige Eintrittspreise kalkulieren konnten. Trotz ihrer noch jungen Jahre war Heidi Jung so ziemlich die härteste Verhandlungspartnerin, der man begegnen konnte, und einmal sagte ich in einem Anflug von Verzweiflung zu ihr: »Falls Sie jemals in die freie Wirtschaft überwechseln wollen, biete ich Ihnen die Mitarbeit in meinem Unternehmen an!« Und das Wunder geschah. Kaum ein Jahr später hatte sie das Beamtendasein satt und wagte den Schritt in unser wildes Gewerbe. Ihr verdanke ich, dass unsere Tourneen mit teuren Künstlern und vor allem unsere Open-Air-Ereignisse mit Millionenumsätzen finanziell gesichert und kaufmännisch korrekt vorbereitet und abgewickelt wurden.

Heidi Jung hat eine Tochter, Andrea, die sie in den frühen Jahren häufig mit ins Büro brachte, sodass sie teilweise regelrecht in unserem Büro aufwuchs und ein richtiges Lippmann+Rau-Kind wurde. Inzwischen ist sie Volljuristin geworden, assistierte aber gleichzeitig auch jahrelang ihrer Mutter und ist mit ihren doppelten beruflichen Fähigkeiten zu einer hochinteressanten Persönlichkeit in unserer Branche geworden. Die rechte Hand von Heidi Jung wurde unser erster Lehrling Gisela Eberhardt, die sich zu einer exzellenten Buchhalterin entwickelte.

Für *Tabaluga und Lilli* mit seinem ständig wachsenden Kostenvolumen in zunächst noch unbekannter Größe war Heidi Jung als mein Accountant, also Finanzmanager, die einzig richtige Person und wurde von allen Beteiligten, vor allem von den Künstlern und deren Accountants, sehr respektiert. Auch sie zog nach Tutzing. Ohne ihre tatkräftige und erfolgreiche Hilfe hätten wir *Tabaluga und Lilli* nie verwirklichen können.

Die Krise

Da uns für Peter Maffay nichts zu teuer und wertvoll war, nahmen wir zur Londoner Firma Fisher Park Verbindung auf, die eine ganz besondere Kultur der Bühnengestaltung geschaffen hat. Fisher Park entwickelt die Open-Air-Bühnen ganz großer Künstler nach deren Vorstellungen – darunter Namen wie die Rolling Stones, die Who, Queen und andere. Bei unseren Tourneen internationaler Stars hatte ich schon seit langem mit Fisher Park zu tun gehabt und besaß also gute Beziehungen.

Bei einem Treffen in Tutzing machten wir den Briten klar, wie wir uns die Szenerie von *Tabaluga und Lilli* vorstellten. Hierbei war uns unsere neue Idee, das Spiel auf mehreren Bühnen im gesamten Innenraum der Hallen in Szene zu setzen, besonders wichtig. Die Leute von Fisher Park zeigten sich sehr interessiert und erklärten sich bereit, ein Produktionsmodell zu entwerfen und zu gestalten. Wir vereinbarten ein Modellhonorar von 25 000 britischen Pfund, das uns aber die Freiheit ließ, den Produktionsauftrag nach Vorlage der Kostenkalkulation zu erteilen oder abzusagen. Mit ihren Vorschlägen hatten die Vertreter von Fisher Park nicht nur mich, sondern auch Peter Maffay und unsere technischen Leiter Bernie Haefner und Günther Jäckle voll überzeugt.

Fisher Park präsentierte uns denn auch ein sehr schönes Modell der *Tabaluga*-Produktion. Der einzige Haken war der Preis. Allein die technischen Produktionskosten waren mit einem Gesamtvolumen von 25 Millionen D-Mark angesetzt – eine Summe, in der die Ausgaben für die beteiligten Künstler und die aufwendigen Soundanlagen sowie die örtlichen Kosten noch nicht enthalten waren. Heidi Jung legte uns daraufhin eine Kalkulation der Gesamtkosten vor – mit dem Ergebnis, dass der *Tabaluga*-Event bei diesem Kostenvolumen nicht zu vernünftigen, familiengerechten Preisen zu verwirklichen war. So kam es im September 1993 zur Krise.

Ich hatte mich während der Woche in Tutzing aufgehalten und war übers Wochenende nach Bad Homburg gefahren, wo ich nach wie vor wohne. Als ich mich nach einem quälenden, verzweifelten Wochenende am Montagmorgen wieder auf den Rückweg machte, war in mir ein Entschluss gereift. Vor meiner Abreise aus Bad Homburg informierte ich meine Frau Gisela von meiner Entscheidung: Ich würde Peter Maffay vorschlagen, die Produktion *Tabaluga und Lilli* abzusagen. Gisela drückte mir die Daumen für meine peinliche Mission. Auf der Fahrt nach Tutzing legte ich mir immer wieder die Formulierungen zurecht, mit denen ich Maffay gegenübertreten wollte. Bereits im Taxi vom Bahnhof Tutzing zu Maffays Büro brach mir der Schweiß aus. Dann stand Peter mit verschränkten Armen und sehr ernstem Gesicht vor mir und fragte: »Fritz, wie stehts?« Und plötzlich hörte ich mich zu meinem Entsetzen sagen: »Es ist alles sehr schwierig geworden. Wir müssen von den Kosten runter, aber wir können doch den kleinen Grünen nicht im Stich lassen.« Wir hatten über Monate hinweg schon zu viel Herzblut in die Vorbereitung gesteckt. Peter Maffay schaute mich ruhig an und antwortete: »Wenn du meinst, Fritz, machen wir halt weiter!«

Später, nach der erfolgreichen Premiere von *Tabaluga und Lilli* in der Frankfurter Festhalle, war ich voll des Glücks und des Alkohols und beichtete ihm meine ursprüngliche Absicht vom September. Als ich ihm berichtete, entschlossen gewesen zu sein, aufzugeben und *Tabaluga und Lilli* abzusagen, gestand mir Peter seinerseits, dass er an jenem Septembermorgen gar nichts anderes erwartet und eigentlich auch erhofft hatte. Auch er habe nämlich keine Möglichkeit mehr gesehen, die Finanzierung zu sichern. Aber mein Optimismus habe ihm geholfen, einer Fortführung unserer Arbeit zuzustimmen. Wir waren beide Feiglinge gewesen, die nicht den Mut hatten, dem anderen eine Enttäuschung zu bereiten. Glücklicherweise hat unsere Feigheit schließlich zu einem der größten Erfolge im künstlerischen Leben Peter Maffays geführt und vor allem mir die Verwirklichung eines Projekts ermöglicht, das ich im Nachhinein als das wichtigste Ereignis meines Lebens bezeichnen möchte.

Wir machen weiter

Nachdem wir uns also im September entschlossen hatten, weiterzuarbeiten und neue Wege zu suchen, sagten wir Fisher Park ab und entschieden uns, *Tabaluga und Lilli* selbst zu produzieren – mit Bernie Haefner als technischem Leiter und Günther Jäckle als Lichtdesigner, die in der Folge beide über sich hinauswuchsen, und vor allem mit einem im Lauf der Arbeit fest zusammenwachsenden technischen und künstlerischen Team. *Tabaluga und Lilli* wurde zu einer Produktion »made in Germany«, und unter der Aufsicht von Heidi Jung und dank dem äußersten Einsatz aller Beteiligten konnten wir die technischen Produktionskosten von 25 auf zehn Millionen Mark reduzieren. Das war immer noch teuer genug, erlaubte uns aber Eintrittspreise, die familiengerecht waren und vom Publikum akzeptiert werden konnten. Die Eintrittskarten kosteten schließlich zwischen dreißig und sechzig Mark, mit der erwähnten fünfzigprozentigen Ermäßigung für Kinder in den Nachmittagsveranstaltungen.

Äußerst wichtig war die Bereitschaft Peter Maffays, auf jedes garantierte Mindesthonorar zu verzichten und sogar die erheblichen Kosten seines Büros mit mehreren Angestellten auf sich zu nehmen. Ein Künstler seiner Größenordnung kann eine verhältnismäßig hohe Anteilsgarantie verlangen. Das heißt, der Tourneeüberschuss wird zwischen dem Künstler und dem Tourneeveranstalter, der das Gesamtrisiko übernimmt, aufgeteilt. Hierbei sollte dem Künstler nach Bertolt Brecht »die bessere Mark« gehören, er bekommt also prozentual mehr als der Veranstalter.

Für die Vorkalkulation einer Tournee von zentraler Bedeutung ist die Berechnung des Break-even-Points. Mit diesem Begriff wird die Rentabilitätsschwelle bezeichnet, also die Summe, die eingespielt werden muss, um alle Kosten zu decken. Der BreakevenPoint kann sich je nach Kostenentwicklung natürlich immer wieder auch ändern. Im Fall von *Tabaluga und Lilli* ergaben unsere Kalkulationen schließlich, dass wir zum Erreichen dieser Schwelle mindestens zweihunderttausend Besucher benötigten. Bei den von uns angesetzten Eintrittspreisen bedeutete dies als absolutes Minimum sechs mal fünf Veranstaltungen, also insgesamt dreißig Konzerte in den sechs Tourneestädten Berlin, München, Frankfurt, Dortmund, Stuttgart und Kiel. Pro zehn Prozent weniger Besuchern als dem anvisierten Minimum von zweihunderttausend wäre uns ein Verlust von einer Million Mark entstanden.

Um aber sicher auf unsere Kosten zu kommen, waren sechs Aufführungen pro Stadt erforderlich. Da wir jedoch nicht vor halbleeren Hallen spielen wollten, wurde der Vorverkauf zuerst nur für fünf Veranstaltungen eröffnet: eine am Freitagabend sowie an Samstag und Sonntag je eine Nachmittagsund eine Abendvorstellung. Für die sechste Veranstaltung, die wir pro Stadt noch benötigten, hofften wir auf den Freitagnachmittag, der jedoch erst in den Vorverkauf kam, als der Kartenverkauf für die anderen Aufführungen gut angelaufen war.

Ein entscheidender Moment war der Gang zu meinem Partner Marcel Avram nach München, da er dem Maffay-Vertrag zustimmen und ihn ebenfalls unterschreiben musste. Avram war bereits bei ein oder zwei Produktionsbesprechungen zugegen gewesen und hatte über die gewaltigen Dimensionen unserer Pläne Bauklötze gestaunt. Doch schließlich hat auch er seine Unterschrift unter den *Tabaluga und Lilli*-Vertrag gesetzt und die finanzielle Verantwortung für die Tourneeproduktion übernommen. Nach der erfolgreichen Premiere in Frankfurt gestand er mir, nur aus zwei Gründen zugestimmt zu haben: Erstens befürchtete er, dass ich die Firma verlassen würde, wenn er das Projekt ablehnte. Das mag sogar richtig gewesen sein, denn ich war immerhin schon 64 Jahre alt; allerdings habe ich ihm nie mit einem solchen Schritt gedroht. Zweitens habe er angesichts der technischen Schwierigkeiten der Produktion und der ungewöhnlich hohen Kosten insgeheim gehofft, dass Peter Maffay und ich von alleine aufgeben würden, wodurch der Verlust weitaus geringer geblieben wäre als bei einer erfolglosen Durchführung der Tournee.

Unabhängig hiervon bleibt festzuhalten, dass ohne Marcel Avrams Bereitschaft, das Risiko zu übernehmen, die Tournee *Tabalu-*

ga und Lilli nie stattgefunden hätte. Außerdem hat er mich und Cathrin Wascher von meinen Pflichten bei Mama Concerts & Rau freigestellt, sodass wir nahezu ein Jahr lang ausschließlich für *Tabaluga und Lilli* arbeiten konnten.

Die Suche nach Sponsoren

Angesichts des erheblichen finanziellen Risikos hofften wir auf Hilfe vom Himmel – und bemühten uns um Unterstützung durch Sponsoren, die wir auf Erden finden mussten. Wir beauftragten eine angesehene Werbeagentur, uns mögliche Sponsoren zu verschaffen, und es kam auch zu Verhandlungen. Aber da sich die Produktion immer noch im Stadium der Entwicklung befand, gelang es uns nicht, den Werbeleuten und Wirtschaftsmenschen die Faszination von *Tabaluga und Lilli* zu vermitteln. Ich selbst war zu allen Schandtaten bereit. Bei den Verhandlungen mit der Firma Kellog's hätte ich wahrscheinlich selbst in Kauf genommen, wenn anstelle von Schnee Cornflakes auf die Bühne gerieselt wären. Gott sei Dank scheiterte auch dieser Abschluss, und unser Traum vom Millionensponsor platzte wie eine Seifenblase.

Nachdem unsere Suche nach Geldsponsoren ohne Erfolg geblieben war, kamen wir auf die Idee, nach Sachsponsoren Ausschau zu halten, und hier wurden wir fündig.

Einer davon war die AOK, die im Rahmen einer Werbeoffensive von dem vielfach negativ besetzten Begriff der Krankenkasse wegwollte, um zur »Gesundheitskasse« zu werden. Das konnte *Tabaluga* und uns allen nur recht sein. Die AOK gab kein Geld, aber sie unterstützte uns mit nützlichen Werbemaßnahmen, indem sie *Tabaluga und Lilli* im Winter 1993/94 und im folgenden Frühjahr in den Mittelpunkt ihrer Öffentlichkeitsarbeit stellte. So wurden achthunderttausend mehrseitige Werbeprospekte für *Tabaluga und Lilli* und die AOK gedruckt. Je fünfzigtausend gingen an unsere sechs örtlichen Veranstalter und die fünfhunderttausend übrigen wurden in allen AOK-Geschäftsstellen ausgelegt. Ganz wichtig war auch die regelmäßig an jedes AOK-Mitglied verschickte Zeitschrift *Bleib gesund* mit einer Auflage von zwanzig Millionen. Die AOK akzeptierte unseren Vorschlag, die Januarausgabe mit einem *Tabaluga*-Titelbild zu gestalten, auf vier Seiten über Peter Maffay und *Tabaluga und Lilli* zu berichten und die Tournee mit Fotos aus den Proben und einem deutlichen Hinweis auf den Kartenvorverkauf zu bewerben. Die Folge war, dass der Kartenvorverkauf im Januar 1994 nicht nur gleichmäßig weiterlief, sondern sogar noch gesteigert wurde, obwohl er nach dem Weihnachtsgeschäft normalerweise einbricht.

Ein weiterer wichtiger Sachsponsor war die Deutsche Bahn. (Ich persönlich halte die Bahn gegenüber dem Auto oder dem Flugzeug sowieso für das menschen- und umweltfreundlichere Fortbewegungsmittel.) Dank der geglückten Aktion »Rock'n'Rail«

1988 beim Madonna-Open-Air im Frankfurter Waldstadion hatte ich sehr gute Beziehungen zur Bahn. Wir nahmen Verhandlungen mit der Bundesbahndirektion auf, mit dem Ergebnis, dass *Tabaluga und Lilli* in das Programm »Ein schöner Tag« aufgenommen wurde und Sonderzüge zu den Frankfurter Konzerten eingesetzt wurden. Diese Züge fuhren insbesondere zu den Nachmittagskonzerten, wo in jedem Fall eine sichere Rückreise mit Anschlusszügen zum Anreiseort gewährleistet war. Die Bahn warb für diese Aktion mit für uns kostenfreien Plakaten für *Tabaluga und Lilli*, die in allen Bahnhöfen hingen. Außerdem stellten wir unserem Partner ein großes Kartenkontingent für die Nachmittagsveranstaltungen am Wochenende zur Verfügung. Diese Konzertkarten wurden in das Verkaufssystem der Bahn integriert, sodass aus jedem deutschen Bahnhof eine Vorverkaufsstelle für *Tabaluga und Lilli* wurde. Ich konnte durchsetzen, dass jeder Kartenkäufer die Zugfahrt zum Konzert zum halben Preis erhielt, was natürlich insbesondere den Familien zugute kam.

Unsere Promotion für *Tabaluga und Lilli* beschränkte sich aber nicht allein auf den Erdboden, sondern wir weiteten sie auch auf den Luftraum aus. Im Rahmen der Lufthansa-Aktion »up'n away« gab es Sonderflüge zu besonderen kulturellen Veranstaltungen, zum Beispiel in London. Diese Flüge und Veranstaltungen wurden auf allen Flughäfen intensiv mit Handzetteln beworben. Es gelang uns, das Flugunternehmen davon zu überzeugen, dass sich auch *Tabaluga und Lilli* für eine solche Aktion anbot. Und so wurden *Tabaluga*-Sonderflüge aus Wien und Zürich nach Frankfurt eingerichtet. Die Handzettel mit allen *Tabaluga und Lilli*-Terminen waren in großer Zahl auf allen deutschen Flughäfen zu sehen.

Auch die Firma Adidas in Herzogenaurach, mit der Peter Maffay seit Jahren zusammenarbeitet, konnte für ein Sachsponsoring gewonnen werden. Für Maffays Tourneen werden die Techniker und Künstler mit Artikeln des Freizeitbekleidungsherstellers ausgestattet, und Maffay stellt sich für ein Werbefoto zur Verfügung. Für *Tabaluga und Lilli* druckte Adidas eigene Plakate und ließ sie in allen Sport- und Freizeitgeschäften aushängen. Außerdem finanzierte uns das Unternehmen einen mit *Tabaluga*-Motiven bemalten bemannten Ballon, der als »Promotion Vehicle« im Vorfeld der Tournee in den Konzertstädten für Aufmerksamkeit sorgte. Als dann die Tournee im Gange war, schwebte er über den Konzerthallen, sodass in der ganzen Stadt der Hinweis auf *Tabaluga* am Himmel zu sehen war.

Als letzter großer Sachsponsor sind die beteiligten Hotels zu nennen. Die Tourneemannschaft von *Tabaluga und Lilli* bestand aus über zweihundert Personen, und so spielten die Hotelkosten eine große Rolle, schon da wir bemüht waren, für alle Mitwirkenden schöne Hotelzimmer mit Bad in großen Hotels der Luxusklasse zu buchen. Zur Minderung der Kosten vereinbarten wir mit den betreffenden Hotels gemeinsame Werbeaktionen. So durften sich diese Hotels etwa *Tabaluga*-Hotels nennen, und in den Foyers gab es Ausstellungen von *Tabaluga*-Objekten. Außerdem ließen wir unsere Pressekonferenzen in diesen Hotels stattfinden. Hierdurch war ein vernünftiger Mengenrabatt zu erreichen.

Proben, Promotion, Zeitplan

Für die Proben waren zwei Monate vorgesehen. Wir hatten das Glück, von Januar bis März 1994 die Halle auf dem Mannheimer

Maimarktgelände zur Verfügung gestellt zu bekommen. Im Innenraum dieser großen Halle konnten wir die Bühnen entwickeln und aufbauen und dadurch bereits während der Proben bei Bedarf Bedingungen schaffen, die der späteren Konzertsituation sehr nahe kamen. Die Maimarkthalle hat genügend Nebenräume, die sich als Büros nutzen ließen. Da gab es Büroräume für den Regisseur Andrasz Fricsay, den Choreographen Danny Herman, den Dramaturgen Jürgen Nees sowie für Cathrin Wascher und mich. In anderen Räumen der Halle begann unter der Leitung der hervorragenden Fredericke Krauch (genannt Fritze) vom ersten Tag an die Arbeit an der Ausstattung der Aufführung. Sehr wichtig waren die Arbeitsstätten für unsere Maskenbildner und für Michael Haufe, den Schöpfer der Requisiten und der Theaterplastik. Es wurde auch mit der Kostümherstellung durch das Studio Marabout begonnen. Als dann die ersten Bühnenproben stattfanden, trafen noch die Maskenbildner unter der Leitung von Regine Nibler und die Garderobieren unter Karin Adams ein.

Rufus Beck, der als Staatsschauspieler noch am Münchner Residenztheater unter Vertrag stand, kam wöchentlich mehrmals nach Mannheim und entwickelte gemeinsam mit Andrasz Fricsay seine gegenüber den bisherigen *Tabaluga*-Platten neue Rolle des Magiers vor Ort. Er wurde hierdurch zu einem sehr wichtigen Helfer der Regie.

Bei aller Arbeitsintensität gestalteten sich die Proben sehr angenehm und erträglich. Sie fanden in einer menschlichen Atmosphäre statt, was nicht zuletzt dem hervorragenden Catering der Firma Catch Up (Martin Müller und seine Mitarbeiter) und der erfreulichen Tatsache zu verdanken war, dass die Räumlichkeiten der Maimarkthalle in den Wintermonaten gut beheizt sind. Alle Beteiligten wurden im Ludwigshafener Ramada Hotel untergebracht, sodass sich in diesen Wochen ein fest zusammengeschweißtes Team bilden konnte. Ich selbst kaufte mir eine Monatskarte und fuhr jeden Tag mit der Bahn von Bad Homburg nach Mannheim und abends oder nachts wieder zurück, um im Frankfurter Büro liegen gebliebene Arbeiten zu erledigen.

Von Mannheim und Maffays Büro in Tutzing aus wurde ein sehr intensiver Promotion- und Werbeplan entwickelt. Im Lauf der Jahre sind Präsentatoren aus Fernsehen, Radio und Presse als Promotionhilfe für Tourneen immer wichtiger geworden. Diese Form von Zusammenarbeit mit den Medien bietet umfangreiche Promotionmöglichkeiten, ohne das Budget übermäßig zu belasten. Die interessierten Fernseh- und Radiosender oder Printmedien erhielten von uns das Präsentationsrecht und wurden im Gegenzug auf den Plakaten und in allen Publikationen genannt. Uns wiederum wurde in diesen Medien in Form von Fernseh- und Rundfunkspots, großformatigen Zeitungsanzeigen oder Interviews mit den Beteiligten breiter Raum gegeben.

So haben wir zum Beispiel für die *Tabaluga*-Aufführungen in Frankfurt das SAT.1-Regionalfenster für Hessen und Rheinland-Pfalz als TV-Präsentator gewinnen können, außerdem als Funkpräsentator den Privatsender FFH und als Printpräsentator die *Frankfurter Neue Presse* mit ihren Kopfblättern wie *Taunus Zeitung, Höchster Kreisblatt* und *Nassauische Neue Presse*, die *Tabaluga* auch im Frankfurter Umland bekannt machten.

Von großer Bedeutung für eine erfolgreiche Promotionkampagne sind der richtige Zeitplan, ein stimmiges Timing und die sorgfältige Koordination der Maßnahmen. Hierbei kam es zu einer sehr effektiven Zusammenarbeit mit Maffays Plattenfirma BMG-Ariola, die neben einer Terminabsprache etwa auch die gemeinsame Buchung und Bezahlung teurer ganzseitiger Großanzeigen zum Beispiel im *Stern* und in den verschiedenen kostenlos verteilten Konzertzeitschriften mit einschloss. BMG-Ariola war seit den ersten Besprechungen auf Mallorca in das Projekt involviert – schließlich kurbelte unsere Tourneepromotion zugleich den Verkauf der Schallplatten an, und umgekehrt bedeuteten die Maßnahmen der Plattenfirma auch eine Werbung für die Tournee. Wichtig war, dass zugleich mit der Veröffentlichung der Single und später des Albums der Tourneeplan und vor allem der Start des Kartenvorverkaufs angekündigt wurden.

Für *Tabaluga und Lilli Live* wurde der folgende Zeitplan festgelegt: Die Single *Ich fühl wie du*, ein wunderbares Duett von Peter

Maffay mit der Lilli-Darstellerin Alexis, erschien im August 1993. Die CD *Tabaluga und Lilli* folgte im September, und Vorverkauf sowie Werbung und Promotion für *Tabaluga und Lilli Live* begannen am ersten Samstag im November, das heißt, die Interessierten hatten zuvor zwei Monate Zeit, die Platte zu kaufen und zu hören und an den *Tabaluga*-Tag zu denken. Die Mannheimer Proben begannen dann im Januar, und die Premiere in der Frankfurter Festhalle fand am 10. März 1994 statt.

Für die Werbung höchst effektiv waren Fernsehauftritte von Peter Maffay und seinen Gästen. Mit dem Duett *Ich fühl wie du* gastierte Maffay, zusammen mit Alexis, im ZDF-Quotenrenner *Wetten dass…*, wo er von Thomas Gottschalk wirkungsvoll angekündigt wurde. Und nach den ersten Bühnenproben mit den Tänzern wurden Maffay, Bienenkönigin Nadeen Holloway und die Tänzer des Bienensongs in der ARD-Familiensendung *Flitterabend* präsentiert.

Zusätzlich unterzog sich Peter Maffay äußerst intensiv den kraftraubenden Fahrten zu kleineren Fernsehauftrittsmöglichkeiten, etwa im Frühstücksfernsehen, in den dritten Programmen der öffentlich-rechtlichen und in den regionalen Schaufenstern der privaten Fernsehsender. Im Rahmen dieser Promotionreisen besuchte Peter Maffay auch die Redaktionen der Radiosender und der Printmedien, um über die Entwicklung von *Tabaluga und Lilli Live* sowie den Fortgang der Proben zu berichten. In den Tourneeorten führten wir Pressekonferenzen durch, die sehr gut besucht und erfreulich erfolgreich waren. Hieran nahmen neben Maffay auch Regisseur Fricsay und ich als Koproduzent teil.

»Tabaluga«-Tag und Tourneestart

Für den Start des Kartenvorverkaufs ließen wir uns diesmal, angeregt durch unseren Merchandiser Heini Sauter, einen treuen alten Freund Peter Maffays, etwas Besonderes einfallen: In die CD *Tabaluga und Lilli* wurde ein Bestellschein eingelegt, der jedem

Käufer die Chance gab, schon vor Beginn des Vorverkaufs Eintrittskarten zu bestellen und so besonders gute Plätze zu bekommen. Diese Aktion verstanden wir als Treueprämie für die loyalen Maffay-Fans, die auch seine neuen Produkte akzeptierten. Hierdurch lagen schon vor Vorverkaufsbeginn sechzigtausend Bestellungen vor.

Als *Tabaluga*-Tag (entsprechend dem früheren Maffay-Tag), also als Starttag des Vorverkaufs und der Intensivkampagne, wurde Samstag, der 5. November 1993, festgelegt. Auf dieses Ereignis machten wir schon eine Woche zuvor mit Plakatanschlägen im Großformat DIN A0 sowie mit großformatigen Anzeigen aufmerksam. Für die ersten Anzeigen ließen wir uns etwas ganz Besonderes einfallen: »TABALUGA UND LILLI KOMMEN!«, wurde in großen Lettern verkündet, aber weder Termin noch Veranstaltungshalle wurden genannt. Ein wohlmeinender Kollege schickte mir einen liebenswürdigen Brief, in dem er auf das Fehlen dieser wichtigen Angaben hinwies und unserer Anzeigenabteilung völliges Versagen unterstellte. Er bot mir an, die Koordination der Anzeigen zu übernehmen. Ich schickte ihm einen Dankesbrief, in dem ich klarstellte, dass die vermeintlich fehlerhafte Anzeige von mir persönlich gestaltet worden sei, und ihn mit Familie zur Premiere von *Tabaluga und Lilli Live* nach Frankfurt einlud.
Unsere natürlich sehr durchdachte Vorgehensweise hatte den Vorteil, dass die Vorverkaufsstellen und Medienpartner in der Woche vor dem Tabaluga-Tag von Interessenten bestürmt wurden, die alle erfahren wollten, wann und wo denn der Vorverkauf für Tabaluga und Lilli Live beginnen würde. Sie alle bekamen die Auskunft: Am nächsten Samstag 8.00 Uhr früh. Auf diese Weise konnten wir allein am Tabaluga-Tag bundesweit achtzigtausend Karten verkaufen und hatten somit, nimmt man die Vorbestellungen dazu, bereits am Anfang der Verkaufskampagne und lange vor der Premiere im März stolze 140 000 Karten verkauft.

Nicht zuletzt unseren geballten Marketing- und Promotionmaßnahmen ist es also zu verdanken, dass unser gewagtes Unternehmen *Tabaluga und Lilli Live* letztlich von überwältigendem Erfolg gekrönt wurde. Nicht nur blieb der befürchtete Millionenverlust aus, sondern wir konnten sogar eine Vielzahl von Zusatzkonzerten veranstalten, sodass aus dem ursprünglich angesetzten Minimum von dreißig Vorstellungen mit zweihunderttausend Besuchern schließlich neunzig Veranstaltungen mit insgesamt über sechshunderttausend Besuchern wurden.

Insbesondere die Zusammenarbeit mit der Leitung und den Mitarbeitern der Frankfurter Festhalle war uns beim Start der Tournee sehr hilfreich. Wir konnten die Festhalle sogar über mehrere Tage mieten, sodass sie uns schon vier Tage vor Tourneestart zur Verfügung stand und wir die Generalproben auf den Originalbühnen der bevorstehenden Aufführung absolvieren konnten. Die Premiere am 10. März war dann ein rauschender Erfolg.

An die Frühjahrstournee schloss sich eine Verlängerung im Herbst an, und die Liste der Tourneestädte wurde um Bremen und Leipzig erweitert. Wir konnten siebzehnmal die Frankfurter Festhalle füllen und fünfzehnmal die riesige Olympiahalle in München sowie die Westfalenhalle in Dortmund. Und bis Ende 1994 wurden insgesamt 4,5 Millionen Tonträger von *Tabaluga* verkauft.

Würdigungen und ein Benefizkonzert

Schon bei früheren Tourneen war es Peter Maffay stets ein Anliegen gewesen, nach erfolgreichem Abschluss als Dankeschön ein Benefizkonzert auszurichten. Der Erlös aus diesen Benefizkonzerten kam vor allem der Tabaluga Kinderstiftung zugute (siehe hierzu den Anhang zu diesem Kapitel). Einmal unterstützte Maffay nach einer sehr erfolgreichen Rocktournee allerdings auch die Stiftung Deutsche Schlaganfallhilfe von Liz Mohn, der Gattin des Bertelsmann-Erben Reinhard Mohn, zu dessen Konzern auch die Plattenfirma BMG-Ariola gehört. Frau Mohn hat diese Stiftung zum Gedenken an ihren an einem Schlaganfall verstorbenen Sohn ins Leben gerufen. 1999 erlitt dann auch ich einen Schlaganfall und wurde in die Neurologie der Frankfurter Universitätsklinik eingeliefert. Der Chefarzt war zufällig eben jener Stiftungspräsident, dem Peter Maffay und ich einen Scheck über dreihunderttausend Mark überreicht hatten. Ohne dass ich es je hätte ahnen können, war also diese gute Tat letztlich auch mir zugute gekommen.

Im Fall von *Tabaluga und Lilli Live* beschlossen wir, ein zusätzliches Konzert in der Frankfurter Festhalle zu geben. Von den Gesamteinnahmen in Höhe von dreihunderttausend Mark flossen zwei Drittel an die Tabaluga Kinderstiftung und ein Drittel an die Frankfurter Kinderstiftung. Mit diesem Geld wurde in Frankfurt ein integrativer Kindergarten für behinderte und nichtbehinderte Kinder eröffnet. Zu diesem Benefizkonzert haben alle Seiten ihren Teil beigetragen. Zum Beispiel haben die beteiligten Künstler auf ihre Gage verzichtet, wir mussten für die Festhalle keine Miete bezahlen, und unsere Medienpartner haben mit kostenlosen Anzeigen geworben.

Peter Maffay legt großen Wert darauf, dass solche Benefizveranstaltungen nicht zu Werbezwecken missbraucht werden. So werden sie auch nicht vor Tourneestart bekannt gegeben, sondern erst gegen Ende der Tour. Sie sind ein Dankeschön an unsere Partner und vor allem an unser Publikum, das durch den Kauf der Eintrittskarten alles finanziert, da wir bekanntlich keine öffentlichen Kultursubventionen erhalten.

1994 hat die deutsche Phonoakademie auf Wunsch von Peter Maffay einen zunächst nur für ihn gedachten Echo-Preis an uns beide verliehen, obwohl ich doch weder singen kann noch ein Instrument spiele. Ich wurde als Koproduzent gewürdigt. Im Jahr 2001 überreichte mir die Phonoakademie dann sogar einen Echo für mein Lebenswerk, sodass ich manchmal das Gefühl habe, nicht umsonst gelebt zu haben.

Wenn ich heute auf die Produktion von *Tabaluga und Lilli* zurückblicke, fällt mir ein Satz von Andy Warhol ein: »Kreativität ist nicht die Idee, sondern deren Umsetzung!«

Dies gilt auch für die Tatsache, dass *Tabaluga und Lilli* nicht nur ein Rockkonzert war, sondern zugleich eine hochwertige Theateraufführung. Es ist uns somit gelungen, Theater zu produzieren – ohne öffentlichen Zuschuss und mit finanziellem Erfolg.

»Tabaluga und das verschenkte Glück«

Nach Tournee-Ende entstand eine riesige Nachfrage nach einer weiteren *Tabaluga*-Produktion. Alle waren der Meinung, dass wir *Tabaluga* so bald wie möglich wieder auf die Bühne bringen sollten. Ich selbst hielt 1998 einen günstigen Zeitpunkt für gekommen, aber Peter Maffay machte wieder das Unerwartete und ging in diesem Jahr mit der hochinteressanten Produktion *Begegnungen* auf Tournee.

So wurde die zweite *Tabaluga*-Tournee erst für das Jahr 2003 vorbereitet. Als einfacher Mann vom Lande erwartete ich inhaltlich eine weitgehende Wiederholung der Erfolgstournee *Tabaluga und Lilli* von 1994, aber statt sich zu wiederholen, blickte Peter Maffay wie immer nach vorn. Er entwickelte mit seinen bewährten Koautoren eine neue Handlung – *Tabaluga und das verschenkte Glück* – und nahm die gleichnamige CD auf, die 2002 auf den Markt kam. Als Regisseur konnte er Rufus Beck gewinnen, der zugleich wieder in der Rolle des Magiers mitwirkte.

Anders als bei *Tabaluga und Lilli*, wo die einzelnen Figuren von den Tänzern dargestellt wurden, gab es diesmal ein Livespiel mit sprechenden und handelnden Schauspielern. Überragend war Heinz Hönig als Arktos, und unter seiner Mitwirkung wurde diese Figur ganz neu gestaltet. Bei *Tabaluga und Lilli* war Arktos der Tyrann gewesen, der von der Liebe besiegt wird und elendig zugrunde geht. 2003 wurde ein anderer Arktos präsentiert. Zwar war er auch jetzt wieder ein Fiesling, der jeden reinlegen wollte und am meisten natürlich den kleinen Tabaluga, aber diesmal endete das Stück mit einer Wandlung des Arktos, der die Erinnerung an seine schlimme, eisige Jugend überwindet und im Händedruck mit dem kleinen grünen Drachen sein Herz entdeckt.

Tabaluga und das verschenkte Glück thematisiert die schreiende Ungerechtigkeit von Reich und Arm, insbesondere auch im Blick auf die Dritte Welt. Der an seinem Geburtstag reich beschenkte Tabaluga gibt die erhaltenen Geschenke an andere weiter, und das mit reinem Herzen. Er leistet eine Entwicklungshilfe, ohne etwas dafür zu erwarten, ohne auf Gegenleistungen zu spekulieren.

Auch *Tabaluga und das verschenkte Glück* war ein großer Publikumserfolg. Es gab Zusatzkonzerte in allen Städten und im Frühjahr 2004 eine Fortsetzungstournee. Allein in Frankfurt gelang es, nimmt man beide *Tabaluga*-Produktionen 1994 und 2003/04 zusammen, die große Festhalle mit ihren siebentausend Sitzplätzen insgesamt siebenundzwanzigmal zu füllen. Für eine Liveveranstaltung ist das ein einsamer Rekord. Insgesamt wurden allein in Frankfurt 140 000 Eintrittskarten für Tabaluga verkauft.

Ich selbst war bei *Tabaluga und das verschenkte Glück* angesichts meines fortgeschrittenen Alters nicht mehr als Koproduzent tätig, sondern wirkte nur als »Senior Adviser« mit. Die Verantwortung und das Risiko trug Marcel Avram. Nach der Tournee zog ich mich im Mai 2004 mit 74 Jahren von der aktiven Tätigkeit als Tourneeveranstalter zurück. Womöglich war ich damit Deutschlands ältester Spätrentner.

Anhang: Zur Tabaluga Kinderstiftung und zur Peter Maffay Stiftung

Ein besonderes Anliegen sind Peter Maffay die Tabaluga Kinderstiftung und die Peter Maffay Stiftung.

Die Tabaluga Kinderstiftung unter der langjährigen Leitung des erfahrenen Pädagogen und Psychologen Dr. Jürgen Haerlin hat es sich zur Aufgabe gemacht, traumatisierten Kindern in Deutschland zu helfen. Sie setzt sich dafür ein, dass Kindern, die bisher auf der Schattenseite des Lebens standen, ihre Würde zurückgegeben und ein normales Leben ermöglicht wird. Zu diesem Zweck wurde ein großer Bauernhof in der Nähe des Starnberger Sees umgebaut. Der heutige Tabaluga-Hof gibt etwa vierzig Kindern, die aufgrund sexuellen Missbrauchs traumatisiert sind und aus dem Elternhaus entfernt werden mussten, eine neue Heimat.

Peter Maffay ist der Schirmherr der Stiftung, und ich habe die Ehre, dem Beirat anzugehören. Unsere Aufgabe ist es, Gelder zu sammeln, da die staatlichen Zuschüsse für die notwendigen Maßnahmen nicht ausreichen. Dank der vielfachen Unterstützung konnten zum Beispiel Pferde für die sehr wichtige Reittherapie angeschafft und sogar ein Reitlehrer angestellt werden. Spenden sind natürlich herzlich willkommen.

Eng verbunden mit der Tabaluga Kinderstiftung ist die im Jahr 2000 gegründete Peter Maffay Stiftung. Ihr Vorsitzender ist Peter Maffay, die Geschäftsführung obliegt Albert Luppart. Beide Stiftungen haben gemeinsam ein umfassend aufeinander abgestimmtes Hilfsnetz entwickelt.

In der Finca C'an Lompart auf Mallorca haben Peter Maffay und die Peter Maffay Stiftung ein Kinderferienhaus eingerichtet, das sich im Rahmen therapeutischer Ferienangebote ebenfalls die Betreuung von durch Gewalt oder sexuellen Missbrauch im familiären Bereich traumatisierten Kindern zur Aufgabe gemacht hat. Die Stiftung ermöglicht auch sozial benachteiligten Kindern, Jugendlichen und Familien aus dem In- und Ausland Aufenthalte auf der Ferienfinca. Die fachliche Betreuung erfolgt in Kooperation mit der Tabaluga Kinderstiftung.

Weitere Informationen erteilen die Tabaluga Kinderstiftung, Seestraße 1, in 82327 Tutzing (www.tabalugastiftung.de), sowie die Peter Maffay Stiftung, Klenzestraße 1, ebenfalls in 82327 Tutzing (www.petermaffaystiftung.de).

8. Kapitel

Entertainment

Marlene Dietrich

1960 durfte ich der wohl bedeutendsten Filmschauspielerin aus Deutschland begegnen, die zugleich eine gefeierte Sängerin war: Marlene Dietrich. Diese grandiose Künstlerin und wunderbare Frau hat mit ihrer Performance das Publikum bezaubert und fasziniert, und ihre Bühnenshow wurde zum Vorbild für unsere späteren Konzertveranstaltungen mit Entertainern wie Sammy Davis jr., Shirley MacLaine, Liza Minnelli, Madonna und Diana Ross.

Da wir vor den Konzerten alle viel zu nervös zum Essen waren, lud Marlene jeden Abend nach dem Auftritt ihren musikalischen Leiter Burt Bacharach, der später weltberühmt wurde, und ihren Tourneeleiter Fritz Rau zum Essen ein. Bei Steaks und Salat wurden dann die Ereignisse des Tages analysiert.

Einmal war ich erkältet und musste das Nachtessen absagen. Ich ging früh zu Bett, weil ich am nächsten Tag wieder fit sein wollte. Da öffnete sich nach Mitternacht die Zimmertür, und im blendenden Licht des Hotelgangs stand in einem wunderbaren Morgenmantel Marlene vor mir. Ich dachte zunächst, diese sehr erschöpfende Tournee hätte mir nun völlig den Rest gegeben, hielt mich für übergeschnappt und Marlene für ein wunderschönes Gespenst.

Sie schwebte auf mich zu. Ich zog natürlich hastig meine Bettdecke hoch, doch Marlene nahm mit leichter Hand die Decke weg und knüpfte meine Pyjamajacke auf. Ich schlief nämlich jede

Nacht mit zugeknöpfter Schlafanzugjacke. Dann holte sie eine Tube aus der Tasche ihres Morgenmantels und rieb mir meine Brust mit Wick Vaporub ein. Abschließend gab sie mir einen Kuss auf die Stirn und sagte: »Lieber Fritz, das wird dir gut tun!«

Während der Deutschlandtournee wurde Marlene Dietrich von einem Großteil der Presse, aber auch von Menschen auf der Straße laufend beschimpft. In Düsseldorf wohnten wir im Parkhotel. Als Marlene in ihre parkende Limousine vor dem Hotel einsteigen wollte, wurde sie von einer Fanatikerin sogar bespuckt.

Solche Szenen wollte ich in Zukunft vermeiden. Von nun an stellte ich die Starlimousine vor das Hotel oder den Bühnenausgang, aber Marlene selbst führte ich durch einen Hinterausgang zu einem wartenden Taxi, dessen Fahrer zuvor alle nötigen Instruktionen er-

Fritz Rau und sein Star Marlene Dietrich, 1960. (Privatarchiv Fritz Rau)

halten hatte. Nach dem Kölner Konzert geleitete ich Marlene durch den Keller auf einem umständlichen Weg zu einem kleinen Bühnenausgang. Dort sah ich ein Taxi stehen, also schickte ich Marlene zu diesem Fahrzeug, um sie ins Domhotel bringen zu lassen. Ich selbst rannte zur Bühne zurück, wo es für mich noch genügend zu tun gab. Als ich schließlich völlig erschöpft im Domhotel ankam, herrschte dort größte Aufregung, da Marlene nicht erschienen war. Mir stand das Herz still. Glücklicherweise kam bald danach der Anruf eines Taxifahrers. Er klagte, dass bei ihm im Wagen eine Verrückte sitze, die sich für Marlene Dietrich ausgebe, aber den Namen ihres Hotels nicht wisse. So konnte alles aufgeklärt werden. Ich weiß heute noch nicht, wie wir das alles überlebt haben.

Die von Norman Granz organisierte Europatournee war eine extrem aufwendige Angelegenheit mit einem englischen Ballett, amerikanischen Solisten und dem französischen Orchester Aimé Barelli vom Sporting Club in Monte Carlo. Dementsprechend verlangte unser deutscher Tourneeveranstalter Kurt Collien die gleichen Eintrittspreise wie für seine Tournee mit Maria Callas kurz zuvor, also bis zu hundert Mark pro Karte, was 1960 noch sehr viel Geld war. Maria Callas wurde umjubelt, und alle ihre Konzerte waren ausverkauft. Marlene jedoch wurde vorgeworfen, sie sei nur nach Deutschland gekommen, um uns finanziell auszunehmen, und ihre Konzerte wurden boykottiert.

In Wiesbaden fiel Marlene von der Bühne, weil ein Beleuchter den Scheinwerferspot falsch gelenkt hatte, der ihr den Weg von der völlig dunklen Bühne weisen sollte. Sie wurde über den Bühnenrand hinausdirigiert, stürzte in den Orchestergraben und erlitt eine sehr schmerzhafte Verletzung am Schlüsselbein. Ich schickte sofort ein Telegramm an Norman Granz, der gerade mit Ella Fitzgerald in Südamerika tourte, und teilte ihm mit, dass diese tapfere Frau, Marlene Dietrich, die Tournee trotz ihrer starken Schmerzen fortsetzen wolle. Sie ließ sich einen Zinkverband geben und stand mit steifem Arm wie ein Soldat auf der Bühne. Norman Granz erklärte mich telegrafisch für verrückt und befahl mir, die Tournee sofort abzubrechen.

Ich ging mit klopfendem Herzen zu Marlene und machte ihr deutlich, dass sie sich schonen solle, zumal die Versicherung den Ausfallschaden übernehmen und wir dadurch noch weniger Verlust haben würden, als durch den Boykott der noch anstehenden deutschen Konzerte zu befürchten war. Sie hörte meinen Vortrag geduldig an und sagte dann kurz: »Ich bin nach Deutschland gekommen, um zu singen, und das werde ich auch tun.« So stand sie jeden Abend auf der Bühne, mit gewaltigen Schmerzen im Arm. Welch eine Frau!

Allerdings möchte ich mir ersparen, die Reaktion von Norman Granz zu schildern. Später hat er jedoch meine Anstrengungen und meinen Einsatz für diese Tournee anerkannt und mich entsprechend entlohnt, obwohl die deutschen Konzerte tatsächlich mit einem Verlust endeten. Die Veranstaltungen im europäischen Ausland waren aber alle ausverkauft und ein voller Erfolg.

Im Anschluss an die Konzerte in Europa setzte Marlene ihre Tournee in Israel fort und lud mich ein mitzukommen. Aber ich konnte nicht, da ich am 1. Juli 1960 wieder meinen Dienst als Gerichtsreferendar antreten musste. Später erhielt ich einen Brief aus Israel, in dem Marlene mir eine interessante Begebenheit schilderte: Der israelische Konzertveranstalter hatte von ihr verlangt, dass sie auf die deutsch gesungenen Lieder aus ihrer Berliner Zeit verzichten solle. Marlene hatte auf der ganzen Welt auch außerhalb Deutschlands bei jedem Konzert einige deutschsprachige Lieder von Friedrich Hollaender und anderen gesungen, die sie als »not translatable«, unübersetzbar, bezeichnete (darunter Songs wie *Jonny, wenn du Geburtstag hast; Ich weiß nicht, zu wem ich gehöre und Wer wird denn weinen, wenn man auseinandergeht*).

Der israelische Impresario wies darauf hin, dass bis dahin kein Künstler auf einer israelischen Bühne deutsch gesungen hatte. Marlene entgegnete: »Ich werde auch in Israel deutsch singen, denn Deutsch ist die Sprache von Goethe und Heinrich Heine und nicht die von Herrn Hitler, denn dessen Deutsch war miserabel.« Als Marlene dann ihre Berliner Lieder sang, entstand ein Jubelsturm ohnegleichen, da viele der Konzertbesucher Flüchtlinge aus Deutschland waren. Seit Marlenes Auftritt ist es kein Tabu mehr, auf israelischen Bühnen deutsch zu singen, und unser früherer Bundeskanzler Schmidt hat dann sogar in der Knesset, dem israelischen Parlament, eine deutschsprachige Rede gehalten.

Man hat Marlene und uns allen das Leben während ihrer Deutschlandtournee sehr schwer gemacht. Sie wurde als Verräterin und Deutschlandhasserin beschimpft, weil sie bei Kriegsende in US-Uniform ins Land gekommen war. Diese Mitbürger hatten nicht begriffen, dass Marlene nicht gegen ihre deutschen Landsleute in den Krieg gezogen war, sondern gegen Hitler und die Nazis. Ein letzter Beweis für ihre Verbundenheit mit Deutschland war ihr Wunsch, in ihrer Heimatstadt Berlin begraben zu werden.

Am Ende der Europatournee 1960 schenkte Marlene in Genf ihrem musikalischen Leiter Burt Bacharach und ihrem Tourneeleiter Fritz Rau je eine wunderbare goldene Uhr, die noch heute zu meinen wertvollsten Kostbarkeiten gehört.

Die Begegnung mit Marlene Dietrich bleibt für mich eines der wichtigsten Ereignisse meines Lebens. Ich zähle Marlene Dietrich zu den drei Frauen, die eine wahre Emanzipation gelebt haben und so im Krieg der Geschlechter Brücken bauen und viele Vorurteile und Voreingenommenheiten beseitigen konnten. Die beiden anderen Frauen sind Mae West und später Madonna.

Die Les Humphries Singers

Mein eigentlicher Einstieg in die deutsche Unterhaltungsszene war 1973 der Beginn meiner Zusammenarbeit mit den Les Humphries Singers. Les Humphries ist ein Engländer, der als Pianist der Gruppe Wonderland im Vorprogramm der ersten Deutschlandtournee der Bee Gees auftrat und sich danach in Hamburg niederließ. Nach dem Vorbild von Gesangsgruppen wie den Edwin Hawkins Singers mit ihrem Riesenhit *Oh Happy Day* begann er eine eigene Gesangsgruppe aufzubauen: die Les Humphries Singers. Deren Mitglieder waren zumeist noch unbekannte Sänger und Sängerinnen, die aus aller Herren Länder kamen und sozusagen eine Art UNO-Gruppe mit allen erdenklichen Hautfarben bildeten. In Hamburg wurde Les Humphries von der Firma Teldec unter Vertrag genommen, die um die gleiche Zeit auch die Zusammenarbeit mit Udo Lindenberg und Peter Maffay begann. Der wichtigste Partner für Les Humphries war aber der Musikverlag Hans Sikorski, dessen Mitarbeiter Günter Gayer bei der Zusammenstellung und Organisation des Sängerchores eine bedeutende Arbeit leistete.

Die Les Humphries Singers wurden zuerst von dem sehr tüchtigen Hamburger Tourneeveranstalter Hans Werner Funke auf Tournee gebracht. Aber irgendwie lebten sich der Veranstalter und der Künstler und seine Berater auseinander. So wandte sich Günter Gayer an mich, um Verhandlungen für eine kommende Tournee aufzunehmen. Ich hatte die Les Humphries Singers schon bei den Tourneen Funkes als deren örtlicher Veranstalter in Frankfurt kennen gelernt. Nun informierte ich zunächst Hans Werner Funke, um ihm die Chance zu geben, die Les Humphries Singers für sich zu erhalten. Ich selbst aber fuhr nach Hamburg, um die Herrschaften näher kennen zu lernen. Das erste und wichtigste Treffen, dem noch viele folgen sollten, fand in der Küche der Wohnung von Les Humphries in Hamburg statt.

Die Tourneekonzeptionen von Lippmann+Rau entstanden in der Regel im Dialog zwischen den Künstlern und uns. Deren Plattenfirmen wurden erst später hinzugezogen, wenn es um die Entwicklung einer gemeinsamen Verkaufsstrategie ging. Bei unserer Zusammenarbeit mit Les Humphries war dies jedoch anders. Hier wurde von Anfang an alles gemeinsam entwickelt, und wir arbeiteten nicht nur mit dem Künstler sehr eng zusammen, sondern auch mit seinem Verleger, vertreten durch Günter Gayer, seinem Schallplattenproduzenten Jack Martin und seiner Plattenfirma Teldec, vertreten durch Günther Bräunlich.

Um die Zeit unseres ersten Meetings kam der Les-Humphries-Song *Mexico* auf den Markt, der ein Riesenerfolg werden sollte. Dies veranlasste uns, die kommende Tournee doppelt so groß anzusetzen wie zunächst geplant. Das war ein gewagter Schritt, zu dem kein anderer Veranstalter bereit gewesen wäre.

Meine entscheidende Idee für die Werbung zur Tournee war der Vorschlag, Les Humphries als Star in den Vordergrund zu rücken, obwohl er bei den Konzerten nahezu bescheiden nur am Klavier saß, von wo aus er seine Singers und die Band allerdings vorzüglich dirigierte. Weil er also mehr aus dem Hintergrund agierte, waren auf den bisherigen Plakaten alle Singers abgebildet gewesen und Les Humphries kaum sichtbar in gleicher Größe. Dagegen zeigten die Plakate zu den von uns veranstalteten Tourneen nur den Kopf von Les Humphries allein, ohne die Singers. Die Rechnung ging auf. Les Humphries wurde zum Superstar, und die Les Humphries Singers waren von nun an unabhängig von gelegentlichen Umbesetzungen.

Wichtig für die Musik der Gruppe war, dass die Les Humphries Singers einen Sound hatten, der schon nach wenigen Takten identifizierbar war. Dies erreichte Les durch den genialen Einfall, die Sängerinnen Tenor- und die Sänger Altstimmen singen zu lassen.

Natürlich gab es unter den Sängern des Chores unterschiedliche Begabungen. Zu den größeren Talenten gehörten etwa John Lawton, der spätere Leadsänger der englischen Rockgruppe Uriah Heep, oder auch ein junger Jürgen Drews, der seine Karriere mit ambitionierten internationalen Songs begann. Sehr wichtig war auch Jimmy Bilsbury, der nicht nur Sänger war, sondern auch Koproduzent von Les Humphries. Aber alle Sänger wurden gleich behandelt und traten in der Werbung nicht in Erscheinung, da die gesamte Public-Relations-Arbeit auf Les Humphries zugeschnitten war.

Ich weiß, dass die Les Humphries Singers viel geprobt haben und dass Les Humphries selbst als ehemaliger Kapellmeister in der Armee ihrer britischen Majestät ein strenger Bandleader war. Trotzdem erweckten die Les Humphries Singers auf der Bühne den Eindruck, als seien sie eben erst aus allen Gegenden der Welt oder vom örtlichen Marktplatz zusammengeholt worden. So entstand eine sehr freie, spontane Atmosphäre, während zugleich musikalisch alles perfekt saß. Das Repertoire der Gruppe bestand zunehmend auch aus eigenen Kompositionen wie *Mama Loo* und *Kansas City*, überwiegend aber aus den großen Liedern der Popliteratur. Mein

Lieblingslied war ein sehr ergreifendes Arrangement des irischen Songs *Danny Boy*. Für mich wies dieser Song die Richtung einer zukünftigen Entwicklung der Les Humphries Singers.

Der Tourneeleiter und Betreuer der Les Humphries Singers bei Lippmann+Rau war mein späterer Partner Hermjo Klein, der eine ausgezeichnete Arbeit ablieferte und maßgeblich am Erfolg der Tourneen beteiligt war. Auch ich selbst habe mich persönlich sehr um Les Humphries gekümmert, vor allem was die übergeordneten Tourneestrategien und die weitere Entwicklung des Ensembles anging. Hierzu hatte ich, wie oben geschildert, ein ausgezeichnetes Team zur Verfügung.

Inzwischen hatte Les Humphries die wunderschöne jugoslawische Sängerin Dunja Rajter geheiratet, die von meinem Partner Horst Lippmann entdeckt und nach Deutschland gebracht worden war. Lippmann produzierte auch ihre ersten Schallplatten, die vor allem aus der reichhaltigen Folklore ihrer jugoslawischen Heimat schöpften. Im Juni 2005 habe ich mit Vergnügen einen hochinteressanten Chansonabend von Dunja erlebt und wünsche ihr für die kommende Zeit viel Erfolg. Les Humphries und Dunja Rajter haben übrigens auch einen gemeinsamen Sohn, Danny, der inzwischen als interessanter Komponist und begabter Arrangeur in die Fußstapfen seiner Eltern getreten ist.

Die Tourneen der Les Humphries Singers in den Jahren 1973, 1974 und 1975 waren ein sagenhafter Erfolg. Wir füllten jedes Jahr die größten Hallen mehrmals bis auf den letzten Platz. In München bespielten wir die ausverkaufte Olympiahalle, obwohl am gleichen Abend Bayern München im Halbfinale des Europapokals stand.

Und dann kam das Verhängnis: Les Humphries hatte mir von befreundeten Ratgebern erzählt, die ihm Möglichkeiten eröffnet hatten, wie er, angeblich legal, sehr viel Steuern sparen könne. Als einfacher Junge vom Land lehnte ich meine Beteiligung an solchen Experimenten ab. Dadurch blieb ich persönlich verschont, als 1976 die Steuerfahndung zuschlug. Les Humphries musste auf dem Höhepunkt seiner Karriere Deutschland verlassen, und seine Berater wanderten ins Gefängnis.

Ich werde nie vergessen, mit welcher Brutalität die Steuerfahndung meine Bad Homburger Büroräume besetzte und alle Tourneeunterlagen beschlagnahmte. Als ich meine Frau telefonisch unterrichten wollte, schlug mir einer der Beamten auf die Hand. Ich drehte durch und fing an zu schreien. Aber zur Überraschung meiner Mitarbeiter wurde ich nicht verhaftet, sondern habe die Herren der Steuerfahndung anscheinend sogar beeindruckt, zumindest durch meine Lautstärke.

Ich verdanke Les Humphries nicht nur einen der größten wirtschaftlichen Erfolge der Arbeit von Lippmann+Rau, sondern letztlich auch die Einführung in den deutschen Konzertmarkt. Er hat mich an Peter Alexander und manch anderen weiterempfohlen, und über die Humphries-Plattenfirma Teldec ergab sich meine Zusammenarbeit mit Udo Lindenberg und später Peter Maffay.

Nana Mouskouri

1974 wurde ich von einem Londoner Kollegen zum Konzert einer griechischen Sängerin in die ausverkaufte Royal Albert Hall eingeladen. Ich sagte zu, da ich der Meinung war, es handele sich um die griechische Sängerin Melina Mercouri, die mir schon aus politischen Gründen sehr am Herzen lag.

Aber ich lag völlig falsch, denn auf der Bühne der Royal Albert Hall stand Nana Mouskouri. In Deutschland war sie schon in den sechziger Jahren durch ihren Welterfolg *Weiße Rosen aus Athen* bekannt geworden. Ich war zunächst skeptisch. Aber dann erlebte ich ein zweieinhalbstündiges Konzert vom Feinsten – eine Reise durch die Musik der ganzen Welt, inklusive swingender Lieder und Gospelsongs wie *In The Upper Room*. Am schönsten fand ich ihre griechischen Lieder, die sie in der Originalsprache sang, nicht ohne dem Publikum zuvor den Inhalt erläutert zu haben. Höhepunkt war die letzte Zugabe mit *Amazing Grace*, bei der sie das Mikrofon wegstellte und den großen Saal der Royal Albert Hall mit seinen sechstausend Plätzen allein mit ihrer zarten Stimme füllte. Das hat mich vom Stuhl gehauen, und ich ging hinter die Bühne, um Konzerte in Deutschland zu vereinbaren.

Bei der Verleihung des »Goldenen Concert-Tickets« an Nana Mouskouri in Frankfurt, Dezember 1981. [Privatarchiv Fritz Rau / Deutsche Presse Agentur (dpa)]

Nana Mouskouri begann ihre Gesangskarriere in Athener Jazzclubs mit Swingtiteln der vierziger und fünfziger Jahre. Noch ihre erste amerikanische Schallplatte ist ein Swingalbum, das von keinem Geringeren als Quincy Jones produziert wurde. In einem Athener Club wurde sie eines Tages von Maria Callas entdeckt, die von ihr so begeistert war, dass sie ihr half, ein Gesangsstudium an der Musikhochschule zu finanzieren. Allerdings mit der Bemerkung, dass sie keine Opernarien singen, sondern ihre einmalige Stimme dem Chanson widmen solle. Das Besondere an Nanas Stimme beruht auf einer Anomalie ihrer Stimmbänder, die ihrem Gesang ein ganz eigenes Timbre verleiht.

In den USA wurde Nana Mouskouri zuerst von Harry Belafonte bekannt gemacht, der auf seinen Tourneen immer wieder neue Sängerinnen vorstellte, wie später zum Beispiel auch Miriam Makeba. Zwischen Nana und Harry Belafonte entwickelte sich eine Freundschaft mit vielen wunderschönen gemeinsamen Auftritten über Jahr-

zehnte hinweg. Bis heute hat Nana Mouskouri weltweit insgesamt über 35 Millionen Tonträger verkauft.
Unsere erste Tournee mit ihr war noch nicht erfolgreich. Es kamen im Schnitt zwischen vier- und fünfhundert Besucher, die jedoch sehr begeistert waren. Wir verloren zwar Geld, aber gewannen eine Sängerin mit Zukunft. Und so setzten wir weiter auf sie. Bei ihrem Hamburger Konzert waren auch die Herren ihrer Schallplattenfirma Phonogram zugegen, und sie waren genauso beeindruckt wie wir. Sie schlugen Nana Mouskouri vor, für sie ein eigenes Repertoire mit deutschsprachigen Liedern aufzubauen. Da sich alle an den Erfolg von Weiße Rosen aus Athen erinnerten, wurden sich Sängerin und Schallplattenfirma einig. So erschienen LPs mit deutschsprachigen Nana-Mouskouri-Liedern, die ein breites Publikum eroberten und nicht nur ihre Schallplatten, sondern auch die Tourneen erfolgreich werden ließen. Allerdings ging hierdurch das breite Spektrum von Nanas internationalen Liedern für das deutsche Publikum verloren. Diese Songs hat sie aber im Verlauf ihrer Tourneen zunehmend wieder in ihr deutsches Programm aufgenommen.

Ich denke sehr gern an meine über dreißigjährige Arbeit mit Nana Mouskouri zurück und genauso auch an die Zusammenarbeit mit André Chapelle, der jahrzehntelang die Schallplatten von Nana produzierte und der heute ihr Ehemann ist. Das Management der Künstlerin hat inzwischen meine frühere, sehr tüchtige Mitarbeiterin Elli Balzer (Miss Elli) übernommen, die zu Recht das volle Vertrauen der Künstlerin genießt.

Als Beispiel für die starke Persönlichkeit von Nana Mouskouri sei abschließend ein Vorfall in der Frankfurter Jahrhunderthalle erwähnt. An diesem Tag erfuhr Nana, kurz bevor sie auf die Bühne gehen wollte, vom Tod ihrer geliebten Mutter. Das hat sie beinahe umgeworfen. Ich schlug vor, das Konzert ausfallen zu lassen, aber sie bestand darauf, ihr Publikum in der ausverkauften Halle nicht zu enttäuschen, und gab das Konzert. Anschließend unterbrachen wir die Tournee für eine Woche, um sie dann im Hamburger CCH fortzusetzen. Als Nana Mouskouri in Hamburg die Bühne betrat, erhoben sich dreitausend Besucher und würdigten ihre Tapferkeit mit Standing Ovations.

Udo Jürgens

Im Folgenden möchte ich über meine Arbeit mit einer Reihe von Künstlern berichten, die ich unter dem Begriff einer »Wiener Schule der Unterhaltungskultur« zusammenfasse.

Ich habe vor Jahren einmal einen Satz gesagt, den mir viele verübelt haben: Die Österreicher seien für die deutsche Unterhaltung das, was die Schwarzen für die USA bedeuteten. Das war durchaus als ein großes Kompliment gemeint, da man den Beitrag schwarzer Künstler für die amerikanische Unterhaltungskultur gar nicht hoch genug bemessen kann.

Als ersten Künstler dieser Wiener Garde lernte ich Udo Jürgens kennen. Udo Jürgens wurde von seinem früheren Manager Hans Beierlein gefördert und zum Star gemacht. Sein Durchbruch war 1966 der Sieg beim Grand Prix Eurovision de la Chanson in Luxemburg mit *Merci chérie*. Für seine Liveauftritte war entscheidend, dass Hans Beierlein den inzwischen leider verstorbenen Münchner Tourneeveranstalter Klaus Berenbrok mit der Durchführung der Udo-Jürgens-Konzerte beauftragte. Berenbrok, den ich sehr schätze und der zu Unrecht in Vergessenheit geraten zu sein scheint, hat mithilfe von Hans Beierlein Ende der sechziger und Anfang der siebziger Jahre die neue Form der Livekonzerte in die deutsche Abendunterhaltung eingeführt und höchst erfolgreiche Tourneen etwa mit Esther und Abi Ofarim sowie mit französischen Chansonniers wie Gilbert Bécaud und Juliette Gréco veranstaltet. Während zuvor die bunten Abende mit einer Vielzahl von Interpreten die Regel waren, stand bei diesen Konzerten eine einzelne Künstlerpersönlichkeit im Mittelpunkt, die die ganze Bandbreite ihrer Lieder vortrug.

Höhepunkt der Arbeit von Klaus Berenbrok war die Tournee *Udo Jürgens 1970* mit dem Tourneerekord von über 250 Konzerten en suite in Deutschland, Österreich und der Schweiz. Dann beendete Udo Jürgens aus verschiedenen Gründen seine Zusammenarbeit mit Hans Beierlein und wählte als neuen Manager Freddy Burger aus Zürich. Mit ihm ist er bis heute sehr zufrieden. An der Seite von Freddy Burger arbeitet der sehr tüchtige Mucki Stammler als persönlicher Betreuer von Udo Jürgens. Freddy übertrug von nun an uns Vorbereitung und Durchführung der deutschen Tourneen; ich kann also auf eine über fünfundzwanzigjährige Zusammenarbeit mit Udo als sein Tourneeveranstalter zurückblicken.

Als ein wahres Glück für die künstlerische Karriere von Udo hat sich die jahrzehntelange Kooperation mit dem Orchester Pepe Lienhard erwiesen, das aus swingenden, hochbegabten Musikern besteht, die immer wieder durch erstklassigen Nachwuchs ergänzt werden. Außerdem ist das Orchester Pepe Lienhard eine sehr gute Showband, die nicht nur die Lieder von Udo Jürgens optimal begleitet, sondern auch ihr eigenes Programm hat.

Verleihung des »Goldenen Concert-Tickets« in Frankfurt im Dezember 1981. Sechs Künstler erhielten die Auszeichnung dafür, dass ihre Tourneen jeweils von mehr als hunderttausend Zuschauern besucht wurden. Von links nach rechts: Horst Lippmann, Udo Jürgens, Udo Lindenberg, Nana Mouskouri, Richard Clayderman, Howard Carpendale und Peter Maffay. Vorne »Steuermann« Fritz Rau. [Privatarchiv Fritz Rau / Deutsche Presse Agentur (dpa)]

Udo Jürgens ist der deutsche Chansonnier schlechthin, und das durchaus im Sinne der besten französischen Sänger. Er schreibt seine Melodien selbst, und so entstanden Lieder, die unsterblich sein werden. Ja, ich wage die Aussage, dass ich ihn musikalisch für ähnlich bedeutend halte wie seinen österreichischen Landsmann Franz Schubert. Die Texte der Songs werden von Udo inhaltlich bestimmt und dann von erfahrenen Textern in Form gebracht. Am meisten hat mich das Lied *Griechischer Wein* beeindruckt, das nicht die Ferienidylle Griechenland beschreibt, sondern das Heimweh und die Probleme von Gastarbeitern, die bei uns immer wieder wie »Fremdarbeiter« behandelt werden.

Wirklich erstaunlich ist der künstlerische Werdegang von Udo Jürgens, der mittlerweile das vergleichsweise hohe Alter von über siebzig Jahren erreicht hat und immer noch von Jahr zu Jahr besser und erfolgreicher wird. Angefangen haben wir in mittleren Konzertsälen wie der Frankfurter Jahrhunderthalle und dem Münchner Deutschen Museum mit etwa zweitausend Plätzen. In den letzten Jahren jedoch konnte Udo Jürgens immer öfter auch die ganz großen Hallen füllen, bis hin zu der Olympiahalle in München, der Westfalenhalle in Dortmund und der Festhalle in Frankfurt, die er bei seiner letzten Tournee zweimal ausverkaufte. Ich bin sicher, dass die Karriere von Udo Jürgens noch lange nicht beendet ist, zumal er äußerst diszipliniert lebt und auf seinen Tourneen schon seit Jahren von einem Physiotherapeuten betreut wird. Schließlich hat auch etwa Maurice Chevalier noch mit über achtzig Jahren Konzerte gegeben.

Bei unserer Tournee 1996 spielte Udo Jürgens in der August-Schärtner-Halle in Hanau. Er hatte mit dem ZDF eine Fernsehaufzeichnung dieses Konzerts vereinbart, doch kurz zuvor verletzte er sich am Knöchel, der sofort anschwoll und ihm unsägliche Schmerzen bereitete. Trotzdem gab Udo nicht auf und setzte die Tournee fort. Im später gezeigten Fernsehmitschnitt ist nichts davon zu sehen, aber ich weiß, wie tapfer Udo sein musste, um das Konzert zum erfolgreichen Ende zu bringen.

Wenn ich jetzt zurückblicke, sehe ich meine Zusammenarbeit mit Udo Jürgens als einen weiteren Glücksfall meines Lebens.

Peter Alexander

1975 erhielt ich überraschend eine Einladung nach Wien ins Haus von Peter Alexander. Vorausgegangen war eine Empfehlung von Les Humphries, den ich seit 1973 auch in der Wiener Stadthalle erfolgreich präsentiert hatte. Peter Alexander wurde von seiner tüchtigen Ehefrau Hilde geschäftlich betreut, die in der Branche einen besonderen Ruf als sehr schwierige und taffe Verhandlungspartnerin hatte. Als sie vor kurzem starb, habe ich mir erlaubt, einen Blumenkranz mit der Inschrift »In Verehrung und mit Respekt« am Grab niederlegen zu lassen.

Ich fuhr also nach Wien und betrat zum ersten Mal das Haus des Künstlers. Schon am Eingang hörte ich ein swingendes Piano. Ich gratulierte Frau Alexander zu ihrer schönen LP des Meisterpianisten Teddy Wilson, aber sie sagte nur, das sei der Peter, und ich war baff. Das hatte ich nicht erwartet, denn Peter Alexander gehörte für mich bis dato ausschließlich in die deutsche Schlagerbranche und den deutsch-österreichischen Spielfilm. Dann erinnerte ich mich an eine Bemerkung von Musikern der Berliner Jazzband Spree City Stompers, sie hätten bei den Dreharbeiten zu einem gemeinsamen Film in den Pausen herrliche Jamsessions mit Peter Alexander veranstaltet.

So war ich gespannt darauf, Peter Alexander näher kennen zu lernen, und wurde von seiner künstlerischen Kreativität und Hildes geschäftlicher Klarheit überrascht. Seine Liveshow war ein nahezu zweieinhalbstündiges Programm mit einem ungeheuren Spektrum von Schlagern, anspruchsvoller Musik wie auch Persiflagen anderer Künstler und Wortbeiträgen. Es konnte geschehen, dass er im Verlauf der Tournee eine improvisierte Hans-Moser-Parodie zu einem wahren Einakter ausbaute. Mit solchen Einlagen brachte er das Publikum und sogar die Musiker immer wieder kräftig zum Lachen. Begleitet wurde Peter bei den ersten Tourneen von der Big Band des ORF unter der Leitung von Johannes Fehring. Diese Big Band war voller Jazzmusiker, angefangen mit dem weltberühmten Trompeter Art Farmer, und hier fand sich mit Leuten wie

Hans Salomon, Fritz Pauer und Carl Drewo die Elite der österreichischen Jazzszene.

Schließlich gelang es mir sogar, Peter Alexander zu überzeugen, die Big Band nach der Konzertpause ein Medley der bekanntesten Swingnummern spielen zu lassen, eingeleitet von Duke Ellingtons *Take The A-Train* mit Peter am Klavier. Nachdem er zunächst sehr skeptisch gewesen war, zeigte er sich bald erstaunt, wie gut das Swingmedley ankam. So gab es beispielsweise vor 13 000 Besuchern in der ausverkauften Dortmunder Westfalenhalle stürmischen Applaus.

Bei unseren letzten gemeinsamen Tourneen wurde der Entertainer von einer Band unter der Leitung des begnadeten Pianisten Paul Kuhn kongenial begleitet. Paul Kuhn hat die Konzerte dieser Alexander-Tourneen ganz wesentlich künstlerisch bereichert.

Als Konzertkünstler war Peter Alexander ein Performancegenie mit einem wunderbaren Timing und überraschenden Einfällen. Als seinen diesbezüglichen Lehrmeister nannte er Frank Sinatra, den er zutiefst verehrte, ohne ihn kopieren zu wollen. In den fünfziger Jahren flog er zu dessen Konzerten nach London.

Eine sehr gute Zusammenarbeit, von der ich persönlich viel lernte, ergab sich auch mit seinem damaligen Pressebetreuer und Ratgeber Wolfgang Rademann, der sich heute als Fernsehproduzent von Serien wie der *Schwarzwaldklinik* und dem *Traumschiff* einen Namen gemacht hat.

Peter Alexander und Udo Jürgens hatten bei ihren Konzerten etwas gemeinsam: Sie wurden beide vor dem Auftritt von einem furchtbaren Lampenfieber geplagt, das es ihnen nahezu unmöglich machte, auf die Bühne zu gehen. Darum hielt ich mich immer in ihrer Nähe auf, wenn ich zugegen war. Aber sobald sie die Bühne einmal betreten hatten, war das Lampenfieber wie weggeblasen, und das Konzert konnte furios beginnen.

Ich halte Peter Alexander für den besten deutschsprachigen Live-Entertainer, den ich je erlebt habe.

Rainhard Fendrich, Wolfgang Ambros und Georg Danzer

So weit ist Rainhard Fendrich noch nicht, doch ist er auf dem Weg dorthin, und ich sehe ihn als den Entertainer der Zukunft. Er hat nicht nur sehr schöne Melodien geschrieben, sondern auch bemerkenswerte Liedtexte, wie etwa *Macho Macho, Weus'da Herz hast wia a Bergwerk* oder, auf einer der neueren CDs, *Lügen haben lange Beine*. Leider hat er durch private Schwierigkeiten viel Zeit verloren. Aber diese Probleme sind überwunden. Er wird auch im Deutschland nördlich der Mainlinie seinen Weg machen und überall der Superstar werden, der er in Österreich und Bayern schon seit langem ist.

Sehr gern mag ich auch den urigen Wolfgang Ambros, der unter anderem mit deutschen Versionen von Bob-Dylan-Songs Aufsehen erregte und in seiner Heimat sehr erfolgreich ist. Was seine Lieder auszeichnet, ist dieser gewisse dunkle »Austria-Humor«, der den Zuhörer nicht nur zum Lachen, sondern auch zum Weinen bringen kann. Besonders gut gefällt mir sein jüngeres CD-Meisterwerk mit deutschen Versionen von Liedern des amerikanischen Songpoeten Tom Waits.

In den späten neunziger Jahren wurde ich zu einem Benefizkonzert nach Wien eingeladen, das zugunsten eines von Wiener Künstlern finanzierten Hauses für Obdachlose organisiert wurde. Bei diesem Konzert traten die drei Wiener Songpoeten Rainhard Fendrich, Wolfgang Ambros und Georg Danzer auf. Und zwar nicht nacheinander, sondern sie saßen wie Crosby, Stills & Nash auf der Bühne und sangen ihre Lieder gemeinsam. Ich durfte in der ersten Reihe sitzen, gleich neben dem damaligen österreichischen Bundeskanzler, und fühlte mich sehr geehrt, aber auch überwältigt von der künstlerischen Potenz der drei Sänger.

Wolfgang Ambros und Georg Danzer wollten die präsentierten Lieder unter dem Namen Austria 3 als selbstständiges Konzertprogramm auf Tournee bringen, aber Rainhard Fendrich sträubte sich noch. Begeistert, wie ich war, ließ ich mich von den beiden gern vor den Wagen spannen und tat mein Bestes, um Rainhard und seine damalige Managerin von einer Tournee *Austria 3* zu überzeugen. Es gelang, und unsere Auftritte waren vor allem in Süddeutschland ein großer Erfolg, desgleichen die mitgeschnittene Live-CD.

Andere deutschsprachige Unterhaltungsstars

Wie im Fall der Rocklegenden habe ich mich auch in diesem Kapitel auf einige Beispiele beschränkt, die in Hinblick auf meine veranstalterische Arbeit hinter der Bühne besonders interessant sind. Es fehlen natürlich viele wichtige Künstler, die wir auch präsentieren durften.

Einer von ihnen ist der Berliner Klaus Hoffmann, dessen deutschsprachige Chansons im Geist von Jacques Brel mich sehr berühren. Aus der Schweiz holten wir Stephan Sulke und vom Bodensee Stefan Waggershausen. Auch mit Howard Carpendale machten wir mehrere Tourneen und haben dazu beigetragen, dass er schließlich die größten deutschen Konzerthallen füllen konnte.

Persönlich schätze ich den Sänger Tom Astor, der, wie auch die Hamburger Gruppe Truck Stop, deutschsprachige Countrymusic spielt. Was viele nicht wissen, ist, dass er auch in Nashville war und zusammen mit Johnny Cash und anderen Countrygrößen Aufnahmen gemacht hat. Zu einer seiner Deutschlandtourneen hat er Johnny Cashs Sohn John Carter Cash eingeladen.

Juliane Werding ist besonders in den neuen Bundesländern sehr erfolgreich und trägt bei jeder Tournee ein interessantes Programm vor. Auch Claudia Jung halte ich für eine sehr gute Sängerin und vor allen Dingen für eine kommende Entertainerin, die weitaus mehr Anerkennung und Chancen verdient.

»That's Entertainment« – International

Zu erwähnen sind schließlich auch die internationalen Unterhaltungsstars, allen voran die Entertainer im Las-Vegas-Stil, die wir endlich nach Deutschland brachten, nachdem sie hierzulande viel zu lange nicht zu sehen waren. Auch hier möchte ich mich auf einige ausgewählte Namen beschränken.

Es begann bereits 1960 mit Nat King Cole. Mir gefällt besonders eine Platte, die seine Tochter Nathalie Cole noch nach seinem Tod 1965 mit ihm aufgenommen hat: *Unforgettable*. Diese posthume Zusammenarbeit wurde dadurch möglich, dass Nathalie Cole zu bereits vorhandenen Gesangsaufnahmen ihres Vaters ihren eigenen musikalischen Beitrag sang. Das Gesamtwerk hört sich nun so an, als würden Vater und Tochter tatsächlich im Duett miteinander singen.

Sammy Davis jr., Frank Sinatra und Liza Minnelli habe ich bereits im Zusammenhang mit dem Beginn meiner gemeinsamen Arbeit mit Marcel Avram behandelt. In besonderer Erinnerung bleiben mir zwei Tourneen mit dem Allroundstar Shirley MacLaine. Auch jede Tournee von Neil Diamond war ein Höhepunkt, genauso wie die Konzertreisen von »The Lady« Diana Ross, die ich auch persönlich sehr verehre. Diana Ross präsentierten wir in Deutschland zum ersten Mal mit ihrer früheren Supergruppe The Supremes und später mit ihrer Solo-Bühnenshow. Ich freue mich schon auf ihre nächste Tournee.

Roger Whittaker wurde im Laufe unserer Zusammenarbeit zu einem lieben Freund. Er lud meine Frau und mich zum fünfzigsten Geburtstag seiner Frau nach Monte Carlo ein, außerdem zur Hochzeit seiner jüngsten Tochter nach London. Wer nur die deutschen Versionen seiner Lieder kennt, sollte sich auch einmal die englischen Songs dieses in Kenia geborenen Sängers anhören. Man wird feststellen, dass diese Songs durchaus internationales Format haben. Besonders angenehm und fruchtbar war die Zusammenarbeit mit Whittakers Manager Bruce Lahti, der in Florida lebt und für den Dauererfolg des Sängers maßgeblich verantwortlich ist.

Tom Jones und Engelbert Humperdinck kamen aus Großbritannien und eroberten die Bühnen des Showbusiness in der ganzen Welt. Tony Christie ist ein weiterer Engländer, der in Deutschland recht erfolgreich war, vor allem 1995 bei der Tournee *Auf zwei*

Beinen mit Vicky Leandros an seiner Seite. Beeindruckend waren auch unsere Konzerte mit Shirley Bassey, mit der wir mehrmals auf Tournee gingen.

The Manhattan Transfer ist ein wunderbares Vokalensemble mit viel Swing und Feeling in seinen Liedern. George Benson ist ein überragender Gitarrist, der aus dem Jazz kommt, aber auch in der Popmusik weltweit eine Rolle spielt. Jennifer Rush wurde in Deutschland produziert und durch ihren Hit *Power Of Love* weltberühmt.

Aus Frankreich holten wir den unvergleichlichen Chansonnier Charles Aznavour und aus Italien Angelo Branduardi und andere nach Deutschland. Außer den im Rahmen des *Festivals Flamenco Gitano* vorgestellten spanischen Künstlern präsentierten wir auch den französischen Flamencogitarristen Manitas de Plata.

Einen überwältigenden Auftritt erlebten wir von Bette Midler, die ich in ihrer umwerfenden Robustheit und Erotik, natürlich aber auch wegen ihrer tollen Stimme bewundere. Aus den USA brach-

Charles Aznavour, Fritz und Hildegard Rau †1983.
(Privatarchiv Fritz Rau / Keystone Pressedienst)

ten wir außerdem ausgezeichnete Vokalgruppen wie die Pointer Sisters nach Deutschland.

Ein »Kollege« machte in den siebziger Jahren einmal die etwas zynische Bemerkung, Lippmann+Rau würden sich der Altersversorgung von Hollywood widmen. Aber auch er war schließlich von den Liveauftritten amerikanischer Entertainer in ihren besten Jahren angenehm überrascht.

Countrymusic

Interessant waren unsere Ausflüge in die Welt der amerikanischen Countrymusic mit ihrem Zentrum in Nashville. An erster Stelle ist hier natürlich Johnny Cash zu erwähnen, der mit seiner liebenswerten Frau June Carter und der Carter Family mehrmals in Europa auf Tournee war und von uns präsentiert wurde. Die Carter Family gehörte schon zu den Pionieren der amerikanischen Countrymusic.

Mit Vorfreude habe ich auch der Tournee von Kris Kristofferson entgegengesehen. Er schrieb meinen Lieblingssong *Nobody Wins* und wurde unter anderem bekannt durch seine Komposition *Me And Bobby McGhee* (»Freedom's just another word for nothing left to lose…«), die in der Version von Janis Joplin um die Welt ging.

John Denver war ein besonders liebenswerter Sänger aus der Countryszene, der mit Liedern wie *Take Me Home, Country Roads* und *Sunshine On My Shoulder* Millionenerfolge hatte. Seine Familie stammt aus Deutschland, aus der Gegend von Ulm. Sein eigentlicher Name ist Henry John Deutschendorf. Er war ein begeisterter Privatflieger und hat sich selbst ein Flugzeug gebaut, mit dem er leider tödlich verunglückte.

Weitere Countrystars, die wir nach Deutschland bringen durften, sind der »Outlaw« Waylon Jennings und der sehr berühmte Kenny Rogers.

Die Russen kommen

In den siebziger Jahren erlebte ich in Ostberlin den großartigen Chor der Roten Armee, das Alexandrow-Ensemble. Ich war begeistert, und so flog ich nach Moskau, um mit der staatlichen sowjetischen Konzertagentur Gos Concerts Verhandlungen über eine Deutschlandtournee aufzunehmen. Doch die Russen wollten mich erst testen, und so boten sie mir zunächst nur eine Konzertreise der Original Don Kosaken aus Rostow an. Auch dieser Chor mit seinen Sängern und Musikern war hervorragend, und die Deutschlandtournee 1978 wurde ein großer Erfolg.

Nun durfte ich im Folgejahr auch den Chor der Roten Armee, gleichfalls mit Musikern, Sängern und Tänzern, nach Westdeutschland bringen. Ich fuhr also buchstäblich an der Spitze eines Heeres von zweihundert Sowjetsoldaten in Uniform in jede westdeutsche Großstadt ein. Die Erlaubnis hierzu musste ich erst von unserem Innenministerium einholen. Künstlerisch gesehen war die Tournee sehr gut und erfolgreich. Auch betrachte ich gern den wunderschönen Samowar bei mir zu Hause, den sie mir mitbrachten. Nur wirtschaftlich war die Sache leider ein Flop, da die Bezeichnung »Chor der Roten Armee« auf das deutsche Publikum doch etwas befremdend wirkte und außerdem bei zweihundert Mitwirkenden die Produktionskosten einfach zu hoch waren.

Bei meinem Aufenthalt in Moskau besorgte ich mir eine LP mit Originalreden von Lenin, da ich solche Dokumente gern sammle. Unsere Dolmetscherin informierte Gos Concerts hiervon. Am letzten Abend wurde ich zu einem schönen Abendessen eingeladen, und es floss viel Wodka durch unsere Kehlen. Der Generaldirektor von Gos Concerts sagte plötzlich in lupenreinem Deutsch: »Herr Rau, Sie müssen Russisch lernen, die Sprache von Lenin!« Ich sagte: »Mir genügt Deutsch, die Sprache von Karl Marx!« Unsere russischen Vertragspartner waren nicht schlecht erstaunt.

Und es wurde noch ein Wodka getrunken – und danach noch einer…

9. Kapitel

Fünfzig Jahre Barrelhouse Jazzband

Deutschlands älteste und wertvollste Jazzband, die musikalisch in einer Tradition steht, die vom New-Orleans-Jazz bis zum frühen Swing reicht, ist in den letzten Jahren für mich immer bedeutender geworden. Ich habe immer wieder ihre Konzerte besucht, auch zusammen mit meinen Kindern und Enkelkindern. 2003 feierte die Barrelhouse Jazzband ihr fünfzigjähriges Bestehen. Zu diesem Anlass habe ich sehr gern die Aufgabe übernommen, am 26. Januar bei einem Festakt im Kaisersaal des Frankfurter Römers – und nach einer schönen Ansprache des Bürgermeisters Achim Vandreike –, die Laudatio zu sprechen.

Ich möchte mir im Folgenden erlauben, diese Rede wiederzugeben, da mir die Musik der Band sehr wichtig ist und mir diese Jubiläumsfeier stets in Erinnerung bleiben wird:

»Als weiter – die Zukunft hat begonnen«
Fünfzig Jahre Barrelhouse

Hundert Jahre Jazz und ein halbes Jahrhundert Barrelhouse Jazzband sind wahrlich ein guter Grund, zu gratulieren, Anerkennung auszudrücken und den Musikern zu danken, die dieses Jubiläum ermöglicht haben.

Horst Lippmann hat bereits vor zehn Jahren in seinem Vorwort zu dem liebenswerten und hochinteressanten Werk *Das Barrelhouse Buch – 40 Jahre Jazz* festgestellt: »Alter ist auch ein Verdienst. Wer alt wird, hat nicht nur Glück gehabt, er hat auch selbst was dafür getan. Das trifft auf die Individuen zu, aber auch auf die Institutionen, hinter denen sich menschliche Wesen verbergen.« All dies gilt für den heutigen Jubilar, die Barrelhouse-Band.

Es war Horst Lippmann, mein unvergessener Partner, Freund, Mentor und mein Vorbild, der mir die Frankfurter Institution »Barrelhouse« nahe brachte. Seine Anerkennung dieser Band, sein Interesse an ihrer Musik und die Bereitschaft, wichtige Langspielplatten der Band zu produzieren und die beteiligten Musiker über Jahrzehnte zu begleiten, betrachte ich als ein großes Kompliment, das den Leistungen der Band durchaus gerecht wird. Angesichts meiner über siebzig Jahre und meiner fast fünfzigjährigen Tätigkeit als Konzertveranstalter fällt es mir natürlich leicht, das Alter zu loben. Ich möchte mich aber keineswegs zu der Behauptung versteigen: »Trau keinem Musiker unter sechzig und keinem Veranstalter unter siebzig.« Das wäre wohl übertrieben. Aber wir sollten es so halten wie die Indianer, die ihre Alten nicht aufs Altenteil geschoben haben, sondern ihnen eine große Bedeutung als anerkannte Ratgeber und als Deuter des Schicksals auf der Basis einer langen Lebenserfahrung beimaßen.

Die Barrelhouse Band hat Jazzgeschichte geschrieben. Sie hat die Brücke geschlagen zwischen der Tradition und der Pflege des frühen Jazz in New Orleans und seiner heutigen Bedeutung als lebendige Musik im Spiegel unserer Zeit. Dies war ein langer Weg und ein stetiger Lernprozess – ein Blick auf die Entwicklung des Jazz bis in die Zeit der Swingära hinein. Fern von bierseliger Dixielandnostalgie hat die Barrelhouse Jazzband Kulturgeschichte geschrieben.

Die Band legt zu Recht Wert darauf, dass seit fünfzig Jahren wöchentliche Proben stattfinden, in denen die Barrelhouse Band nicht nur neue Stücke, sondern auch neue Spielarten entwickelt hat. Ein Resultat ist die erstaunliche Tatsache, dass sieben Musiker im Kollektiv klingen können wie eine Big Band.

Das Ergebnis ist nicht nur die Anerkennung der Barrelhouse Jazzband als Deutschlands wichtigster Beitrag zur Pflege des traditionellen Jazz und als eine Band, die wahrhaft klassischen Jazz erspielt hat. Die Band ist den europäischen Jazzfreunden ein Begriff und hat auch auf ihren Tourneen viele Kontinente bereist, vor allem aber das Ursprungsland des Jazz: Amerika. Die Barrelhouse-Musiker wurden Ehrenbürger von New Orleans. Ihre Konzerte werden von der internationalen Presse und auch in den USA hoch gelobt. Das Goethe-Institut schickte sie auf Konzertreisen in die Welt hinaus und hat damit einen sehr wichtigen Höhepunkt ihrer Arbeit ermöglicht. Die großen Meister des Jazz, die heute als Legenden gelten, freuen sich immer wieder auf gemeinsame Auftritte mit der Barrelhouse Jazzband.

In diesem Zusammenhang fällt mir ein Ereignis ein, das bei mir einen nachhaltigen Eindruck hinterlassen hat. Vor etwa dreißig Jahren organisierten Lippmann+Rau eine Europatournee mit der legendären Preservation Hall Jazz Band von Billie und DeDe Pierce aus New Orleans. Als Solist war der gleichermaßen legendäre George Lewis verpflichtet. Leider ist er in Kopenhagen erkrankt, sodass wir ausgerechnet vor dem Konzert in der Frankfurter Jahrhunderthalle ohne Klarinettisten dastanden. Horst Lippmann ist es gelungen, kurzfristig Willie Humphrey zu verpflichten, der ein würdiges Mitglied der Preservation Hall Jazz Band wurde. Aber Willie Humphreys Anreise verzögerte sich so stark, dass wir uns um einen weiteren Ersatz für das Frankfurter Konzert bemühen mussten – jemand, der mehr als ein bloßer Ersatz war, sondern ein wertvoller Teil der Preservation Hall Jazz Band sein konnte. Wir baten Reimer von Essen, heute Kopf und Seele der Barrelhouse Jazzband, für den Fall da zu sein, dass wir das Konzert in der Frankfurter Jahrhunderthalle ohne Willie Humphrey beginnen mussten. So ist es geschehen, und unser Reimer von Essen gesellte sich der Preservation Hall Jazz Band zu und wurde nach einer verhältnismäßig kurzen Einprobung von den berühmten Musikern aus New Orleans voll akzeptiert. Nach etwa vier Stücken, in denen Reimer von Essen blies und swingte, dass es eine Wonne war, konnten wir Willie Humphrey auf die Bühne schicken. Das Stück wurde mit Reimer und Humphrey zu Ende gespielt, und das Publikum war begeistert. Als sich Reimer in aller Bescheidenheit von der Bühne verabschieden wollte, hielten ihn Willie Humphrey und die Musiker der Preservation Hall Jazz Band für ein weiteres Stück zurück und dokumentierten vor einem begeisterten Frankfurter Publikum die Begegnung von Jung und Alt, von Meister und Lehrling – der inzwischen auf dem Weg war, selbst ein Meister eigener, origineller Musik zu werden –, die Begegnung Amerikas mit Europa.

Für mich bedeutete nach dem Krieg der Jazz eine entscheidende Wende im Leben eines früheren Hitlerjungen, da diese Musik und dieses Lebensgefühl alles ad absurdum führten, was ihm die vormaligen Machthaber beigebracht hatten. Aber meine erste Liebe war zunächst der Modern Jazz als ein Aspekt zeitgenössischer Kunst – von Charlie Parker bis zu Albert und Emil Mangelsdorff und von John Coltrane bis zu Heinz Sauer. Dixieland und vor allem der englische »Traditional Jazz«-Boom haben uns nicht fasziniert. Überaus wichtig jedoch war die lebensprägende Begegnung mit dem Blues. So wurde die Brücke zur Barrelhouse Jazzband geschlagen, zumal Horst Lippmann immer wieder vom Barrelhouse-Blues sprach.

»Diese Band aus Frankfurt beweist, daß es auch im alten Jazz neue Wege und neue Dinge zu entdecken gibt. Diese neuen Wege haben sich bei der Barrelhouse Band in einem ganz eigenen, nach wenigen Sekunden identifizierbaren Stil niedergeschlagen – dem eigentlichen Beweis für die Meisterschaft im Jazz.« So weit Horst Lippmann. Und an späterer Stelle seiner Ausführungen heißt es:

»Wenn man untersucht, warum die Barrelhouse Jazzband so nachhaltig erfolgreich ist, stößt man letztlich auf die Menschlichkeit, die ihre Musik transportiert. Da kommt etwas zum Hörer herüber, das zutiefst lebensbejahend ist, auch im tiefsten Blues noch innere Freude aufscheinen lässt, eine positive Ausstrahlung jenseits jeglicher dümmlichen Jasagerei.«

Natürlich haben sich im Verlauf der Jahrzehnte auch in der Barrelhouse Jazzband immer wieder personelle Änderungen ergeben, die aber auch dazu beitrugen, die Weiterentwicklung der Band zu formen. Frühere wichtige Mitglieder haben uns durch ihren Tod verlassen. Ich denke hierbei an den Gründer Horst »Duclo« Dubuque, an Werner Knodel, an Agi Huppertsberg und Gerhard »Loni« Abt, der sogar das Wagnis eingegangen war, in die hektische, verrückte Welt des Lippmann+Rau-Konzertbüros einzusteigen. Vielleicht sind die fünf im Himmel mit Horst Lippmann zusammen auf der Suche nach einem Übungsraum. Im Paradies wird es wohl keinen Jazzkeller geben, aber ein Jazzkeller auf Erden kann durchaus ein Stück Paradies sein.

Ein weiterer Beweis für die Vereinbarkeit von traditionellem und Modern Jazz bei entsprechender künstlerischer und menschlicher Qualität der beteiligten Musiker sind die gemeinsamen Konzerte der Barrelhouse Jazzband mit dem Tenorsaxophonisten Heinz Sauer vom Albert Mangelsdorff Quintett, der einen Brief an die Barrelhouse Jazzband mit den Worten abschloss: »In vierzig Jahren werden eure Anhänger auch uns in die Arme schließen, wenn ihr so weitermacht, und das solltet ihr tun.«

Ein besonderes Kapitel in der Geschichte der Barrelhouse Jazzband sind ihre Lehrkonzerte an Schulen und Hochschulen. Solche Konzerte sollte und muss es unbedingt auch weiterhin geben, damit jungen Menschen die Geschichte des Jazz und seiner Legenden nahe gebracht wird. Hier böte sich ein weites Feld für Sponsoren aus der Industrie. Für diese wäre es eine verdienstvolle Aufgabe, den unglaublichen Verlust des schulischen Musikunterrichts wegen Geldmangels so gut es geht zu kompensieren und junge Menschen zu inspirieren, zum Instrument zu greifen. Trotz der Revolution durch die Informatik sollten die Schüler nicht nur mittels Computern versuchen, die rezeptive Seite ihrer Begabung optimal auszubilden, sondern es muss auch ihre kreative Seite gefördert werden – durch den Kontakt mit Musik, Literatur und bildender Kunst.

Es gäbe noch viel über die Barrelhouse Jazzband zu sagen. Sehr Gültiges und Imponierendes haben die bedeutenden Frankfurter Musikkritiker Dr. Wolfgang Sandner und Wilhelm Liefland in ihren Lobpreisungen der Barrelhouse-Band ausgedrückt: Die beiden Journalisten empfehlen die Frankfurter Jazzband als ein Ensemble, das im Ausland für den hohen Standard der Pflege des klassischen Jazz in Deutschland bürgt.

Jazz ist die Universität der Unterhaltungskultur. Wenn ein aktueller Superstar wie der junge Robbie Williams als Hommage an Frank Sinatra und Sammy Davis jr. eine Swingplatte produziert und davon allein in Deutschland über eine Million CDs verkaufen kann – immerhin nach hundert Jahren Jazz –, dann ist das ein Beweis, wie wichtig der Jazz auch im Jahr 2002 noch ist. Und die Barrelhouse Jazzband wird in der kommenden Zeit wichtiger sein denn je.

Zum Abschluss möchte ich noch eine persönliche Begegnung mit dem Barrelhouse-Drummer Hans Georg Klauer erwähnen. Horst Lippmann hat mir beigebracht, dass dessen hervorragendes Schlagzeugspiel an den unvergesslichen New-Orleans-Drummer Baby Dodds erinnert. Ich traf Freund Klauer auf dem Flug von Frankfurt nach New York und begrüßte ihn als Baby Dodds mit der Allerweltsfrage: »Was machst du denn hier, wie gehts uns denn?« Er gab mir eine fantastische Antwort: »Als weiter!« [Immer weiter!] Das ist genau der Kernpunkt der Geschichte der Barrelhouse Band über fünfzig Jahre. Ich kann heute nur wiederholen: »Macht als weiter wie bisher, denn ihr seid auf dem richtigen Weg!« Mein bayerischer Lieblingsphilosoph Karl Valentin würde dem hinzufügen: »Es gibt nichts Schöner's als was Schön's und nichts Besseres als was ganz Gut's!«

Ich wünsche dem Jubilar alles Gute für den Start in die zweite Hälfte des Barrelhouse-Jahrhunderts und danke euch aus ganzem Herzen für das, was ihr den Menschen beschert habt. Ich bin dankbar, euch durch Horst Lippmann kennen gelernt und erlebt zu haben.

B. B. King, der große Bluesgitarrist, hat mir zu meinem siebzigsten Geburtstag über den Rundfunk mit den Worten gratuliert:

»Your life just has started.« [Dein Leben hat gerade erst angefangen.] Er muss es wissen, denn er ist älter als ich. Der Barrelhouse Jazzband möchte ich daher zurufen: »Eure Zukunft hat gerade erst begonnen, und ihr steht mittendrin!«

10. Kapitel

Plädoyer für einen Begriff der Unterhaltungskultur

Ein Zitat über amerikanische Musik und Tanzstile vorweg:

> Roheres, Gemeineres, Dümmeres als die Jazztänze seit 1930 ward noch nicht gesehen. Solch amerikanische Bewegung erschüttert die westlichen Länder nicht als Tanz, sondern als Erbrechen. Der Mensch soll besudelt werden und das Gehirn entleert.

Hier handelt es sich nicht um irgendwelche Ergüsse über »entartete Musik«, sondern um die Worte eines großen deutschen Philosophen. Sie finden sich in Ernst Blochs Hauptwerk Das Prinzip Hoffnung (zitiert nach der Frankfurter Allgemeinen Zeitung vom 23. 8. 2004).

Das Unwerturteil des Soziologen und Philosophen Theodor W. Adorno geht in die gleiche Richtung: Für ihn ist der Jazz eine Musik des »europäisch-amerikanischen Amüsierbetriebs«, der sich »die Triumphatoren [des Jazz] nachträglich als Lakaien und Reklamefiguren« gedungen habe, die ihren Triumph als »verwirrende Parodie auf den kolonialen Imperialismus« ausspielten.

Wenn ich solche Sätze lese, tritt mir die ganze Arroganz und Ignoranz des deutschen Bildungsbürgertums plastisch vor Augen. Da ich mein Leben der Anerkennung der hier so heftig geschmähten Musik gewidmet habe, war es meine Aufgabe – und mein Problem –, gegen diese bildungsbürgerliche Verdammungshaltung Front zu machen. Gegen diesen Strom bin ich angeschwommen, gegen diese Vorurteile habe ich gekämpft.

Dieses Buch soll über meine Überlegungen und Bemühungen Rechenschaft ablegen. Das Urteil hierüber überlasse ich dem Leser.

Lieschen Müller und die Hölle der Unterhaltung

Wenn der deutsche Bildungsbürger »Unterhaltung« und »Kultur« hört, dann handelt es sich für ihn durchaus um eine äußerst widersprüchliche Angelegenheit, und der Begriff »Unterhaltungskultur« erscheint ihm geradezu als eine Art Widerspruch in sich.

Natürlich kann Unterhaltung nicht nur der Himmel, sondern auch die Hölle sein, und neben einer anspruchsvollen Unterhaltung gibt es auch den größten Kitsch. Das geht bis hin zu einer Verhohnepipelung des Menschen unter Missachtung der Menschenwürde, wie sie zum Beispiel in Fernsehproduktionen wie *Big Brother* oder *Ich bin ein Star. Holt mich hier raus!* praktiziert wird. Hier hat die Unterhaltungsindustrie einen unheilvollen Pakt mit der Banalität und dem Voyeurismus geschlossen, und mir kommt ein Satz von Sigmund Freud in den Sinn: »Der Verlust der Scham ist der Beginn der Idiotie.« Auch eine Aktion wie *Deutschland sucht den Superstar* gehört in diesen Zusammenhang. Selbstverständlich ist Nachwuchsförderung notwendig und an sich etwas sehr Verdienstvolles, aber man kann über einen Wettbewerb unter Anfängern keinen Superstar finden, auch wenn ein kompaktes Medienpaket hierfür geschnürt wird. Finden kann man nur Talente, die sich aber in langer, harter Arbeit erst entwickeln müssen. Frei nach Goethe: »Es bildet ein Talent sich in der Stille, doch ein Entertainer erst im Sturm der Zeit.« Warten wir ab, was von diesen sogenannten »Superstars« übrig bleiben wird.

Man sei also ruhig skeptisch, wenn ich von »Unterhaltungskultur« spreche. Denn in der Unterhaltung geht es auch um Amüsement, und vom *amusement* ist es nur noch ein kleiner Schritt zu

»a-musisch«, das heißt weg von der Muse, hin zur Plattkopfmusik. Dann wird Musik zum Zeitvertreib gemacht. Es ist aber falsch, dem Menschen das Wertvollste, was er hat, zu vertreiben – die Zeit. Viel wichtiger ist es, die Zeit zu nutzen, und erst da beginnt die Kultur. Stattdessen schaltet man das Radio ein, und das dudelt Musik rauf und runter. Diese Musik darf nicht bedeutend sein und auf sich aufmerksam machen, da doch die Werbetexte im Mittelpunkt der Sendungen stehen müssen. Es sind vorprogrammierte Formate, und man vertreibt sich die Zeit damit.

Das Allertollste war die Erfindung einer Figur namens Lieschen Müller in der Schnulzenindustrie der fünfziger Jahre. »Wir machen ein Schlagerprogramm, an dem Lieschen Müller seine Freude hat«, hieß es. Es wurde also ein Mensch erfunden, natürlich weiblich, ein geistiger Homunkulus: Lieschen Müller, die vor Dummheit strotzt und damit maßgeblich das Niveau bestimmt, auf dem man Filme oder Schlager zu produzieren hat. So amüsierte und produzierte sich die Unterhaltung jener Zeit zu Tode.

Noch schlimmer und menschenverachtender war die Einführung des »Ruhrkumpels« in die Sprache des Medienbetriebs. In Verhandlungen mit Rundfunk- und Fernsehmachern fielen beispielsweise Sätze wie: »Wir können doch samstags keinen Blues senden – wir dürfen den Ruhrkumpel nicht vergessen.« Ein hart arbeitender Mensch wird hier zum Inbegriff des Blöden gemacht. Und so entsteht Banalität und Oberflächlichkeit und Musik, die nur Berieselung ist. Man geht von einem bestimmten vorgeprägten Bild des Konsumenten aus, mit der Konsequenz, dass man diesen letztlich diskriminiert und banalisiert, also viel dümmer macht, als er wirklich ist.

Wir haben oft erfolgreiche Macher der Unterhaltungsindustrie getroffen, die zu vorgerückter, alkoholisierter Stunde nahezu zu weinen anfingen und gestanden, dass sie ja wie wir auf Jazz, Blues, Swing oder andere gute Musik stünden, aber das Volk sei ja so blöd, dass auch ihre Schlager und ihre Filme gar nicht blöd genug sein könnten.

Die fragwürdige Unterscheidung von E- und U-Musik

Hier tut sich der Blick auf in die Hölle der Unterhaltung, die mich schlechthin nicht interessiert. Aber auf diesem Weg kommen wir zu den Begriffen »E-Musik« und »U-Musik«. Das »E« bedeutet hier »ernste Musik« und das »U« »Unterhaltungsmusik«. Für manche steht das »E« allerdings eher für »ernstzunehmende Musik« und das »U« für »Unmusik«.

Das Prädikat E-Musik ist allein der klassischen und zeitgenössischen Konzertmusik vorbehalten, also dem herrlichen Erbe unserer abendländischen Kultur. Alles Übrige ist U-Musik, und innerhalb dieses weiten Bereichs wird kein Unterschied gemacht zwischen dem Banalschlager und den hochwertigen musikalischen Erscheinungen aus Jazz oder Blues und den anderen Perlen zeitgenössischer Musik, inklusive Rock und Pop.

Diese Klasseneinteilung, die auf einem arrogant-elitären Betrachtungsschema beruht, hat für die U-Musik eine Reihe von nachteiligen Folgen. Das fängt schon bei der GEMA an, der Gesellschaft für musikalische Aufführungsund mechanische Vervielfältigungsrechte. Sie ist eine an sich erfreuliche Erscheinung, da sie die Urheberrechte der Texter und Komponisten wahrnimmt und für ihre Mitglieder Gelder kassiert. Aber gerade bei der GEMA spielt es hinsichtlich der Höhe der Vergütung eine große Rolle, ob das geschützte Werk der E- oder der U-Musik zugeordnet wird. Noch mehr fällt die ungleiche Behandlung hinsichtlich der öffentlichen Subventionierung ins Gewicht. Die E-Musik genießt die Unterstützung der öffentlichen Hand in erfreulich großem Maße. Die U-Musik dagegen wird nicht nur kaum gefördert, sondern von der öffentlichen Hand auch noch vielfach durch erhöhte Steuern und sonstige Abgaben belastet. Ich spreche hier vor allem von der Ausgangssituation, denn in den letzten fünfzig Jahren hat sich doch einiges positiv entwickelt.

Bayreuth und die Frage der öffentlichen Subventionierung

Auf der Konzertbühne wird die ernste Musik genau wie Theater und Oper, inklusive der Operette, durch Subventionen am Leben erhalten. Mittlerweile sieht sich diese öffentliche Kulturförderung angesichts der leeren Kassen der Gemeinden und Länder vielerorts vor ernsthafte Schwierigkeiten gestellt, was bis zur Schließung von Theatern und zur Auflösung von Orchestern führen kann. Vor allem dann, wenn die Kulturverwaltungen unzeitgemäß, oberflächlich und nicht inhaltlich und kostenorientiert denken und arbeiten.

In diesem Zusammenhang möchte ich ein Beispiel nennen: die Bayreuther Festspiele. Um die Ränkespiele der Familie Wagner heute noch wirklich glanzvoll vorführen zu können, bedarf es eines öffentlichen Zuschusses von etwa acht Millionen Euro pro Jahr. Diese Mittel kommen aus Steuergeldern – und das in einer Zeit, in der auch in Bayern, wo zwei meiner Enkel zur Schule gehen, der Musikunterricht aus Geldmangel immer mehr aus den Lehrplänen verschwindet. Gleichzeitig werden einer elitären Minderheit von Festivalbesuchern in einem kleinen Saal von knapp tausend Plätzen, dem Festspielhaus Bayreuth, die kostspieligsten und aufwendigsten Opernproduktionen präsentiert. Wir haben es hier nicht einmal mit einem rein kapitalistischen Problem zu tun, da der Normalsterbliche für die längst im voraus ausverkauften Konzerte sowieso kaum Eintrittskarten erwerben kann, egal, was er auch zu zahlen gewillt ist. Es herrscht vielmehr eine Art feudalistische Situation, weil die Besucher die Eintrittskarten nahezu ererben müssen und überwiegend ohnehin äußerst wohlhabend sind. Deshalb sollten die Festspielkarten auch so teuer sein (oder das Festspielhaus müsste entsprechend vergrößert werden), dass alle Kosten direkt von denen bezahlt werden, für die es ein persönliches Vergnügen ist, Wagner in Bayreuth zu erleben. Es gibt nämlich keinen Grund dafür, mit den Steuergeldern des deutschen Volkes einer ohnehin privilegierten Gruppe ein weiteres Privileg zu ermöglichen.

Als die berühmten drei Tenöre Luciano Pavarotti, Plácido Domingo und José Carreras im riesigen Münchner Olympiastadion *O sole mio* und andere Werke der Musikliteratur vortrugen, kosteten die nicht subventionierten Eintrittskarten für die Sitzplätze direkt an der Bühne bis zu 1800 Mark, und selbst für einen Platz ein paar Hundert Meter weiter am anderen Ende des Stadions musste der Käufer noch immer dreihundert Mark zahlen. Dennoch waren die über sechzigtausend Karten in wenigen Tagen verkauft. Das Beispiel zeigt, dass die Kultur der Bourgeoisie auch ohne Subventionen durch ihre meist wohlhabenden Konsumenten selbst bezahlbar ist. Ich weiß, dass sich hierüber streiten lässt, denn natürlich gibt es auch viele Menschen, die für die drei Tenöre keine 1800 Mark ausgeben können oder wollen und dennoch klassische Musik über alles lieben. Man muss sich aber angesichts von teuren Prestigeobjekten, die den Steuerzahler so belasten, dass es auf Dauer nicht mehr vertretbar ist, Gedanken machen, ob nicht die gesamte staatliche Kulturförderung einer gründlichen Revision unterzogen werden muss. Ein Beispiel für einen Kulturevent, der sich praktisch ohne staatliche Zuschüsse zu einem großen Erfolg entwickelte, bietet das Rheingau Musikfestival – während beim etwa gleich bedeutenden Schleswig-Holstein Musikfestival drei Millionen Euro von der öffentlichen Hand zugebuttert werden mussten. Warum diese Unterschiede?

Nach fünfzig Jahren Tätigkeit als Konzertveranstalter bin ich inzwischen beinahe stolz darauf, dass wir von Duke Ellington über Jimi Hendrix und Bob Dylan bis zu den Rolling Stones, Udo Jürgens und Udo Lindenberg die Größen der Unterhaltung mit ihren Meisterwerken präsentiert haben und dabei ohne einen Pfennig direkter öffentlicher Subventionen ausgekommen sind. Dies gilt auch für Udo Lindenbergs Rockrevuen und die kostenintensiven *Tabaluga*-Tourneen von Peter Maffay, obwohl es sich beide Male um spartenübergreifende Produktionen handelte, die Rockkonzert und Theaterereignis verbanden und an denen mit Leuten wie Peter Zadek, Andrasz Fricsay, Rufus Beck und Heinz Hönig anerkannte Regisseure und Schauspieler beteiligt waren.

Ein Modell zur Nachwuchsförderung

Die Frage ist nur: Wie steht es um die Nachwuchspflege? Wie steht es um die Konzertclubs, ohne die eine Unterhaltungskultur mit jungen, unbekannten, aufstrebenden Künstlern nicht denkbar ist? Diese Clubs kann man nicht dem freien Markt überlassen. Für sie sind Subventionen und staatliche wie kommunale Hilfe sehr notwendig. Daneben können auch Sponsoren aus der Industrie eine wichtige Funktion in Sachen Nachwuchspflege übernehmen.

Für eine Kultur der Unterhaltung ist eine gezielte Förderung des Nachwuchses essenziell, und daher möchte ich im Folgenden auf ein konkretes Sponsoringbeispiel näher eingehen. Es handelt sich um den f6 Music Award, einen Nachwuchswettbewerb für Musikerinnen und Musiker in den neuen Bundesländern, an dem ich seit seiner Gründung selbst beteiligt bin – zunächst als Vorsitzender der Jury und heute als Schirmherr. Es hat mir Freude bereitet, beim Aufbau des Wettbewerbs mitzuwirken, und ich betrachte es als eine Ehre, trotz meines fortgeschrittenen Alters immer noch berufen zu werden.

In Deutschland gibt es inzwischen 130 Nachwuchswettbewerbe, und der *f6 Music Award* gehört bundesweit zu den drei erfolgreichsten. 2004 hatten sich insgesamt 780 Bands beworben. Für den sechsten Wettbewerb 2005 werden im Rahmen einer Vorabsichtung durch anerkannte Fachleute – vor allem Produzenten aus der Schallplattenindustrie – zunächst unter allen Bewerbern etwa 120 Bands aus den fünf neuen Bundesländern ausgesucht, von denen wiederum eine Jury 26 Bands für die fünf Landesausscheidungen auswählt. Die fünf Landessieger werden dann zur Endausscheidung im Februar 2006 nach Berlin geladen.

Im Dezember und Januar bereiten eine Studioproduktion mit speziellem Coaching sowie eine kleine Clubtour die ausgesuchten Bands auf das Finalkonzert vor. Dessen drei Sieger erhalten anschließend eine weitergehende Förderung, die auch die Vorbereitung von Plattenaufnahmen mit einschließt. Ziel dieses Nachwuchswettbewerbs ist es erstens, möglichst viele junge Menschen dazu zu inspirieren, zum Instrument zu greifen und ihre Fähigkeiten als Amateure unter Beweis zu stellen, und zweitens, auch im Bereich der sogenannten U-Musik den besten Talenten eine Förderung zuteil werden zu lassen, die ihnen den Weg in ein professionelles Musikerdasein erleichtert. Mit der hirnrissigen Suche nach »Superstars« hat dies freilich nichts zu tun.

Der Kampf gegen die Vergnügungssteuer

Die Begriffe E und U sind am Verblassen. Man hat inzwischen begriffen, dass diese Trennung falsch und längst überholt ist. Doch vergesse man nicht die Vergnügungssteuer, die es in einigen Bundesländern immer noch gibt. Dort werden die Konzerte im Unterhaltungsbereich grundsätzlich mit zwanzig Prozent der Bruttoeinnahmen besteuert, was bedeutet, dass die Kartenpreise um fünfundzwanzig Prozent erhöht werden müssen – zulasten des Publikums. Die Vergnügungssteuer ist eine kommunale Angelegenheit und bietet somit eine lockende Einnahmequelle für die gebeutelten Gemeindekassen. Daher unternahm die Stadt Köln 2004 Anstrengungen, die Vergnügungssteuer wieder zu kassieren, was aber glücklicherweise gescheitert ist.

Die Konzerte der E-Musik, inklusive der Operetten, sind von der Vergnügungssteuer grundsätzlich befreit. Im Bereich der Kategorie U-Musik gibt es die Möglichkeit einer fünfzigprozentigen Ermäßigung der Steuer, falls die Darbietungen als »kulturell wertvoll« eingestuft werden. Veranstaltungen, die als »künstlerisch hochstehend« anerkannt werden, wird sogar ein voller Erlass gewährt. Die nötige Beurteilung erfolgt durch städtische Kulturbeamte oder, bei Tourneen, durch einen Beamten des Kultusministeriums. Diese bedauernswerten Menschen mussten zum Beispiel die Soundgewitter von AC/DC, Jimi Hendrix oder den Rolling Stones über sich ergehen lassen, um zu beurteilen, ob deren Darbietungen nun künstlerisch hochstehend oder nur künstlerisch wertvoll sind oder ob sie überhaupt keine künstlerische Bedeutung haben und also voll besteuert werden müssen.

Einige dieser Beamten haben wahrscheinlich bleibende Gehörschäden davongetragen. Die meisten haben überhaupt nichts kapiert. Und wir mussten prozessieren.

Meine juristischen Kenntnisse haben uns bei diesen Prozessen geholfen, und durch unsere jahrelangen Bemühungen konnten wir nach und nach erreichen, dass immer mehr Bundesländer ihre unsinnig gewordenen Vergnügungssteuergesetze entsprechend geändert haben. Für unsere Prozesse mussten wir sogar Gutachten von Musikwissenschaftlern einholen. Über Louis Armstrong, ein Genie des 20. Jahrhunderts, hat Igor Strawinsky gesagt, die viereinhalb Minuten seines *42nd Street Blues*, aufgenommen mit seiner Hot Five in den zwanziger Jahren, seien das interessanteste Stück improvisierte Musik, das je entstanden sei. Der Armstrong-Prozess zur Vergnügungssteuer ging über mehrere Instanzen bis hin zum Bundesverwaltungsgericht – das rettende Argument der anderen Seite bestand immer darin, dass Armstrongs Sängerin einen Spagat gemacht und Louis Armstrong selbst ununterbrochen gelacht habe. Ja, was sollte er denn sonst machen, sollte er etwa weinen?

Dank der vorgelegten Gutachten hat das Bundesverwaltungsgericht inzwischen immerhin auch die Musik von Louis Armstrong als »künstlerisch hochstehend« anerkannt, was den Künstler im Himmel bestimmt sehr glücklich gemacht hat.

Man hat uns in den fünfziger Jahren für das Modern Jazz Quartet oder das Oscar Peterson Trio die Kammermusiksäle verweigert, denn den Verantwortlichen erschienen diese Musiker von Weltformat nicht würdig genug, um in deutschen Kammermusiksälen aufzutreten. Aber wir haben es geschafft, diesem Unsinn erfolgreich zu begegnen.

Noch in den siebziger Jahren hat uns eine deutsche Stadtverwaltung ein Konzert von John Mayall und seinen Bluesbreakers nicht genehmigt, da die dortige Stadthalle von einem reichen Industriellen finanziert wurde, der auf diese Weise seines im Zweiten Weltkrieg gefallenen Sohnes gedenken wollte. Seine Bedingung war allerdings, dass dort keine Angehörigen einer früheren Feindmacht auftreten dürften. Inzwischen ist auch dieses völlig ungerechtfertigte Auftrittsverbot aufgehoben worden.

Als man Ella Fitzgerald und auch Duke Ellington endlich in die Berliner Philharmonie gelassen hat, wurden sie in bescheidenen Garderobenräumen untergebracht. Bis ich dank der Indiskretion eines Bediensteten einen Blick in die Garderobe des Herrn von Karajan werfen durfte. Da war Luxus und Pracht im Überfluss, obwohl sich der Maestro verhältnismäßig selten in der Philharmonie aufhielt. Mir platzte der Kragen, und ich habe gesagt: »Entweder Ella Fitzgerald kriegt diese Garderobe, oder ich breche die Tür auf, mache einen freien Zugang, gehe zur Presse und lasse das alles fotografieren.« Daraufhin durfte auch Ella die Karajan-Garderobe in der Berliner Philharmonie genießen und ihr Konzert in Hochstimmung absolvieren.

Musik überwindet die Gegensätze

Derartige Diskriminierungen gehören inzwischen der Vergangenheit an, was nicht zuletzt auch den Musikern aus dem Bereich der E-Musik und ihrem anerkennenden Einsatz für die Künstler der Unterhaltungskultur zu verdanken ist.

So hat Yehudi Menuhin schon vor vierzig Jahren hervorragende Jazzmusiker zu seinem berühmten Musikfestival im englischen Bath eingeladen, darunter Albert Mangelsdorff. Es gibt auch eine herrliche Jazzaufnahme von Menuhin mit dem französischen Jazzgeiger Stéphane Grappelli, und beide swingen wie die Teufel. Luciano Pavarotti holt Rockstars zu seinen Benefizkonzerten und freut sich, mit ihnen alljährlich unvergessliche Musikereignisse gestalten zu können. Der britische »Punkgeiger« Nigel Kennedy hat eine Version der *Vier Jahreszeiten* von Vivaldi auf den Markt gebracht, die hoch gelobt wurde, und seine nächste CD enthielt Violinversionen von Hendrix-Stücken. Umgekehrt hat auch Benny Goodman, der »King of Swing«, Klassikaufnahmen gemacht und schon vor über fünfzig Jahren die für mich schönste Version des

Klarinettenkonzerts von Wolfgang Amadeus Mozart auf Schallplatte gebannt.

Die wunderbare Geigerin Anne-Sophie Mutter wurde bei einem Fernsehinterview nach der größten Sängerin des zwanzigsten Jahrhunderts gefragt, und sie nannte weder Maria Callas noch Renata Tebaldi, sondern ganz einfach Ella Fitzgerald. Das hat mich so glücklich gemacht, dass ich vor Freude den Fernseher geküsst und mir wie so oft den Mund verbrannt habe.

Schon diese wenigen Beispiele lassen erkennen, wie fließend die Grenzen zwischen E- und U-Musik sind. Sie demonstrieren außerdem, wie wichtig es ist, einen zentralen Bereich der Unterhaltungsmusik neu zu definieren und diese Form von Unterhaltung vom oben beschriebenen bloßen Zeitvertreib oder Amüsement abzugrenzen. Zur Charakterisierung dieses Bereichs möchte ich den Begriff der »Unterhaltungskultur« vorschlagen. In die unter diesem Begriff subsumierte Musik ist auch das Erbe der europäischen Klassik mit eingegangen.

An einem freien Abend habe ich einmal zusammen mit Oscar Peterson im Münchner Herkulessaal eine Aufführung des Zweiten und des Vierten Brandenburgischen Konzerts von Johann Sebastian Bach gehört. Es spielte damals das Münchner Kammerorchester unter Karl Richter, mit Adolf Scherbaum an der Trompete. Es war für uns beide ein unglaublicher Abend. Vor allem Bach hat nicht nur den Jazz, sondern teilweise auch die Rockmusik nachhaltig beeinflusst. Man denke nur an das Modern Jazz Quartet, an Ian Anderson von Jethro Tull oder an Emerson, Lake & Palmer.

Im Jazz ist das europäische Musikerbe eine Symbiose mit den afroamerikanischen Traditionen eingegangen. Im Schmelztiegel von New Orleans geboren, kam der Jazz nicht aus den Konzertsälen, sondern aus dem Volk, aus den Spelunken des French Quarter. Der Jazz und alle ähnlich entstandenen »Volksmusiken« haben nichts zu tun mit der sogenannten »volkstümlichen Musik«, die dem Volk als Schlagermusik aufoktroyiert wird. Jazz, Blues, Gospel, Flamenco, Tango und auch die besten französischen Chansons sind Musik aus dem Volk, und aus diesen Musikformen hat sich die hohe Schule der Unterhaltungskultur entwickelt.

Genauso wie es Begegnungen und fließende Übergänge zwischen klassischer Musik und moderner Unterhaltungsmusik gibt, hat auch der Jazz die Pop- und Rockmusik befruchtet, und es sind interessante Synthesen entstanden. So brachte der englische Popmusiker Sting 1985 mit *Dream Of The Blue Turtles* ein Album heraus, bei dem Musiker aus dem Miles-Davis-Kreis und der Tenorsaxophonist Branford Marsalis mitwirkten. Aus dem Zusammenwirken von Jazz- und Rockmusikern entstand ein Meisterwerk. Stings Manager und seine Plattenfirma haben ihm diesen – wie sie meinten – »Irrtum« zugestanden, damit er ganz schnell wieder zu seiner Erfolgsband Police zurückkehrte. Man gab dem Album keine Chance auf kommerziellen Erfolg, doch wurden mehr als acht Millionen Exemplare verkauft, und Police kam nie

Im Münchner Olympiastadion (Privatarchiv Fritz Rau)

mehr zusammen. Lippmann+Rau hatten das Vergnügen, *Dream Of The Blue Turtles* in der Olympiahalle München und anderen großen Konzerthallen live präsentieren zu dürfen.

Man denke auch an die bereits erwähnte Zusammenarbeit von Quincy Jones und Michael Jackson. Quincy Jones ist einer der wichtigsten Arrangeure des Jazz und arbeitete unter anderem für das Count Basie Orchestra. Außerdem leitete er jahrelang eigene Big Bands und ist selbst als ein hervorragender Trompeter in Erscheinung getreten. Aus seiner Kooperation mit dem »King of Pop« gingen einige der herausragenden Schallplatten dieses genialen Künstlers hervor, allen voran das bislang erfolgreichste Popalbum überhaupt, *Thriller*. Durch seine Arbeit als Komponist und Produzent für Michael Jackson hat Quincy Jones die ganze Tradition der schwarzen amerikanischen Musik im Werk des »King of Pop« lebendig gehalten und sich auch im Popbereich einen Namen gemacht.

Der Unterhaltungskünstler als Kulturstifter

Eine im beschriebenen Sinn als Unterhaltungskultur verstandene Unterhaltungsmusik setzt ein verändertes Menschenbild voraus. Adressat ist hier kein imaginäres Lieschen Müller, sondern der lebende, mündige Konsument, den der Künstler erst erreichen und überzeugen muss. Hier gibt es keinen fiktiven Pakt der Banalität auf niedrigstem Niveau. Für das mündige Publikum muss der Künstler sein Bestes geben! Je überzeugender er der Aufgabe gerecht wird, sein Publikum im besten Sinn zu unterhalten, umso eher wird es ihm möglich sein, eine Spitzenposition auf dem Konzertmarkt zu erobern und sie sich über Jahre und Jahrzehnte hinweg zu erhalten.

Um Erfolg und Qualität dieser Unterhaltungsmusik zu messen, gibt es einen ganz einfachen Maßstab: Der Besucher muss nach dem Konzert »besser drauf« sein als vorher. Der Abend muss ihm die Chance gegeben haben, zärtlicher – nicht sentimentaler – und sogar stärker zu werden, sodass er besser in der Lage ist, den Auseinandersetzungen des nächsten Tages die Stirn zu bieten. Darüber hinaus kann er durch die Darbietung des Künstlers auch klüger geworden sein, also etwa aufgeklärter für gesellschaftliche Zusammenhänge.

Eine solche Funktion erfüllen beispielsweise Auftritte von Künstlern bei Demonstrationen und anderen Veranstaltungen, die dem Volk eine Stimme geben, wenn etwa politische Entscheidungen oder gesellschaftliche Ereignisse das Leben der Menschen nachhaltig beeinflussen und Unruhe und Besorgnis hervorrufen. Für diese Künstler gilt ein anarchisches Prinzip, da sie als Menschenanwälte über allen Staatsanwälten stehen.

Ich möchte hier nur an die vielen Konzerte in den USA erinnern, bei denen sich Künstler etwa für eine Beendigung des Vietnamkriegs oder die Rechte der schwarzen Minderheit einsetzten. Was

Fritz Rau und Horst Lippmann mit Willy Brandt und Rudolf Scharping backstage während des Konzerts Rock gegen Atom auf der Loreley. Willy Brandt war Schirmherr dieses Konzerts, das 1986 nach der Reaktorkatastrophe von Tschernobyl veranstaltet wurde. (Privatarchiv Fritz Rau)

Deutschland betrifft, so habe ich bereits im vierten Kapitel auf die wichtigen Veranstaltungen *Künstler für den Frieden* in Bochum sowie auf die Konzerte gegen Atomwaffen und für einen Ausstieg aus der Atomenergie hingewiesen, an deren Gestaltung Lippmann+Rau wesentlich mitgewirkt haben. Auch die von Udo Lindenberg initiierte Aktion Rock gegen Rechts sei noch einmal erwähnt.

Musik der Zukunft: Die »EU-Musik«

Unter anderem ein Ergebnis der Arbeit von uns Vertretern der Unterhaltungsbranche ist es auch, dass eine objektiv geschriebene Kulturgeschichte der zweiten Hälfte des 20. Jahrhunderts wahrscheinlich mehr Namen von Stars der Unterhaltungskultur aufzeigen wird als von Größen aus der klassischen Musikszene. Zu diesen Jahrhundertkünstlern der Unterhaltungskultur gehören die Beatles und die Rolling Stones, Ella Fitzgerald, Duke Ellington und Miles Davis und natürlich noch viele andere mehr. Im auf Deutschland bezogenen Teil dieser Kulturgeschichte werden Namen auftauchen wie Albert und Emil Mangelsdorff, Udo Jürgens, Udo Lindenberg, Peter Maffay, Herbert Grönemeyer, Konstantin Wecker, Hanns Dieter Hüsch und Reinhard Mey.

Anstelle einer Unterscheidung zwischen E- und U-Musik in der bisherigen Form plädiere ich für die Kategorie »EU«, also mehr oder weniger für eine Aufhebung der Trennung von ernster Musik und gehobener Unterhaltungsmusik jenseits des Banalschlagers. Für Künstler und ihre Werke, die im beschriebenen Sinn das Prädikat Unterhaltungs*kultur* verdienen, kann es gar nicht genügend Förderpreise geben.

Unter dem Begriff »EU« werden also die Künstler der E-Musik und die Künstler der Unterhaltungskultur gleichberechtigt zusammengefasst. Im Griechischen bedeutet das Wort »eu« »gut und richtig«. Politisch denken wir bei »EU« an die Europäische Union – an ein Europa, das, jetzt unter Schmerzen geboren, die Zukunft gestalten wird.

11. Kapitel

Rockklassiker und Rock-Oldies

Kein Rentenalter für Rockmusiker

Im Juni 2005 wurde in der Münchner *Abendzeitung* unter der Überschrift »Rock statt Rente« über eine ganze Seite das Phänomen beschrieben, dass die Stars von früher heutzutage die größten Hallen und Stadien füllen und nie alt zu werden scheinen. Gemeint waren Leute wie Tina Turner, die inzwischen 65 Jahre alt ist, ihren ersten Hit bereits 1960 hatte und möglicherweise bald wieder auf Tournee geht. Auch andere ältere Pop- und Rockstars sind noch immer sehr aktiv. Man denke nur an die Deutschlandkonzerte von Crosby, Stills & Nash oder auch von Elton John im Sommer 2005. Die legendäre Gruppe Queen, die nach dem Tod Freddie Mercurys lange Jahre nicht mehr aufgetreten war, füllt inzwischen mit dem Sänger Paul Rodgers (früher bei Free und Bad Company) alle Hallen und Open Airs. Bei der Solotournee Mark Knopflers von den Dire Straits war unter anderem die riesige Kölnarena bis zum letzten ihrer 17000 Plätze ausverkauft. Auch der »Boss« Bruce Springsteen gab uns 2005 die Ehre einer Solotournee. Die Eintrittskarten für die großen Hallen waren innerhalb weniger Tage ausverkauft. Rod Stewart feierte mit einem hervorragenden Programm aus seinen alten Liedern plus Swingnummern Erfolge. Im September 2005 erschien mit *A Bigger Bang* eine neue CD der Rolling Stones, die für viel Wirbel sorgte, und im Rahmen ihrer Welttournee 2005/06 kommen im Sommer 2006 auch die Stones wieder nach Deutschland. Und die Liste ließe sich noch lange fortsetzen.

Der genannte Zeitungsartikel trug den Untertitel »Veranstalterlegende Fritz Rau über das Geheimnis der Oldies«. Es handelte sich um ein Interview mit mir, das zwar inhaltlich richtig wiedergegeben, doch mit zum Teil missverständlichen Zwischenüberschriften versehen war. Eine davon lautete: »Unsterblich, weil sie besser sind«.

Richtig ist, dass sich das künstlerische Schaffen von Unterhaltungskünstlern wie den oben genannten in mehrfacher Hinsicht als unsterblich erweisen wird. Auch nach ihrem Tod – mit dem sie sich ruhig Zeit lassen sollten – werden ihre Werke auf Schallplatten, Videos und DVDs erhältlich sein, und ich glaube, dass sie auch von zukünftigen Generationen noch gehört werden. Irreführend an dieser Überschrift ist jedoch, dass damit der Eindruck erweckt wird, die älteren Künstler von heute seien besser als die jungen. Dies wäre ein subjektives Werturteil und zudem recht relativ. Im Bereich der klassischen Musik käme ja wohl auch kaum jemand auf die Idee zu urteilen, dass Mozart besser sei als Strawinsky oder umgekehrt.

Künstlerische Reife durch Lebenserfahrung: Eric Clapton und Joe Cocker

Ich sehe den Grund für den jahrzehntelangen Erfolg der genannten Künstler, zu denen ich auch deutsche Interpreten wie Peter Maffay und Udo Jürgens rechnen möchte, vielmehr darin, dass sich zu dem gottgegebenen Talent im Lauf der Jahre eine reiche Lebenserfahrung gesellte. Bei manchen anderen großen Künstlern, wie Jimi Hendrix, Janis Joplin und Jim Morrison, hat dies bedauerlicherweise ihr viel zu früher Tod verhindert. Anderen Künstlern ist es gelungen, ihre Lebenskrisen zu meistern, die sie oftmals in Alkohol- und Drogenabhängigkeit führten, und sie haben dabei auch auf der Bühne eine Reife erreicht, die bewundernswert ist.

Eric Clapton, heute erfolgreicher denn je, konnte aus gesundheitlichen Gründen nahezu acht Jahre lang nicht auftreten, aber er hat seine Schwierigkeiten überwunden. Als 1991 sein damals fünfjähriger Sohn aus einem New Yorker Hochhaus zu Tode stürzte, befürchteten wir alle das Schlimmste für den britischen Meistergitarristen. Und auch wenn Clapton diesen Verlust bis heute nicht verwunden hat, so hat er doch einen Weg gefunden, mit seinem Leid umzugehen und es musikalisch fruchtbar zu machen. Glücklicherweise lud ihn damals sein Freund George Harrison ein, auf dessen gerade bevorstehende Japantournee mitzukommen. Bei dieser Tournee wurde Clapton nicht angekündigt und konnte daher stressfrei als ganz normales Mitglied der Band auftreten und spielen. Das Ergebnis der künstlerischen Sublimierung seines Kummers war dann das tief berührende und unmittelbar zu Herzen gehende Lied *Tears In Heaven*.

Joe Cocker hatte beim legendären Woodstock-Festival seinen großen Auftritt mit *With A Little Help From My Friends* von den Beatles, und wir haben in den folgenden Jahren einige Tourneen mit ihm veranstaltet. Cocker lebte jahrelang zwei Dosen Bier von der Hölle entfernt. Wir mussten bei manchen Auftritten um ihn bangen und waren froh, wenn seine Konzerte zu Ende gebracht wurden. Inzwischen hat er seine Alkoholsucht überwunden und lebt an der Seite seiner neuen Frau trocken und glücklich in Kalifornien. Ich habe im Juni 2005 das Frankfurter Konzert seiner Deutschlandtournee bis zur letzten Zugabe erlebt und war ein Teil seines begeisterten Publikums, das ihn mit Standing Ovations feierte.

Ein deutsches Beispiel für den an Lebenserfahrung gereiften Künstler ist Udo Lindenberg, der ebenfalls lange Jahre gegen den Alkohol zu kämpfen hatte und oft unterlag. Inzwischen ist er seit vier Jahren trocken – sicherlich eine ungeheure Energieleistung – und auf der Bühne besser denn je.

Wer sich weiterentwickelt, ist kein Oldie

Noch ein Wort zum oben zitierten Untertitel vom »Geheimnis der Oldies«. Der Begriff »Oldies« trifft auf die genannten Künstler in keiner Weise zu. Ich halte es auch für eine Unverschämtheit, wenn Künstler auf der Höhe ihres Könnens, mitten im fünften Jahrzehnt ihres Lebens, als »Altrocker« oder »Rockveteranen« bezeichnet werden. Eine besonders scheußliche Entgleisung war der Ausdruck »Grufties«, den Hamburger Journalisten prägten, als 1984 Bob Dylan, Santana und Joan Baez in Deutschland gastierten. Ich selbst nenne diese Künstler, die nicht nur ihre Musik früherer Jahre meisterhaft und teilweise in stets neuen Arrangements spielen, sondern auch immer wieder neue Konzertund Schallplattenproduktionen hervorbringen, lieber »Rockklassiker«.

Einer dieser Klassiker ist die Band Jethro Tull, die 2005 ebenfalls eine Open-Air-Tournee unternahm. In diesem Zusammenhang besonders bemerkenswert waren die bereits kurz erwähnten Auftritte von Ian Anderson im Dezember 2004, bei denen er, begleitet von der Neuen Philharmonie Frankfurt, Jethro-TullTitel orchestral vortrug. Die Resonanz war so positiv, dass für November und Dezember 2005 eine zweite gemeinsame Tournee angesetzt wurde. Die Neue Philharmonie besteht aus hochbegabten Nachwuchsmusikern, und die Begeisterung, mit der diese jungen Männer und Frauen bei der Sache waren, hat mir äußerst imponiert. Die Zusammenarbeit des älteren Rockmusikers, Jahrgang 1947, mit den jungen Orchestermusikern ist ein gutes Beispiel dafür, wie experimentierfreudig diese vermeintlich saturierten »Altrocker« heute noch sein können, und dass sie noch immer neue Herausforderungen suchen.

Solchen Rockklassikern stehen die Rock-Oldies gegenüber. Hierunter verstehe ich Musiker, die vor Jahrzehnten einen oder mehrere Hits hatten, die sich aber, statt sich weiterzuentwickeln, nunmehr darauf beschränken, ihre alten Hits mehr oder weniger gut nachzuspielen. Diese »Oldies« mit ihren Bands werden oft im Mehrfachpack zu Konzerten zusammengestellt, bei denen sie dann eine Hitparade der sechziger, siebziger oder achtziger Jahre vortragen. An solchen Veranstaltungen bin ich persönlich weniger interessiert.

Das Thema »Rockklassiker und Rock-Oldies« ist im Übrigen nicht erst jetzt aktuell. Bereits 1997 habe ich der *Bunten* ein Interview gegeben, in dem ich den Unterschied von Oldie-Nostalgie und gereiftem authentischem Künstlertum hervorhob, für den auch das Publikum ein feines Gespür habe. Ich betonte damals:

»Klassiker oder Oldies, das ist hier die Frage. Die Klassiker des Rock und Pop werden ihre Musik und ihre Texte in das Jahr 2000 tragen.«

Tatsächlich sind die meisten der Künstler, die ich damals als noch immer erfolgreich und innovativ angeführt habe – von den Rolling Stones über Santana und Eric Clapton bis zu Bob Dylan –, auch heute noch aktiv, auch wenn andere, wie Johnny Cash, inzwischen leider verstorben sind. In dem *Bunte*-Interview stellte ich auch die Bedeutung der Verankerung dieser Künstler in den sechziger Jahren heraus. Sie prägten diese stürmische Zeit der Revolution durch die Rockmusik mit, die auch die Welt der Unterhaltung auf den Kopf stellte und die für die Nachgeborenen die gleiche Bedeutung besitzt, wie sie für mich vom Jahrgang 1930 die »Roaring Twenties« haben. Ich schloss:

> Bob Dylan singt *Forever Young*, man altert nicht im Kopf, sondern nur am Kopf, denn dort werden nur die Haare grau. Es besteht aber die Chance, im Kopf jung und im Herzen kreativ zu bleiben [...]. Neue Musikmoden werden kommen und gehen, da ist Techno oder Hip-Hop, House oder Dance. Was davon bleiben wird, werden wir in zehn Jahren wissen. Mir scheint aber – gerade bei jungen Menschen – ein zunehmendes Bedürfnis zu entstehen nach Nähe und Zärtlichkeit, nach Berühren und Zuhören, nach Gefühl und Sensibilität, und was ist daran falsch?

Rock und »Kommerz«

In der Münchner *Abendzeitung*, in der mein neueres Interview zu diesem Thema erschienen ist, werden auch Leserbriefe veröffentlicht, und zwar in einer Rubrik mit der Überschrift »Früher gab's

Musik mit Herz, nicht nur für den Kommerz«. Als alter Sack von 75 Jahren müsste ich über eine solche Zeile eigentlich glücklich sein, aber ich bin es nicht. Denn Rock- und Popmusik ist schon aufgrund der ungeheuren Resonanz, die diese Musik seit den sechziger Jahren auslöst, ohne Kommerz überhaupt nicht denkbar. Kommerz – das heißt wirtschaftlicher Erfolg – ist auch nichts Böses. Keiner wird einem renommierten Schriftsteller wie Günter Grass verübeln, dass seine Bücher hohe Auflagen erzielen und ihn zu einem reichen Mann machen. Das ist nur gerecht. Entscheidend ist vielmehr die Intention und das Können der Künstler, ob sie nun Rockmusiker oder Dichter sind.

Bei den Konzerten der Rockklassiker werden meist Millionen Euro investiert, bevor auch nur eine einzige Eintrittskarte verkauft ist. Diese Künstler legen ihr Herzblut in ihre Konzerte. So habe ich es fünfundzwanzig Jahre lang mit Peter Maffay erlebt und über dreißig Jahre mit Udo Lindenberg und Udo Jürgens. Doch auch heute noch wachsen vergleichbare Musikerpersönlichkeiten nach, wie beispielsweise Robbie Williams, Anastacia und unter den deutschen Bands die Fantastischen Vier.

Ein wichtiges Argument für die Besucher unserer Konzerte ist der Eintrittspreis. Er ist ein Politikum, wie der Brotpreis im früheren Preußen und der Bierpreis im heutigen Bayern. Viele Menschen gehen davon aus, dass Kultur und vor allem Musik umsonst angeboten werden sollte. Aber die Verhältnisse sind nicht so. Ich kann mich nur meinem Lieblingsphilosophen Karl Valentin anschließen: »Kunst ist schön. Macht aber viel Arbeit.« Und daher kostet sie eben auch viel Geld. Damit möchte ich keineswegs hohen Eintrittspreisen das Wort reden. Ich bin froh, dass Peter Maffay immer darauf bestanden hat, die Eintrittspreise so zu kalkulieren, dass sie von seinen Anhängern als fair empfunden werden konnten. Dies ging sogar so weit, dass wir uns bei *Tabaluga und das verschenkte Glück* beinahe verkalkuliert haben, da die Produktionskosten immer höher wurden, aber die Eintrittspreise nach Beginn des Kartenvorverkaufs konstant bleiben mussten. 2005 sind die Karten für Peter Maffays Open-Air-Konzerte nur halb so teuer wie die für die Hallenkonzerte von Marius Müller-Westernhagen.

Die Darbietungen der Rockklassiker sind längst nicht mehr Ausdruck einer Jugendbewegung. Diese frühere Jugendorientiertheit hatte das fatale Resultat, dass in unserer Branche über Jahre hinweg ein ausgeprägter Jugendwahn herrschte. Doch mittlerweile sind die Klassikerkonzerte unübersehbar generationsübergreifende Erlebnisse geworden, zu denen Eltern mit ihren Kindern oder sogar Großeltern mit ihren Enkeln kommen. Leider wird dieser Aspekt der Familienunterhaltung bei der Preisgestaltung nur selten berücksichtigt und entsprechende Ermäßigungen, wie bei unseren *Tabaluga*-Veranstaltungen, müsste es noch viel häufiger geben.

Die Kalkulation der Kartenpreise richtet sich vor allem nach der erwarteten Nachfrage. Die Konzerte von U2 im Jahr 2005 waren nicht nur innerhalb von Tagen, sondern innerhalb von Stunden ausverkauft. Meine über zwanzigjährige Zusammenarbeit mit den Rolling Stones ging 1994 zu Ende, als ein deutscher Veranstalter ihnen für die anstehenden Open-Air-Konzerte ein Millionenangebot unterbreitete, das die Stones in dieser Höhe nicht erwartet hatten. Wir sahen uns außerstande, das Angebot des Konkurrenten zu »matchen«, also zu übernehmen. Hätten wir die gleiche Garantiesumme geboten, hätten selbstverständlich wir den Zuschlag erhalten. Wir haben gerechnet und gerechnet und festgestellt, dass wir bei dieser Garantiesumme für die Band die Eintrittspreise mit weit über hundert Mark hätten kalkulieren müssen. Mir schien damals ein Durchschnittspreis von achtzig Mark bei Open-Air-Konzerten schon hoch genug. Der neue Veranstalter verlangte schließlich Preise von über 120 Mark pro Person, und dennoch waren die Karten selbst für die größten Veranstaltungsstätten mit bis zu hunderttausend Besuchern innerhalb von Tagen ausverkauft. Da blieb dem Herrn Rau die Spucke weg. Letztlich musste der neue Veranstalter übrigens trotz des Tournee-Erfolges Konkurs anmelden, da er sich einfach verkalkuliert hatte. Als verantwortungsbewusster Veranstalter muss man auch Nein sagen können.

Selbst wenn ich kein Freund hoher Preise bin, bin ich andererseits doch der Meinung, dass man für die Livekonzerte der großen Rockklassiker auch Opfer bringen muss – vielleicht muss man sogar auch mal den Urlaub in Indonesien oder auf Mallorca etwas verkürzen oder auf ein Abendessen in einem schönen, nicht einmal feudalen Restaurant verzichten.

Es ist zu beachten, dass die oben genannten Rockstars, die 2005 in Deutschland auf Tournee gingen, zuvor teilweise jahrelang keine Konzerte gegeben und damit auf Einnahmen verzichtet haben. Ihre jetzigen Konzerteinnahmen sind auch als eine Art Entgelt für ihre Lebensleistung zu betrachten. Ich persönlich würde die hohen Preise für die Konzerte meiner Idole sofort bezahlen, aber Gott sei Dank bekomme ich für mich und meine Enkelkinder nahezu immer Freikarten.

In den frühen fünfziger Jahren bin ich von meinem Studienort Heidelberg per Anhalter nach Frankfurt gefahren, um die von Horst Lippmann organisierten Konzerte mit den großen Persönlichkeiten des Jazz, wie Ella Fitzgerald und Duke Ellington, erleben zu können. Das Geld für die Eintrittskarten musste ich mir vom Mund absparen und habe dafür auf so manches Mittagessen verzichtet und mir nur eine Brezel gegönnt. Das hat mich allerdings zu einem ansehenswerten, schlanken jungen Mann gemacht – ganz im Gegensatz zu meinem heutigen Aussehen.

12. Kapitel

Vom Konzerthandwerk zur Unterhaltungsindustrie

Die Ausgangslage in den fünfziger Jahren

Als ich vor fünfzig Jahren anfing, Konzerte zu veranstalten, fand ich eine Konzertlandschaft vor, in der verhältnismäßig kleine Säle ausreichten. Das Interesse an Livemusik war nicht groß genug, um riesige Hallen zu füllen. In Frankfurt spielte zum Beispiel das wunderbare Modern Jazz Quartet im Kantatensaal mit nur sechshundert Plätzen. Unsere Hauptveranstaltungsstätte in der Stadt war das Volksbildungsheim mit etwa tausend Plätzen, und die Kongresshalle mit zweitausend Plätzen war schon der helle Wahnsinn. Um die zu füllen, mussten Ella Fitzgerald und das Duke Ellington Orchestra zusammen auftreten.

In jenen fünfziger Jahren war auch die Qualität der gängigen Unterhaltung höchst bedenklich. Ausgenommen hiervon war der Jazz, der bei Horst Lippmann, Norman Granz und später bei Lippmann+Rau natürlich eine besondere Rolle spielte. Aber wir Jazzer waren elitär und legten Wert darauf, ein verhältnismäßig kleiner Kreis der Wissenden zu sein.

Vom Jazz also einmal abgesehen, wurden in den musikalischen Unterhaltungsveranstaltungen dem Volk bunte Abende vorgesetzt, bei denen acht bis zehn Interpreten jeweils etwa drei Lieder singen durften. Vorne stand ein Conférencier, der mehr oder weniger schlüpfrige Witze erzählte, und hinten befand sich ein

Orchester, das alle Sänger und Sängerinnen begleitete. Für einige der Auftretenden waren diese Abende das Sprungbrett zu einer großen Karriere, doch bei vielen anderen war man froh, dass sie nicht mehr als drei Lieder gesungen haben. Diese bunten Abende stellten den Prototyp der damals gängigen deutschen Unterhaltung dar.

Auch was die internationale Unterhaltungskultur angeht, war die Situation in Deutschland zu jener Zeit alles andere als rosig. Fred Astaire und Ginger Rogers haben nie auf deutschen Bühnen getanzt, was ich als sehr bedauerlich empfinde. Ein Weltstar wie Frank Sinatra kam erst im Alter nach Deutschland. Elvis Presley hat leider nie Konzerte bei uns gegeben und Judy Garland, die hochbegabte Mutter von Liza Minnelli, auch nicht. Edith Piaf und Georges Brassens lebten im nahen Paris, doch in Deutschland haben sie nie gesungen, genauso wenig wie Jacques Brel. Sie alle und noch viele weitere internationale Größen gingen an uns vorbei.

Wir Konzertveranstalter hatten damals einen ruhigen Sommer für Ferien und Vorbereitungsarbeiten, denn die Konzertsaison erstreckte sich nur über das Winterhalbjahr von September bis nach Ostern, und das für die Konzerte betriebene Marketing bestand aus einem Vorverkauf von höchstens zwei bis drei Wochen Dauer, einem Plakatanschlag in der Konzertstadt zehn Tage vor dem angesetzten Termin und ein oder zwei Zeitungsanzeigen. Dann war man froh, wenn tausend Eintrittskarten verkauft waren. Diese Marketingmethoden galten natürlich auch für unsere Jazzkonzerte.

Daneben gab es feste Showbusinessregeln, die auch dem jungen Anfänger Fritz Rau eingepaukt wurden. Zwei Beispiele:

»Sonntags nie!«, lautete ein ehernes Gesetz. Keine Konzerte am Sonntag! Ich fragte mich, warum das so war. Hauptsächlich lag es daran, dass die potenziellen Konzertbesucher Freitag und Samstag ausgehen und am Sonntag früh ins Bett wollten, damit sie am Montag ausgeschlafen zur Arbeit kamen. Das ist an und für sich auch nicht verkehrt, doch brauchte man nur auf die Idee zu kommen, die Sonntagskonzerte schon um 18.00 Uhr beginnen zu lassen, und das Problem war gelöst. Der Sonntag entpuppte sich nun sogar als ein besonders günstiger Veranstaltungstag.

Ein zweites Beispiel: Man riet mir, keine Konzerttourneen im Januar oder Februar zu machen, da die Konsumenten um diese Zeit von Weihnachten und Silvester, Skiurlaub und Karneval finanziell ausgepumpt seien. Dieser Rat ist völlig richtig, solange man einen Vorverkauf von zehn bis vierzehn Tagen ansetzt. Aber dann haben wir damit begonnen, den Vorverkauf schon Anfang Dezember zu starten, und hatten dadurch Weihnachten nicht mehr gegen uns, sondern konnten es uns vielmehr zunutze machen. Die Konzertkarten wurden als Festgeschenk beworben und kamen beim Publikum auch entsprechend an. Und die Vorfreude auf das Konzertereignis machte den Weihnachtsabend und die folgenden Wochen und Monate nur um so schöner.

Ich stellte mir die Aufgabe, derartige Regeln und Gepflogenheiten sowie das ganze Konzertgeschäft überhaupt gründlich zu überdenken und Schritt für Schritt zu optimieren. Das kann ich auch heute noch allen raten, die in unserer Branche tätig sind.

Die heutige Situation

Vor fünfzig Jahren war unser Konzertgeschäft ein nahezu biederes und ruhiges Handwerk, und ich war damals in keiner Weise von einem Herzinfarkt bedroht. Der Herzinfarkt kam erst 1994 mit sechs Bypässen als Folge.

Heute ist vieles anders geworden: Aus dem Konzerthandwerk wurde eine Konzertindustrie. Schon das Fassungsvermögen der Hallen hat sich stark gewandelt. In Frankfurt beginnt man bei Veranstaltungen in der Jahrhunderthalle oder der Alten Oper mit 2000 bis 2500 Sitzplätzen. Teilbestuhlte Konzerte in der Frankfurter Festhalle mit 12 000 Plätzen sind an der Tagesordnung. Besonders berühmte Künstler wie Tina Turner und Madonna ließen wir im Frankfurter Waldstadion vor jeweils 53 000 Besuchern auftreten, und die Rolling Stones zusammen mit AC/DC begeisterten 2003 am Hockenheimring nahezu hunderttausend Enthusiasten. Die Besucherzahl bei Konzerten hat sich in den letzten fünfzig Jahren mehr als vertausendfacht – und dafür haben wir zusammen mit tüchtigen Kollegen und hervorragenden Mitarbeitern ein halbes Jahrhundert malocht.

Mit den wachsenden Besucherzahlen haben sich die Vorverkaufszeiten drastisch verlängert. Kartenvorverkauf und Promotionkampagne beginnen heute mindestens ein halbes Jahr vor dem Ereignis und bei Großveranstaltungen sogar bis zu einem Jahr zuvor. Entsprechend wurden Plakatierung und Anzeigen in den Printmedien ausgeweitet.

In viel stärkerem Maße als früher werden Konzerte heute durch Medien wie Fernseh- und Radiosender, Zeitungen und Zeitschriften präsentiert. Diese Präsentatoren sind zu richtigen Partnern geworden und werden in der Öffentlichkeit oft als Veranstalter genannt, auch wenn sie am finanziellen Risiko nicht beteiligt sind. Der Veranstalter überträgt lediglich das Präsentationsrecht und erhält hierfür eine intensive Werbung, die er sich sonst nicht leisten könnte.

Hinzu sind Sponsoren getreten, die mit dem Namen der Künstler und der Konzertereignisse werben, was für uns eine weitere wichtige Hilfe bedeutet. So wurden beispielsweise Tourneen von den Rolling Stones, Pink Floyd, Eric Clapton und anderen durch den Volkswagen-Konzern gesponsert. Die erheblichen Zahlungen des Sponsors flossen dabei direkt an die jeweiligen Musiker und nicht in die Tourneekasse. Ideal wäre aber ein Sponsorenbeitrag, der sich direkt auf die Qualität der Tourneeproduktion auswirkt oder auch die Eintrittspreise günstiger macht. Dann weiß auch der Konsument, was er den Sponsoren verdankt. Mit einem in diese Richtung gehenden Sponsoring ist Volkswagen in Aktion getreten, als der Konzern Udo Lindenbergs China-Auftritte mit der ambitionierten Produktion *Atlantic Affairs* ermöglicht hat.

Die Eintrittskarten werden heute nicht mehr nur über Vorverkaufsstellen, sondern als Computertickets über alle möglichen Kommunikationswege abgesetzt. So kann sie der Kunde etwa per

Telefon oder E-Mail bestellen und sie sich auf den entsprechenden Webseiten rund um die Uhr und ganz bequem per Mausklick ins Haus holen.

Die Konzertsaison dauert jetzt ohne Unterbrechungen das ganze Jahr, und im Sommer haben die Open-Air-Veranstaltungen immer mehr zugenommen. Der entscheidende Durchbruch war die Rolling-Stones-Tournee von 1982, die durchgehend in Open-Air-Form stattfand und bei der wir die größten Fußballstadien, wie zum Beispiel das Olympiastadion in München sowie die Fußballstadien in Hannover und Köln, jeweils zweimal bespielen konnten.

Der Künstler als Medizinmann

Statt der bunten Abende, wie sie vor fünfzig Jahren in der deutschen Unterhaltungsbranche gang und gäbe waren, dominiert heute die One-Man- oder One-Woman-Show. Das heißt, ein Künstler oder eine Band gestalten mit ihren Begleitmusikern und ihren technischen Helfern den ganzen Abend mit einer Konzertdarbietung von zwei bis drei Stunden Länge allein. Das ist nicht nur bei internationalen Stars wie den Rolling Stones oder Eric Clapton die Regel, sondern auch bei Udo Jürgens, Peter Maffay, Udo Lindenberg, Herbert Grönemeyer, den Fantastischen Vier und anderen deutschsprachigen Künstlern.

Die Konzerte werden also ganz und gar geprägt von der Persönlichkeit des Künstlers, der in der Lage sein muss, sein Publikum über mehrere Stunden hinweg im besten Sinn zu unterhalten und zu begeistern. Und das nicht nur bei strahlendem Sonnenschein, sondern auch bei Regen und Schlechtwetter. Bei seiner Open-Air-Tournee 2003 spielte Peter Maffay im Schlosshof Ludwigslust bei Schwerin vor 17 000 Menschen und auf der Flugschanze von Willingen vor 18 000 Besuchern bei ungewöhnlich kaltem Spätsommerwetter im strömenden Regen. Statt auf der überdachten Bühne im Trockenen zu bleiben, stellten sich Maffay und Band auf den Bühnenvorbau und gaben dort mitten im Dauerregen drei Stunden lang ihr Bestes. Die Konzertbesucher haben das schlechte Wetter vergessen und waren hin und weg. Das wussten auch die Medien zu würdigen. Eine lokale Konzertkritik trug den passenden Titel »Mit Peter Maffay in die Eiszeit und zurück«.

Diese totale Hingabe des Musikers an das Konzert und das Publikum schafft eine neue Qualitätsebene. Hier werden Entertainer förmlich zu Medizinmännern, und das ist durchaus im uralten indianischen Sinn gemeint. Es geht nicht einfach bloß um das Abspielen von Melodien und den Vortrag von Texten – das Ganze geht viel weiter und tiefer. Diese Medizinmänner und ihre Begleitmusiker vermitteln Lebenserfahrung und bringen sie in ihren Konzertvortrag ein. Musik wird zur Nahrung, zum Lebensmittel; und Blues, Spiritual und Gospel, Flamenco und Tango aus den Ghettos der unterprivilegierten Minderheiten werden zum Überlebensmittel. Diese Entwicklung führte zu dem, was ich die »quantitative Revolution« der Rock- und Popmusik nenne, also die früher unvorstellbaren Größendimensionen, die heute die Besucherzahlen bei Musikveranstaltungen angenommen haben. Leider Gottes werden dabei die Erfolgreichen immer erfolgreicher und die Erfolglosen immer mehr.

Wenn ich die Musiker mit Medizinmännern vergleiche, denke ich dabei an all die internationalen Größen der Unterhaltungskultur, die wir präsentieren durften – wie Eric Clapton, Rod Stewart, Tina Turner, Joe Cocker, die Rolling Stones, die Who, Queen, Bruce Springsteen, die Eagles, Simon and Garfunkel, Bob Dylan, Joan Baez und eine ganze Reihe weiterer bedeutender Bands und Einzelkünstler. Genauso denke ich aber auch an Peter Maffay, Udo Jürgens und Udo Lindenberg. Und ich möchte wiederholen: Hier handelt es sich nicht mehr um den von einer Unterhaltungsindustrie gesteuerten Versuch, den größten gemeinsamen Nenner der Banalität mit einem Publikum zu finden, das man für primitiv hält, wie es in der Welt des seichten Schlagers der Fall ist. Nein, diese Unterhaltungskünstler wollen und müssen überzeugen und ihr Bestes geben, auch wenn sie dafür drei Stunden im Regen spielen müssen.

Sie sind meines Erachtens vom Herrgott geküsst – gut, bei einigen mag er auch seine Erzengel geschickt haben. Nämlich den Erzengel Gabriel für die Braven und den Erzengel Luzifer für die weniger Braven, von deren Untaten dann im Übermaß in den Boulevardblättern zu lesen ist. Die interessieren sich allerdings mehr für die Bettgeschichten als für das, was auf der Bühne geschieht. Die Götter haben den Unterhaltungskünstlern eine Gitarre in die Hand gedrückt oder eine Stimme gegeben, damit sie all das bewirken und ausdrücken können, was ihren Bühnenauftritt so tiefgehend und aufregend macht. So sehe ich es als Nichtgeküsster.

Mein Lebensmotto

Meine Lebensarbeit hat sich eine Demokratisierung der Kultur zum Ziel gesetzt. Alle Macht geht vom Volke aus, das für seine Stimmzettel in Form von Eintrittskarten und Schallplatten sogar bezahlen muss. Unsere Konzertbesucher finanzieren ja alles allein. So wurden die Rolling Stones und andere ein Phänomen, das Hunderttausende, ja Millionen von Menschen interessiert und nicht nur eine elitäre Minderheit. Das Gleiche gilt auch für Jazz und Blues – zwar nicht in einem vergleichbar großen Ausmaß, aber doch in Dimensionen, wie wir sie uns vor fünfzig Jahren nicht haben träumen lassen.

Als ich einmal nach meinem Lebensmotto gefragt wurde, gab ich zur Antwort: »Das Beste für viele!« Das meint kein Ergebnis, das wir schon erreicht hätten, sondern eine Aufgabe, der wir uns immer wieder stellen müssen: Das bestmögliche Konzert für so viele Menschen wie möglich!

Wir als Veranstalter müssen dafür sorgen, dass die Künstler, die von uns auf die Bühne gebracht werden, ihr Bestes geben. Und das in einem Rahmen, der dem Publikum auch bei großen Open-Air-Veranstaltungen ein optimales Musikerlebnis ermöglichen kann.

Nachwort

Es hat nicht an Versuchen gefehlt, mein berufliches Leben in einen griffigen Satz zu fassen. Ein Direktor der Schallplattenfirma EMI sagte: »Fritz Rau löst mit seinen Tourneen Lawinen aus und rennt dann wie ein Verrückter, um nicht von der Lawine erfasst und erschlagen zu werden.« Jemand anderes verglich mich mit einem Frosch, der in Milch fällt und eigentlich ertrinken müsste. Aber dieser Frosch zappelt so lange mit seinen Gliedmaßen, bis aus der Milch Butter wird und er so auf dem Trockenen sitzt.

Ich selbst behaupte, dass ein guter Konzertveranstalter eine schizoide Veranlagung haben muss. Einerseits muss er ein Träumer mit künstlerischen Ambitionen sein, der Einfälle hat und auch das Interesse des Künstlers weckt. Andererseits sollte er ein eiskalter Rechner, also ein Buchhaltertyp sein, der ein optimales finanzielles

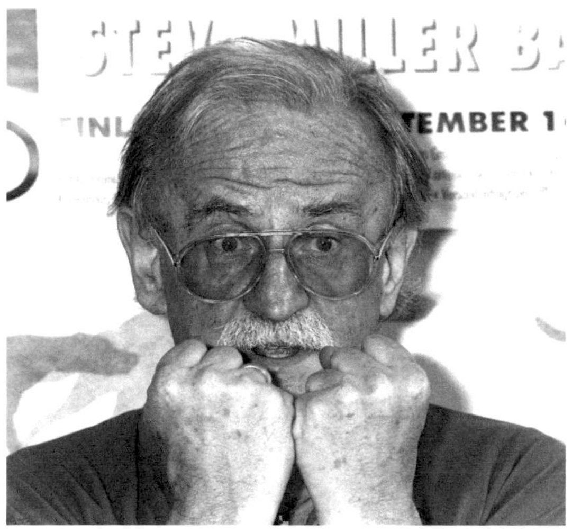

In beschwörender Aktion, Mitte der achtziger Jahre. (Privatarchiv Fritz Rau / Frank Pressefotos)

Fritz Rau inmitten seiner Plattensammlung in Bad Homburg (Privatarchiv Fritz Rau / Heike Lyding)

Ergebnis aus der Tournee herausholt. Ich befürchte, dass meine beruflichen Erfolge auf einer idealen schizoiden Veranlagung beruhen.

Der schwierige Spagat zwischen Beruf und Privatleben

Wenn ich heute gefragt werde, ob ich alles erreicht habe, was ich vorhatte, dann sage ich: »Beruflich zu hundert Prozent.« Ich fühle mich vom Schicksal begünstigt, da ich fast alle meine beruflichen Träume erfüllt habe. Dafür habe ich hart gearbeitet. Und wenn man mir die Schlüsselfrage stellt, ob ich in meinem Berufsleben noch einmal alles genauso machen würde wie bisher, sage ich aus vollem Herzen und ohne Bedenken: »Ja.« Ich würde es noch einmal so tun, inklusive aller Torheiten und Risiken, das heißt, ich würde mich noch einmal voll reinwerfen und strampeln und strampeln, bis die Milch zu Butter wird.

Eines aber würde ich versuchen zu ändern: mein Privatleben. Als Betreuer von Künstlern können wir Veranstalter in die paradoxe Situation eines hilflosen Helfers geraten, der zwar die Bedürfnisse seiner Künstler kennt, aber darüber die eigenen und die seiner Angehörigen mehr und mehr vergisst. Wir Konzertveranstalter müssen zwischen Beruf und Privatleben eine Balance finden. Dies gilt besonders auch für die verantwortlichen Bindungen, die wir durch Heirat oder die Zeugung von Kindern eingegangen sind und die wir nicht vernachlässigen dürfen. Diese bedauernswerten Partner haben einen berechtigten Anspruch auf Zuwendung.

Ich liebe meine Kinder. Aber ich muss gestehen, dass ich sie zwar wirtschaftlich versorgt, aber dennoch als Vater vernachlässigt habe, da ich ihnen in meinen täglichen Überlegungen, die sich ausschließlich auf das Business richteten, kaum einen Platz eingeräumt habe.

Ich war viel unterwegs, aber das Schlimmste war, dass ich zu Hause zumeist erschöpft und müde und daher lustlos auftrat. Mein Sohn Andreas, der den klaren Verstand seiner Mutter geerbt hat, sagte einmal zu mir: »Vadder, wann gehst du wieder auf Tournee?« Auf meine Antwort »Ich komme doch erst von einer Tournee zurück!« meinte er: »Ohne dich ist es viel schöner und gemütlicher hier!«

Meine verstorbene Frau Hildegard wollte mich schützen und nach anstrengenden Tourneen restaurieren, indem sie den Kindern sagte: »Seid still, der Papa ist da!« Hildegard wies den Kindern gegenüber immer darauf hin, dass der Papa so unendlich hart arbeite, selbst dann, wenn meine Müdigkeit mehr von diversen Exzessen nach dem Konzert stammte.

Ich habe oft wichtige persönliche Feiertage versäumt. An einem schönen Werktag kam ich müde nach Hause und sah meine Frau, wunderschön zurechtgemacht, im kleinen Schwarzen vor mir stehen. Ich herrschte sie an: »Bekommen wir heute womöglich Besuch? Ich will aber niemanden sehen!« Sie sagte »Nein« und führte mich ins Esszimmer, wo äußerst liebevoll und blumenreich der

Tisch für uns beide gedeckt war. Auf meine Bemerkung, dass ich doch lieber mit ihr in der Küche essen wolle, da ich in einer Küche aufgewachsen bin, sagte sie nur: »Heute ist unser fünfzehnter Hochzeitstag!« Kein Mann kann so tief in die Knie gehen, wie ich es tat, um sie um Verzeihung zu bitten.

An einem anderen Tag rief ich meine Frau gegen Mitternacht aus dem Hamburger CCH an, um sie zu bitten, mich eine Stunde früher am Flughafen abzuholen. Sie sagte nur: »Schlaf doch eine Stunde länger, du wirst es nötig haben.« Dann bemerkte ich: »Was ist denn da für ein Krach im Hintergrund?« Und meine Frau erwiderte: »Wir haben eine kleine Party zum achtzehnten Geburtstag unserer Tochter.« Ich hatte diesen Geburtstag natürlich vergessen und gelobte Besserung, da ich endlich anfing, mich zu schämen.

Einen Monat später wurde unser Sohn zwanzig. Ich nahm mir fest vor, an seiner Geburtstagsparty teilzunehmen. Aber an diesem Abend wurde der WDR-*Rockpalast*, die so wichtige und gute Sendung meines Freundes Peter Rüchel, aufgeführt und live übertragen. Bei dieser Veranstaltung wurden zwei der wichtigsten von uns betreuten Gruppen präsentiert: The Who aus London und The Grateful Dead aus San Francisco. Da musste ich unbedingt hin und mich um die Künstler kümmern.

Aber plötzlich machte ich mir Gedanken um unseren Sohn. Wie kann ich es organisieren, bei seinem Geburtstag da zu sein, ohne meine Künstler zu vernachlässigen? Ich fand heraus, dass die Bands bereits am Vorabend am Düsseldorfer Flughafen ankamen. Also reiste ich nach Düsseldorf und begrüßte die Musiker persönlich, zusammen mit meinen Tourneeleitern. Am gleichen Abend fanden Kameraproben statt, bei denen ich hilfreich sein konnte, und am nächsten Morgen gab es einen Empfang des Essener Oberbürgermeisters, an dem wir alle teilnahmen. Dann nahm ich all meinen Mut zusammen und informierte die Künstler, dass ich an der Fernsehsendung leider nicht teilnehmen könne, da heute unser Sohn zwanzig Jahre alt werde und ich bei ihm sein wolle. Selbstverständlich würde ich die Fernsehübertragung zusammen mit den Geburtstagsgästen und unserem Sohn von zu Hause verfolgen.

Ich war erstaunt über die Reaktion der Musiker, die sich richtig darüber freuten, dass ich an meinen Sohn dachte. Pete Townshend von den Who kaufte in der Hotelboutique sogar ein Geschenk für Andreas Oscar. Ich hatte also gegenüber den Künstlern meine Pflicht erfüllt und wurde andererseits auch unserem Sohn gerecht, da ich ihn in meiner Tagesplanung berücksichtigt hatte. So etwas hätte ich schon viel früher und viel öfter machen müssen.

In den ersten dreißig Jahren meiner Tätigkeit als Konzertorganisator machte ich fast keinen Urlaub und war törichterweise sogar stolz darauf. Ich brachte lediglich die Familie zum Urlaubsort nach Frankreich oder Spanien und flog am nächsten Tag wieder zurück in unser Frankfurter Büro. Die Betreuung der Kinder lag in den Händen meiner Frau, die sogar das Auto zum Ferienort gesteuert hat, da ich selbst bekanntlich nie einen Führerschein gemacht habe.

Meine Frau Hildegard, die ich sehr liebte, hat unter großem Kraftaufwand die Familie zusammengehalten und auch mich versorgt. Sie hat unser Auto gefahren und unser Haus gebaut und mir den Rücken freigehalten. Und sie hat sogar Künstler, die mir am Herzen lagen, zu Hause bewirtet. Als sie 1983 mit 55 Jahren starb, hat sie mich als das dickste und älteste Kleinkind der Welt zurückgelassen. Vorher hat sie aber jahrelang ihr Möglichstes getan, damit die Liebe meiner vernachlässigten Kinder zu mir erhalten blieb. Dank ihr habe ich heute einen guten Kontakt zu ihnen, und vor allem auch zu meinen Enkelkindern.

Selbstverständlich habe ich nicht 24 Stunden ununterbrochen gearbeitet, sondern auch etwas geschlafen. Im Schlaf träumte ich von einer Südseeinsel mit Hula-Hula-Tänzerinnen. Aber dann stand da plötzlich eine Open-Air-Bühne, und die Rolling Stones waren im Anmarsch. So hat mich selbst in meinen Träumen das Business beherrscht.

Als unser Sohn etwa vierzehn Jahre alt war, habe ich ihm mit einer großen Geste einen Zeitungsartikel hingelegt. Er trug die

Überschrift: »Der Mann, zu dem Zappa Papa sagt«. Ich wollte dem Jungen imponieren, aber er blickte mich mit den Augen seiner Mutter an und sagte auf Englisch: »Everybody's papa is nobody's papa.« [Jedermanns Papa ist niemandes Papa.] Da wurde ich vernünftig und habe es von nun an vermieden, von Künstlern als Papa bezeichnet zu werden. Schließlich genügt auch Onkel Fritz.

Die zweite Chance Gottes, die Wärme und Geborgenheit einer Familie zu erhalten, vor allem im Alter, sind die Enkelkinder. Wenn ich heute zwischen Weihnachten und Neujahr meinen neuen Terminkalender einrichte, trage ich als Erstes die Geburtstage der Enkelkinder und sogar den ihrer Eltern ein. Obwohl mein ältestes Enkelkind Laura inzwischen schon achtzehn Jahre alt ist, habe ich bei keinem Enkel jemals einen Geburtstag versäumt. An meinem Schlüsselbund hängt ein Metallschild »Bester Opa«. Das ist mir mehr wert als die schönste Trophäe.

Ehrungen

Mit zunehmendem Alter erfährt man Ehrungen, die einen beinahe wie ein Blitzschlag treffen. Wir Konzertveranstalter in Deutschland haben zwei Berufsverbände, in Hamburg den Bundesverband der Veranstaltungswirtschaft (idkv) mit seinem sehr tüchtigen und innovativen Präsidenten Jens Michow und in Stuttgart den Verband der Deutschen Konzertdirektionen (VDKD) mit dem bewährten und hochangesehenen Präsidenten Michael Russ, der über Jahrzehnte auch unser Partner für Veranstaltungen in Stuttgart und der weiteren Umgebung war. Diese zwei Verbände sind sich nicht immer grün, aber sie haben mich beide zu ihrem Ehrenmitglied gemacht, was mich sehr freut.

Es kam auch zur Verleihung von Orden und Ehrenzeichen des Staates, denen ich grundsätzlich skeptisch gegenüberstehe. Da bewundere ich die Hamburger, die prinzipiell nur die Lebensrettungsmedaille als Orden annehmen.

Der damalige hessische Ministerpräsident Hans Eichel verleiht den Hessischen Verdienstorden an Fritz Rau und Albert Mangelsdorff; Wiesbaden 1998. (Privatarchiv Fritz Rau)

1998 verlieh mir unser damaliger hessischer Ministerpräsident Hans Eichel den Hessischen Verdienstorden. Besonders erfreulich war, dass zusammen mit mir auch Albert Mangelsdorff diesen Orden erhielt, der uns im Rahmen eines schönen Festaktes in der Hessischen Staatskanzlei überreicht wurde. Leider hat Hans Eichel diese Verleihung kein Glück gebracht, denn man hat ihn kurze Zeit später abgewählt, und er wurde der leidgeprüfte Finanzminister unserer Republik.

Auf Anregung von Wolfgang Besemer, unseres örtlichen Partners bei den Hannoveraner Konzerten, verlieh mir 2002 der damalige Bundespräsident Johannes Rau das Große Verdienstkreuz des Verdienstordens der Bundesrepublik Deutschland. Anlässlich eines ebenfalls sehr schönen Empfangs in der Staatskanzlei des Landes Niedersachsen ließ es sich der damalige niedersächsische Ministerpräsident Sigmar Gabriel nicht nehmen, mir den Orden im Kreise der Hannoveraner Familie meiner Tochter und vieler Künstler wie Peter Maffay, Udo Lindenberg, den Scorpions, Ulla Meinecke und anderen zu übergeben. Auch Sigmar Gabriel hat die Verleihung des Ordens an mich kein Glück gebracht, denn auch er wurde kurz nach der Verleihung als Ministerpräsident abgewählt.

Mit dem damaligen Ministerpräsidenten von Niedersachsen Sigmar Gabriel sowie Udo Lindenberg und Klaus Meine von den Scorpions bei der Verleihung des Großen Verdienstkreuzes des Verdienstordens der Bundesrepublik Deutschland; Hannover, Februar 2002. (Privatarchiv Fritz Rau)

Ich betrachte meine Ehrungen nicht als persönlichen Erfolg, sondern sehe mich lediglich als stellvertretend für unsere Branche der Unterhaltungsveranstalter, die ohne staatliche Subventionen eine hervorragende Kulturarbeit leisten und auf ihrem Rücken die finanzielle Verantwortung für ihre Konzerte tragen.

Während der Inhaftierung von Marcel Avram wurde ich von Journalisten immer wieder darauf angesprochen, dass ich doch unter den Konzertveranstaltern eine Ausnahme wäre – nämlich ein weißes Schaf unter all den schwarzen. Ich habe das immer energisch zurückgewiesen, da ich mich erstens nicht als weißes Schaf betrachte, sondern höchstens als störrischen, grauen Ziegenbock, und zweitens die Zahl der schwarzen Schafe in unserer Branche immer noch viel geringer ist als etwa bei den politischen Parteien.

Alles, was wir wollen und auch verdienen, ist Respekt für unsere Leistungen als Kulturarbeiter.

Warum meine Nachkommen keine Nachfolger wurden

Zum Ende meines Buches möchte ich mich der Frage stellen, warum nicht mein durchaus gescheiter und charaktervoller Sohn Andreas in meine Fußstapfen getreten ist. Er hätte das Zeug dazu gehabt, ein guter Tourneeveranstalter zu werden, zumal er – dank seines Großvaters mütterlicherseits – sogar musikalisch begabt ist und eine sehr gute Bluesgitarre spielt.

Aber meine berufsbedingte Vernachlässigung der Familie hat verhindert, dass er in unser Geschäft einsteigen wollte. Ich habe ihn beobachtet, aber vermieden, ihn zu irgendetwas zu zwingen, was er nicht wollte. Sein Interesse galt von frühester Kindheit an der Kraftfahrzeugtechnik.

In den Schul- und Semesterferien wollte er Geld verdienen, aber nicht in unserem Büro, sondern als Roadie auf Tournee. Sehr gern arbeitete er bei den Tourneen von Peter Maffay mit. Als Ian Anderson als Verbindungsmann zwischen seiner englischen Crew und den deutschen Helfern einen Stagemanager suchte, übertrug ich diesen Job meinem Andreas. Er nahm ihn nur unter der Bedingung an, nicht als Andreas Rau vorgestellt zu werden, sondern als Andy. Vor dem letzten Tourneekonzert rief mich Ian Anderson an und bedankte sich für die hervorragende Arbeit des deutschen Stagemanagers Andy. Ian lud mich zu dem Abschiedsessen ein, das Jethro Tull für Andy gaben. Allerdings waren er und seine Musiker nicht schlecht erstaunt, als sie beim Essen erfuhren, dass Andy mein Sohn Andreas Oscar war.

Andreas ist heute Diplomingenieur in der Motorenentwicklung bei BMW. Er ist mit seiner Ehefrau Barbara und seinen Kindern Rosa und Camille, meinen geliebten Enkeln, sehr glücklich und genießt die Musik als die wichtigste Nebensache der Welt.

Mit den Kindern seines Sohnes Andreas, Rosa und Camille; 2003. (Privatarchiv Fritz Rau/Jo Goertz)

Keiner dachte daran, dass meine Tochter Saskia meine Nachfolgerin werden könnte, obwohl sie mir ähnlicher ist als ihr Bruder und keineswegs ungeeignet gewesen wäre. Aber sie ging nach Hannover und heiratete einen sehr tüchtigen Mann, Hjalmar Scheibler, den sie als Techniker bei einer Rolling-Stones-Tournee kennen gelernt hatte. Beide haben heute eine Firma für Eventmarketing und sind recht erfolgreich. Sie haben zwei Kinder, meine Enkel Laura und Robin, die ich sehr liebe.

Ich befürchte, dass auch meine Enkelkinder keine Lust verspüren werden, in unserer Branche zu arbeiten. Ich freue mich, sie so oft wie möglich zu sehen und ihren Lebensweg aus der Distanz zu betrachten. Es gibt doch tatsächlich auch ein Glück außerhalb der

Konzertbranche. Der massenhafte Verkauf von Eintrittskarten ist nicht das Maß aller Dinge.

Wer aber trotzdem in unser Geschäft einsteigen möchte, ist herzlich willkommen. Er geht einen harten, aber sehr interessanten Weg und kann eine verantwortungsvolle und wichtige Arbeit als Kulturschaffender leisten.

Möge ihm dieses Buch helfen, einige Orientierung zu finden.

Künstlerverzeichnis

Dieses Verzeichnis umfasst die Veranstaltungen von Horst Lippmann und Fritz Rau von 1950 bis 1988 sowie beteiligte Bands und Einzelkünstler in alphabetischer Reihenfolge. Es erhebt keinen Anspruch auf Vollständigkeit. Die im Rahmen der *American Folk Blues Festivals* aufgetretenen Musiker werden auf Seite 308 gesondert aufgeführt.

Abba · AC/DC · Cannonball Adderley Quintet · After the Fire · Peter Alexander · Alexandrow-Ensemble (Chor der Roten Armee) · Gregg Allman · Herb Alpert & The Tijuana Brass · Wolfgang Ambros · American Rhythm and Soul Festival (mit den Neville Brothers, Solomon Burke, Irma Thomas, Johnny Adams) · Inez Andrews and The Andrewettes · Joan Armatrading · Michel Attentoux Band · The Average White Band · Charles Aznavour · Bach Rock in Berlin (zum 300. Geburtstag von Johann Sebastian Bach; mit Jethro Tull, Jan Ackermann, Eberhard Schoener u. a.) · Bad Company · Joan Baez · Joan Baez, Konstantin Wecker, Mercedes Sosa, Die Band (Leitung: Wolfgang Dauner und Modern String Quartet) · Chet Baker Quartet · Ginger Baker and Salt · The Band · Barbados Music Festival · Chris Barber Jazzband · Count Basie Orchestra · Shirley Bassey · Bay City Rollers · Harry Belafonte · Maggie Bell · Pat Benatar · Tony Bennett · George Benson · Chuck Berry · Richie Blackmore's Rainbow · Blood, Sweat & Tears · Boomtown Rats · Boston · David Bowie · Angelo Branduardi · James Brown Show · Dave Brubeck and Sons · Dave Brubeck Quartet · Jack Bruce · Eric Burdon and War · Eric Burdon Group · Gary Burton · J. J. Cale · Canned Heat · Howard Carpendale · The Carpenters · Ingrid Carven · Johnny Cash · David Cassidy · The Chambers Brothers & The Joshua Light Show · Harry Chapin · Roger Chapman · Ray Charles · Cher · Chicago · The

Chieftains · Stanley Clarke · The Clash · Eric Clapton · Richard Clayderman · Billy Cobham Group · Joe Cocker · Colosseum · John Coltrane Quartet/Quintet · Commodores · Arthur Conley · Ray Conniff Orchestra · Rita Coolidge · Alice Cooper · Ray Cooper · Costa Cordalis · Chick Corea · Peter Cornelius · Nina Corti · Larry Coryell (mit Philip Catherine und Joachim Kühn) · Country Joe McDonald · Crane River Jazz Band · Creedence Clearwater Revival · King Crimson · King Curtis · Georg Danzer · Miles Davis · Sammy Davis jr. · Deep Purple · Delaney & Bonnie and Friends (mit Eric Clapton) · John Denver · Ina Deter · Neil Diamond · Klaus Doldinger · Fats Domino · Donovan · The Doobie Brothers · The Doors · Dr. Feelgood · George Duke · Duran Duran · Bob Dylan · Bob Dylan mit Tom Petty and the Heartbreakers · The Eagles · Earth, Wind & Fire · Katja Ebstein · Electric Light Orchestra · Duke Ellington Orchestra · Emerson, Lake & Palmer · Edoardo Falu · José Feliciano · Rainhard Fendrich · Brian Ferry · Festival Chanson Paris · Festival Flamenco Gitano · Festival Macumba y Bossa Nova do Brasil · Festival Musica Folklorica Argentina · Festival Of American Folk And Country Music · Festival Tango Argentino · The Firm · Ella Fitzgerald (Ella and Oscar · Ella and Duke · Ella and Count) · Five Blind Boys of Mississippi · Flairck · Flatsch! · Fleetwood Mac · Joy Fleming · The Flock · Foreigner · Buddy de Franco · Frankie goes to Hollywood · Aretha Franklin · Free · Frieden (Show '69) mit Hanns Dieter Hüsch, Flamenco, Jazz u. a. (Regie Claus Peymann) · Peter Gabriel · Rory Gallagher · Jan Garbarek Group · Gasoline · Genesis · Gentle Giant · German Rock Super Concert · Steve Gibbons · Dizzy Gillespie Quintet · Golden Earring · Benny Goodman Orchestra and Groups · Dusko Goykovich Quintett · Grand Funk Railroad · The Grateful Dead · Herbert Grönemeyer · Die Grüne Raupe · Steve Hackett · Gitte Haenning · Nina Hagen · Hall and Oates · Albert Hammond · Herbie Hancock · Coleman Hawkins · Isaac Hayes · Michael Heltau · The Jimi Hendrix Experience · Peter Herbolzheimer Rhythm Combination and Brass · Woody Herman Orchestra · Earl Hines · Klaus Hoffmann · Dr. Hook · Hot Jazz

From A Swinging Area · Engelbert Humperdinck · Les Humphries Singers · Julio Iglesias · Harry James Orchestra with Buddy Rich · Al Jarreau · Keith Jarrett · Jazz At The Philharmonic · Jefferson Airplane · Jethro Tull · Elton John · Ricky Lee Jones · Tom Jones · Janis Joplin · Udo Jürgens · Kansas · Mory Kante · Stan Kenton Orchestra · Nik Kershaw · B. B. King · Carole King · Die kleinen Engel von Korea · Rolf Knie · Kraftwerk · Kris Kristofferson · Lake · Vicky Leandros · Led Zeppelin · Alvin Lee · George Lewis Jazzband · Ramsey Lewis Trio · Gordon Lightfoot · Udo Lindenberg · Little Feat · Little Steven · Paco de Lucia · Lynyrd Skynyrd · Shirley MacLaine · Paul McCartney and the Wings · John McLaughlin · Madonna · Peter Maffay · Mahavishnu Orchestra · The Manhattan Transfer · Barry Manilow · John Mayall and the Bluesbreakers · John Mayall and Jazz Blues Fusion · Albert Mangelsdorff Quintett · Albert Mangelsdorff und Attila Zoller · Herbie Mann Quintet · Marlboro Country Music Festival · Ulla Meinecke · Melanie · Sergio Mendes Brasil '66 · Al di Meola · Reinhold Messner · Mezz Mezzrow · Bette Midler · Buddy Miles · John Miles · Glenn Miller Orchestra · Milva · Liza Minnelli · Modern Jazz Quartet · Eddie Money · Gary Moore · Philip Morris Festival · Van Morrison · Mott the Hoople · Nana Mouskouri · MPS Jazz Festival · Gerry Mulligan Concert Jazz Orchestra · Gerry Mulligan Quartet · Musik über dem Meer in Timmendorf · Gianna Nannini · Nazareth · New Orleans All Stars · Albert Nicholas · The O'Jays · Yoko Ono · Oregon · Original Don Kosaken · Kid Ory and the Red Allen All Stars · The Osmonds · Pablo Jazz Festival · Pasadena Roof Orchestra · Passport · Oscar Peterson Trio · Tom Petty · Phillysound (mit Barry White, The O'Jays u. a.) · Wilson Pickett Show · Manitas de Plata · Pointer Sisters · Jean-Luc Ponty Group · Iggy Pop · Preservation Hall Jazz Band (mit Billie and DeDe Pierce) · Billy Preston · Prince · Procul Harum · Suzi Quatro · Queen · Rainbow · Dunja Rajter · Ivan Rebroff · Lou Reed · Cliff Richard · Lionel Richie · SFB Rocknacht · Rock und Poesie im Berliner Theater des Westens · Rodgau Monotones · The Rolling Stones · Sonny Rollins Trio · Linda Ronstadt · Diana

Ross · Roxy Music · Jennifer Rush · Sade · Sam and Dave · David Sanborn · Veronique Sanson · Santana · Boz Scaggs · Wolfgang Schmid Jubilee · Helen Schneider · Eberhard Schoener (Bali A Gung · Trance Formation · Video Magic · Events) · Scorpions · Ravi Shankar · Horace Silver Quintet · Paul Simon · Simon & Garfunkel · La Singla y son Gitanos con Andres Baptista · Slawische Seele mit Ivan Rebroff, Dunja Rajter u. a. · Percy Sledge · Jimmy Smith Trio · Mercedes Sosa · Spandau Ballet · The Sparks · Spiritual And Gospel Festival · Bruce Springsteen · Alvin Stardust · Stars of Faith · Steppenwolf · Cat Stevens · Rod Stewart · Steven Stills · The Strawbs · Stephan Sulke · Super Soul (Detroit Spinners, Ben E. King, Sister Sledge u. a.) · The Supremes (mit Diana Ross) · Billy Swan · Johnny Tame · Tangerine Dream · James Taylor · Ten Years After · Thin Lizzy · Three Degrees · Traffic · Robin Trower · Truck Stop · Marshall Tucker Band · Ike and Tina Turner · Tina Turner · Two Beat Stompers · United Jazz & Rock Ensemble · Stefan Waggershausen · War · Warner Brothers Music Show (mit Little Feat, The Doobie Brothers, Tower of Power u. a.) · Dionne Warwick · Weather Report · Konstantin Wecker · Margot Werner · West, Bruce & Laing · Barry White · Roger Whittaker · The Who · Sonny Boy Williamson and Folk Blues USA · Jimmy Witherspoon · Stevie Wonder · Phil Woods Quartet · Neil Young · Zagreb Jazz Quartett · Frank Zappa · Frank Zappa and the Mothers of Invention · ZDF Open Air Koblenz mit Wolfgang Ambros, Udo Lindenberg, Alla Pugatschowa, Konstantin Wecker · Attila Zoller

American Folk Blues Festivals

Die folgenden Bluesmusiker wurden von Lippmann+Rau im Rahmen der American Folk Blues Festivals (1962-1982) in Europa präsentiert:

Jerome Arnold · John Henry Barbee · Carey Bell · Lurrie Bell · Freddie Below · Big Voice Odom · Juke Boy Bonner · Eddy Boyd · Billy Branch · »Bowling Green John« Cephas · Cleveland Chenier · Clifton Chenier · Dillard Crume · Billy Devenport · Eunice Davis · Jimmy Dawkins · Michel Denis · Willie Dixon · Champion Jack Dupree · Archie Edwards · Sleepy John Estes · Margie Evans · Buddy Guy · Earl Hooker · John Lee Hooker · Big Walter »Shakey« Horton · Howlin' Wolf · Helen Humes · John Jackson · Jump Jackson · Lee Jackson · »Little Walter« Jacobs · Clifton James · Skip James · Lonnie Johnson · Curtis Jones · Robert St. Julian · W. D. Kent · Lafayette Leak · Lonesome Jimmy Lee · Paul Lennart · J. B. Lenoir · J. C. Lewis · Sam »Lightnin'« Hopkins · Lightnin' Slim · Louisiana Red · Lucky & Flash · Willie Mabon · Magic Sam · Mississippi Fred McDowell · Brownie McGhee · Memphis Slim · Little Brother Montgomery · Whistling · Alex Moore · Philip Morrison · Matt »Guitar« Murphy · Elisha Murray · Jack Myers · Hammie Nixon · The Robert Patterson Singers · Odie Payne · Yank Rachell · Jimmy Reed · Jimmy Rogers · Doctor Ross · Otis Rush · Mose Rutues jr. · Hartley Severns · Shakey Jake · Son House · Otis Spann · Victoria Spivey · Billie Stepney · Bob Stroger · Sugar Pie Desanto · Hubert Sumlin · Sunnyland Slim · Roosevelt Styles · Eddie Taylor · Koko Taylor · Hound Dog Taylor · Sonny Terry · James Son Thomas · Mack Thompson · Big Mama Thornton · Big Joe Turner · T-Bone Walker · Sippie Wallace · Muddy Waters · Washboard Doc · Junior Wells · Whispering Smith · Bukka White · »Harmonica Phil« Wiggins · Big Joe Williams · J. W. Williams · Robert Pete Williams · Sonny Boy Williamson · Johnny Young

Stimmen über Fritz Rau

Wenn Fritz mich den Napoleon des Chansons nennt, muss er wohl der Kaiser unter den Konzertveranstaltern sein.

Charles Aznavour

Seit ich mit Fritz zusammenarbeite, wächst mein Bedauern, dass ich ihn nicht von Anfang an kannte.

Harry Belafonte

Dein unglaublicher Einsatz, deine Energie, veranlasst mich auch heute noch, dir ein dickes und von Herzen kommendes Dankeschön zuzurufen. Deine Begeisterungsfähigkeit, deine Liebe zum Jazz, der du ja mal selbst den Kontrabass gezupft hattest, gelegentliche, einzigartige Wutausbrüche, wenn nicht alles so funktionierte, wie du dir das vorgestellt hattest, all dies wird mir auf ewig unvergessen bleiben, denn dein Herz hat immer in erster Linie für die Musik und die Musiker geschlagen. Alles Liebe und Gute.

Klaus Doldinger

Fritz Rau versucht für jede Tournee neue Dinge zu erfinden, die nie zuvor gemacht worden sind. Ich liebe diese Konzertreisen mit Handdesign. Fritz Rau ist und bleibt für mich, wie für sicherlich viele, eine herausragende Persönlichkeit im Musikgeschehen. Sein Respekt dem Publikum und den Künstlern gegenüber steht immer im Zentrum seiner Bemühungen, begleitet von fachlicher Kompetenz und einem hohen Maß an Menschlichkeit. Dies und vieles mehr hat Fritz Rau zu einem Meilenstein gemacht, wie es wohl kaum einen anderen gibt.

Peter Maffay

Er schläft nie. Er überlebt bei Bier, Schnitzeln und Gugelhupf.

Joan Baez

Er ist wie ein Vater für mich. Wir arbeiten zusammen wie in einer engen sizilianischen Familie. Wehe, jemand behandelt ihn schlecht!

Udo Lindenberg

Fritz versucht, immer noch einen Schritt weiterzugehen – zugunsten des Publikums und der Musik.

Eric Burdon

Du bist der Pate von uns allen. / *Mick Jagger*

Fritz will never f-f-fade away! / *Pete Townshend und The Who*

Rock'n'Rau Forever! / *The Rolling Stones*

He is everybody's papa. / *Al Jarreau*

Er hat das Herz eines Künstlers. / *Nana Mouskouri*

Für die Scorpions war es Ende der siebziger Jahre wie ein Ritterschlag, mit Fritz Rau zusammenzuarbeiten. Es war ein Gütesiegel, wenn auf dem Tourposter stand: »Veranstalter Lippmann+ Rau«, eine Eintrittskarte in die Formel 1 der Rockmusik. Fritz, der eigentlich aus dem Jazzlager kommt, hatte schon immer ein Herz für die Rock'n'Roller. Wir haben uns in all den Jahren nicht aus den Augen verloren, und sein Rat war und ist uns immer sehr wichtig.

Scorpions

Fritz ist eine der legendären Figuren des deutschen Showbusiness. Ohne ihn hätte es diese großen Hallenkonzerttourneen mit vielen Künstlern nicht gegeben. Er ist ein Miterfinder dieses Unterhaltungsstiles und eine der großen Persönlichkeiten, die vom Jazz herkommen. Fritz hat seine Wurzeln, genauso wie die meisten guten Popmusiker auch, in der Jazzmusik. Ich verdanke ihm viel. Seit meine Tourneen Riesendimensionen erreicht haben, ist Fritz immer bei mir im Boot gewesen. Er ist einer derjenigen, die mir das Selbstvertrauen gegeben haben, mein Ding durchzuziehen. Fritz hat als Pionier für die »gute Musik« unendlich viel Idealismus in seinen Beruf investiert.

Udo Jürgens

Niemand in diesem Business hat so viel Herz wie Fritz Rau.

Chris de Burgh

Fritz Rau ist das Urgestein der deutschen Veranstalterszene, der Rockimpresario Nummer eins, der Patriarch der teutonischen Popbühne. Rau vertritt die Kreativität des Alters und rührt da immer noch gerne mit, wo im Veranstaltungsbusiness ein klares Wort, eine ordentliche Prise Fantasie und Tiefgang und Esprit gefragt sind. Vielleicht ist er nie ein Herdentier gewesen, aber Solidarität in der Berufsgruppe war ihm immer wichtig. Jeder kennt die endlose Liste der Stars, denen er mehr als ein Gagenauszahler war. Nämlich Freund, Wegbereiter und Ideengeber. Unterm Strich war es »Mr. Music Fritz Rau«, der der Gesellschaft den Wert von Popmusik vorführte, der unaufhörlich die Trennung von »E« und »U« im Kulturbetrieb kritisierte. Er hat vorgemacht, wie perfekte Konzerte und Tourneen zu produzieren sind, wie man Talente aufbaut und wie man ein menschliches Verhältnis zum Künstler findet.

Jens Michow,
Bundesverband der Veranstaltungswirtschaft (idkv)

Fritz Rau war ein leidenschaftlicher und unermüdlicher Kämpfer im Dienste seiner Künstler. Unter Zurückstellung persönlicher Interessen setzte er sich voll und ganz für seine Tourneen ein. Mit Know-how und Personality schuf er ein erweitertes Bewusstsein für das Musikbusiness, das er entscheidend prägte.

Marek Lieberberg

Über 25 Jahre hinweg habt ihr einem großen Publikum in Deutschland und anderen europäischen Ländern viele der bedeutendsten Künstler unserer Zeit präsentiert. Ihr habt dabei höchste Standards gesetzt, und Qualität stand bei euch immer an erster Stelle. Indem habt, habt ihr eine unschätzbar wichtige Kulturarbeit geleistet. Kein großer Künstler kann ohne Publikum leben, und ihr beide wart die Zauberkünstler, die diese Verbindung möglich gemacht haben. Seit vielen Jahren bewundere ich euren einzigartigen Arbeitsstil. Meiner ganz persönlichen Meinung nach liegt die Ursache für euren unglaublichen Erfolg in der simplen Tatsache, dass ihr Musik liebt. Damit unterscheidet ihr euch von praktisch allen anderen Leuten, die im selben Metier wie ihr beschäftigt sind.

Nesuhi Ertegun, Präsident von WEA International,
zum fünfundzwanzigjährigen Firmenjubiläum von Lippmann+Rau

Um Fritz Rau zu beschreiben, kann man im Grunde nur in Anlehnung an Gertrude Stein sagen: »Fritz Rau ist Fritz Rau ist Fritz Rau ist Fritz Rau.« Vor vierzig Jahren trat Fritz Rau zum ersten Mal in mein Leben. Welch ein Erdbeben! Ich habe von keinem Menschen so viel gelernt wie von ihm, und ich habe keinen Menschen gleichzeitig so verflucht, geliebt, verehrt und noch mal geliebt. Er hat unsere Welt nicht nur geprägt, er hat sie erfunden, geschaffen, geformt und mit Leben gefüllt. Sein Wort »Unterhaltung kommt von Haltung« trifft auf keinen so zu wie auf ihn. Er hat Horst Lippmann sichtbar gemacht. Seine Verdienste aufzuzählen würde Bände füllen. Ohne ihn gäbs uns alle nicht. Ich danke Gott, dass Fritz Rau kein so guter Musiker war, so wurde er der beste, wichtigste, ehrlichste, aufrechteste Veranstalter der Welt, ein Bahnbrecher! Er hat mir immer alles abverlangt, mich gepiesackt, gefordert, gepflegt und beschützt. Durch ihn lernte ich das Leben. Er verlangte immer alles, aber nie Unmögliches. Das Zusammensein mit ihm ist immer unvergesslich, ab und zu anstrengend, aber immer lehrreich und einzigartig. Ein guter Veranstalter muss einen Teil Fritz Rau in sich tragen.

Hermjo Klein

Fritz Rau verkörpert alles, was ein Mann dieser Branche braucht. Liebe zur Musik, Respekt und Wertschätzung für die Künstler, Herzblut für das Publikum – er ist ein großer Meister seines Fachs und verdient allen Respekt.

Klaus-Peter Schulenberg, Vorstandsvorsitzender CTS Eventim AG

Fritz ist der berühmteste Kartenverkäufer Deutschlands (neudeutsch »Promoter«). Heute schon eine Legende, ein Mann, der die Branche geprägt hat wie kein anderer. Ich bin stolz darauf, ihn zu kennen, und persönlich froh, dass wir Fritz Rau einen Echo für sein Lebenswerk verleihen durften.

Gerd Gebhardt, Warner Music

Fritz Rau gilt als Veranstalterlegende, als Konzertpapst, als Urheber der Sichtplakatierung, als Streiter gegen die Unterscheidung von Eund U-Musik, als väterlicher Freund von Joan Baez und als Ziehvater seiner »Kinder« Udo Lindenberg und Peter Maffay. Inzwischen ist Fritz Rau, den Insider wegen seiner aufbrausenden Art auch schon mal schmunzelnd »Ayatollah Kolleri« genannt haben, Gastdozent an Universitäten und gerngesehener Fernsehtalkgast. Allen Kollegen und unserem EVVC bleibt die Hoffnung, dass der »alte Fritz« der Branche noch lange erhalten bleibt.

August Moderer, Präsident des Europäischen Verbands der Veranstaltungs-Zentren e. V. (EVVC)

Wenn Fritz Rau was macht, dann aber richtig. »Mit Herz und Seele« war und ist Fritz Rau immer dabei. Ein echter Vollblutveranstalter, dem meine größte Achtung und mein größter Respekt gilt. Für mich hat er das Konzertbusiness wie kein anderer geprägt.

Willy Ehmann, Managing Direktor International Sony BMG

Fritz Rau ist im wahrsten Sinne des Wortes ein Impresario, der das Konzertbusiness über Jahrzehnte maßgeblich geprägt hat. Er hat die Superstars dieser Welt auf die Bühnen Deutschlands gebracht, sich aber auch sehr engagiert für die deutsche Popkultur eingesetzt und stets ein offenes Ohr für neue Künstler gehabt. Fritz hat in seiner Branche Qualitätsstandards gesetzt, die bis heute Gültigkeit haben.

Bernd Dopp, Warner Music

Fritz Rau gehört zu denen, die den Rock'n'Roll nach Deutschland holten – und damit ein Stück Welt in ein damals noch ziemlich verschlafenes Land. Die Liebe zu den Künstlern und zu ihrer Arbeit – das ist sein Anliegen, das hat ihn immer umgetrieben. 1983 hat er zusammen mit vielen Künstlern die Grünen beim Einzug in den Bundestag unterstützt. Minderheiten und die Umwelt bekamen so zum ersten Mal eine Stimme – und ziemlich viel frische Luft hielt Einzug ins Parlament.

Claudia Roth, Bundesvorsitzende Bündnis 90/Die Grünen

Er macht die Musik, er macht die Show und bleibt im Hintergrund: Fritz Rau, die graue Eminenz des Showbusiness. Er gilt als Persönlichkeit mit musikalischem Sachverstand, als kluger Kopf und Pater Joseph mancher Bühnenstars, als geistvoller Dirigent Kritiker in seinem Schattenorchester mitspielen zu lassen, zumeist so, dass es ihnen selbst gar nicht auffällt. Fritz Raus gemischtemotionale Argumentation ist bezwingend; er lebt im Widerspruch – schillernd. Was die beiden Konzertunternehmer Lippmann und Rau von Frankfurt aus für den deutschen Jazz wie für den Jazz in Deutschland und die beginnende Rockmusikszene getan haben, war Pionierarbeit. Und mit ihrem berühmten American Folk Blues Festival, das die angloamerikanische Rockmusik jener Zeit stilistisch mitgeprägt hat, haben sie das obere Maß für Veranstaltungen festgelegt: nicht nur organisatorische Funktion, sondern Einfluss auf musikalische Trends auszuüben.

Wolfgang Sandner, Frankfurter Allgemeine Zeitung

Ihr Namensvetter, der Bundespräsident Johannes Rau, hat Ihnen auf Anregung eines Ihrer Kollegen und auf meinen Vorschlag einen Bundesorden verliehen. Ich freue mich, dass ich diesen Orden aushändigen und Sie dabei für ihre Verdienste würdigen darf. Dies ist, sehr geehrte Damen und Herren, bei einem Mann wie Fritz Rau ein nicht ganz einfaches Unterfangen. Nicht, weil es mir schwer fiele, Ehrungswürdiges vorzutragen, sondern weil es schwer ist, diesem außergewöhnlichen Mann in der hier gebotenen Kürze durch eine bloße Auswahl von Leistungen und herausragenden Ereignissen seines Lebens gerecht zu werden.

Denn der Bundespräsident möchte durch diese Auszeichnung das Lebenswerk eines Mannes würdigen, das ganz im Zeichen der Musik – oder besser der musikmachenden Menschen gestanden hat. Dies war und ist seine Welt! Die Konzertagentur Lippmann+Rau wurde zu einem Synonym für erfolgreiches Konzertmanagement in Deutschland, Europa und in der ganzen Welt. Fritz Rau hat alle Größen des Jazz, des Blues, der Rockund der Popmusik sowie des Entertainments betreut. Sie alle schätzen an ihm seine absolut professionelle Art zu arbeiten. Das ist es aber nicht allein, sondern – und das hebt ihn in seiner Branche hervor – er gibt sein ganzes Herzblut für seine Arbeit, für seine Künstler. Hier zeigt sich auch das Besondere im Leben von Fritz Rau: Er wollte Musikern nicht nur ein Tourmanager, sondern vielmehr ein echter Freund sein. Dies hat er mit voller Hingabe gelebt und sich dabei oftmals total verausgabt. Denn solch eine Art zu arbeiten kostet Zeit – unheimlich viel Zeit – und Energie.

Fritz Rau hat Pionierarbeit auf verschiedenen Gebieten geleistet. Er hat die in Deutschland besonders hohe Mauer zwischen Eund U-Musik einzureißen versucht. So hat er den ehrwürdigen

Beethoven-Saal in Hannover nur per Gerichtsbeschluss für das Modern Jazz Quartet und seine Zuhörer öffnen können. Auch der aus seiner Sicht völlig unsinnigen Differenzierung bei der Vergnügungssteuer galt sein Kampf. Warum sollte ein bestuhlter Saal von der Besteuerung ausgeschlossen sein, unbestuhlte Säle oder Open-Air-Konzerte hingegen nicht? Auch die Kulturreferenten großer Städte waren nicht immer seine besten Freunde. Ja, er hat all diejenigen nicht verstanden, die puristisch nur ihre eigene Sicht der Dinge, ihre eigene Musikrichtung für wichtig angesehen haben. Fritz Rau war stets offen für die Vielzahl der Musikrichtungen. Er hat sich immer gegen das Sortieren nach Musikrichtungen gewehrt. Er hat die Vielfalt wie kein anderer gelebt.
Bei Fritz Rau haben wir es mit einer ganz besonderen Persönlichkeit zu tun. Haben Sie Dank für ein Leben für die Musik und für die Musikerinnen und Musiker!

Aus der Rede des damaligen Niedersächsischen Ministerpräsidenten Sigmar Gabriel anlässlich der Verleihung des Großen Verdienstkreuzes des Verdienstordens der Bundesrepublik Deutschland an Fritz Rau im Gästehaus der Landesregierung, 27. Februar 2002

Als ich in den fünfziger Jahren davon träumte, Veranstalter zu werden, habe ich Fritz Rau schon bewundert. Schließlich brachte er mit seinem Partner Horst Lippmann genau meine Musik nach Deutschland: Jazz, Blues, Folk, Rock und Chanson. Lippmann+Rau, das war das Nonplusultra in unserer Branche. Sein Dienst am Künstler und am Publikum war immer Vorbild für mich.

Karsten Jahnke, Vizepräsident des Verbandes der Deutschen Konzertdirektionen (VDKD)

Neue Wege

Aktualisierung von Friederike Weisse-Rau

Wir Unterhaltungsmenschen kommen nicht los von unserer Passion«, sagt Fritz Rau selbstironisch, wenn er mit sieben Jahren Abstand auf seine 50 Jahre als Konzertveranstalter zurückschaut. Der Mann, der sich ein Leben lang stark machte für eine Unterhaltungskultur, ist inzwischen 82 Jahre alt.

Was ist aus dem Konzertkartenverkäufer geworden seit 2005, dem Jahr, in dem er seine Erinnerungen an *50 Jahre Backstage* veröffentlichte? Vor allem ist er Zeitzeuge. Richard von Weizsäcker, zehn Jahre früher geboren als Fritz Rau, sagt: »Ich bin von Beruf Zeitzeuge.« Und die Zeugen dieser Generation sind mehr als weißhaarige Gentlemen, die Geschichten von früher erzählen. Sie sind auch Bewahrer und Erklärer sowie Warner vor falschen Entwicklungen.

Fritz Rau bezeichnet sich als Zeit- und als Tatzeugen der Unterhaltungskultur in der zweiten Hälfte des 20. Jahrhunderts, und das nimmt er sehr ernst. Nicht umsonst richtet er sich nach einem Motto des Wegbereiters des humanistischen Existenzialismus Søren Kierkegaard: »Leben kann man nur nach vorne, das Leben verstehen nur im Blick zurück und beides gehört zusammen.«

Ich bleibe bei dem poetischen, von Fritz selbst gemalten Bild, dass nämlich seine Künstler die Sonne sind, die auf der Bühne

Im Januar 2012

Liebe Friederike,

nachdem wir beschlossen haben, unsere letzten Jahre als Lebensgefährten miteinander zu verbringen, macht es mir eine besondere Freude, dass du über schöne und wichtige Begebenheiten, die sich seit der Veröffentlichung meines Buches vor sieben Jahren in unserem Leben ereignet haben, berichten wirst.
Um dieser Aufgabe gerecht zu werden, gibt es für mich keine kompetentere Autorin als dich.
Ich bin sehr glücklich über diese Veröffentlichung.

In herzlicher Verbundenheit

Dein Fritz

Fritz Rau

Licht und Wärme spenden, während auf ihn als Macher hinter der Bühne stets nur der Abglanz des Mondlichtes fiel. Heute möchte ich ihn mit dem hell leuchtenden Abendstern am Firmament vergleichen, der die Fantasie anregt. Er war immer da, aber erst jetzt, da es dunkelt nach einem langen Tag, wird er sichtbar und fesselt die Betrachter und Zuhörer mit seinen Geschichten, den Erinnerungen eines Konzertveranstalters.

Da sitzt er auf einer Bühne – ein Tisch, ein Stuhl, eine Leselampe, ein Mikrofon. Dazu ein Sänger mit Gitarre und wechselnde Konzertplakate aus einem Beamer. *Talk, Live-Musik und Bilder* nennt sich die Veranstaltung, für die er seit Erscheinen seines Buches schon rund 500 Mal verpflichtet wurde. Und doch ist dies nur eine der Möglichkeiten, Fritz Rau wieder zu begegnen, seitdem er seine Autobiografie schrieb, zu der ich nun eine Ergänzung schreiben darf.

Es lohnt sich, über diese Jahre zu berichten, denn vieles hat ihn bewegt und vieles bewegt auch er noch. Als Geschichtenerzähler fliegen ihm die Sympathien des Publikums entgegen, als Dozent findet er Aufmerksamkeit bei Studenten und Seminarteilnehmern, als gefragter Interviewpartner wird er von Funk, Fernsehen und Printmedien geschätzt und zitiert. Der Nachwuchs holt seinen Rat ein. Und immer noch begleitet er »seine« Künstler, zwar nicht mehr auf Tourneen aber unverändert in Gedanken – interessiert, freundschaftlich, liebevoll Anteil nehmend am Auf und Ab ihrer Karriere. Doch auch er selbst erfährt so viele Jahre nach seinem Rückzug aus dem Beruf respektvolle Würdigungen aus der Branche und Beweise der Zuneigung und Dankbarkeit durch die Künstler, von denen ihm einige zu echten Freunden wurden. Ökonomisch umzugehen mit seinen Kräften hat er immer noch nicht gelernt, doch auch eine neue Liebe fand Platz in seinem Leben – unsere.

Wenn ich nun von den vergangenen Jahren erzähle, in denen der Elder Statesman seiner Branche nicht nur die Früchte seines

Fritz Rau und Friederike Weisse-Rau 2012 in Kronberg (Privatarchiv Fritz Rau)

Schaffens genießen konnte, sondern noch einmal neue Wege beschritt, so bedeutet dies über Lernen und Verstehen hinaus auch Mut machen. Du hast mir noch eine Reihe von Jahren versprochen, Fritz. Ich werde da sein.

Friederike Weisse-Rau, Frühjahr 2012

Und das Leben geht weiter (2005-2012)

Über 500 Vorträge

Das Jahr 2005 bedeutete eine gewisse Zäsur im Leben von Fritz Rau. Nicht, weil das Erscheinen seiner Autobiografie seinen Alltag von heute auf morgen total umgekrempelt hätte. Aber die Resonanz auf den Rückblick von 50 Jahren Backstage ließ ein unerwartet großes Interesse an diesen Begegnungen und Erlebnissen eines Konzertproduzenten und Tourneeveranstalters erkennen.

Um die richtigen Worte war Fritz nie verlegen und an der Gabe überzeugend zu argumentieren, mangelt es ihm ohnehin nicht. Doch hier entwickelte sein Erzähltalent eine Eigendynamik. Eine Vortragsveranstaltung zog die nächste Einladung nach sich, Anfragen flatterten in sein Wohnbüro in Bad Homburg. Aus dem Macher, der die Verantwortung für die Organisation großer Konzerte nicht mehr übernehmen wollte und konnte, wurde ein gefragter Geschichtenerzähler, ein Infotainer, bei dem Information und Entertainment eine glückliche Verbindung eingehen.

Wunderte sich Fritz darüber? Ein wenig schon, aber es gefiel ihm nicht schlecht und in gewohnter Manier machte er Nägel mit Köpfen. Er konzipierte gleich eine ganze Reihe an Vorträgen mit unterschiedlichen Themenschwerpunkten und kann daher auf die individuellen Wünsche der Veranstalter, die ihn einladen, eingehen. So bietet er neben seinem Basisvortrag *50 Jahre Backstage* Vorträge zu folgenden Themen an: *Mein Weg zum Konzertveranstalter – Die Lippmann+Rau-Story, Open Air*

Festivals – Von Woodstock bis Nürnberg, Jazz im Dritten Reich – Der Hot Club Frankfurt (gegründet 1941) und die Hitlerjugend, Am Anfang war der Blues – Die American Folk Blues Festivals (1962-1982) And The Rolling Stones (gegründet 1962).

Der letztgenannte Vortrag stand 2012 als Jubiläumsvortrag im Mittelpunkt, ebenso wie *Fritz Rau – Begegnungen mit meinen Künstlern*, ein von den Zuhörern explizit nachgefragter Vortrag, in dem bisher noch nicht erzählte interessante und nachdenkliche Episoden und große und kleine Pannen während der Konzerttourneen zur Sprache kommen.

Sind damit alle Geschichten erzählt? Noch lange nicht. Bei Fritz reift bereits ein weiterer Vortrag mit dem Thema *Noch mehr Begegnungen.*

Das Lenin-Zitat »Der Erfolg ist das Kriterium der Idee« ist auch ein Motto von Fritz. Und von Erfolg kann man sicherlich ohne Übertreibung sprechen, angesichts der bisher etwa 500 Vortragsverpflichtungen in den sieben Jahren seit Erscheinen seiner Autobiografie.

Ich möchte hier nun exemplarisch zwei Zeitungskritiken zitieren, in denen die Atmosphäre bei solchen Fritz-Rau-Abenden treffend beschrieben wird. Im *Kreisanzeiger* des Nidda / Wetteraukreises vom 18. April 2011 heißt es auszugsweise:

> »Nach 81 Jahren zum ersten Mal in Nidda – ein Traum ist in Erfüllung gegangen. Schon mit seinen ersten Worten hatte Fritz Rau die gut 180 Besucher im Alten Lokschuppen auf seine Seite gezogen. Dabei hätte es dieses Charmes gar nicht bedurft, damit sich die Zuhörer nach zwei Stunden wie abgesprochen von den Stühlen erhoben, um ihm in dieser Form und mit lang anhaltendem Applaus Anerkennung zu zollen. Was diesen Respekt, diese im Raum geradezu greifbare Sympathie ausmacht? Nun, neben der Lebensleistung, fünf Jahrzehnte in Deutschland, teilweise europaweit, Tourneen der größten Stars aus Blues, Jazz, Rock und Pop organisiert zu haben, ist es gewiss die Au-

> thentizität und eine in der heutigen Zeit so oft eingeklagte Eigenschaft, die Wahrhaftigkeit. Hier sprach einer, der nicht von Nebensächlichkeiten und aufgesetzten Skandälchen C-Prominenter schwadronierte, sondern einer, der Räder in Bewegung setzte, der hautnah dabei und sich dennoch angenehm zurücknehmen kann, der, das kam in seinem Vortrag ›Begegnungen‹ immer wieder durch, für zwei Parteien ackerte: für die Künstler und das Publikum.
>
> Ihm, dem Publikum, haben wir alles zu verdanken, sagte Rau, der auf Einladung der OVAG nach Nidda gekommen war. Wobei ›ackern‹ es trifft. Nach der überaus erfolgreichen ›Tabaluga‹-Tournee mit Peter Maffay Mitte der neunziger Jahre erlitt Fritz Rau einen Herzinfarkt, bekam sechs Bypässe. Mittlerweile ist ein Herzschrittmacher hinzugekommen und seit einigen Monaten eine künstliche Hüfte. Ich bin nicht mehr ganz gesund, aber ausreichend repariert, ergänzte er in der ihm eigenen Ironie.
>
> Musikalisch begann der Abend im Lokschuppen mit dem Lied ›Der alte Fritz‹, geschrieben, komponiert, gesungen und auf der Gitarre vorgetragen von Jürgen Schwab, der den Abend exzellent begleitete und gewissermaßen kongenialer Partner von Rau ist.«

Und der *Wiesbadener Kurier* berichtete am 3. Februar 2012 über eine Veranstaltung am 1. Februar 2012 mit dem »begnadeten Impressario Fritz Rau«:

> »Wer kann schon behaupten, ein silbernes Tablett mit eingravierter persönlicher Widmung von Mick Jagger geschenkt bekommen zu haben? Und das ist bestimmt nicht das einzige Geschenk aus den Händen von Rockstars der allerersten Garnitur, das Konzertveranstalter-Legende Fritz Rau zu Hause im Schrank aufbewahren kann. Rau, demnächst 82 Jahre alt, sitzt noch immer fast jeden Abend auf einer Bühne, um aus seinem ereignisreichen Leben zu be-

richten. Beim Erklimmen des Podiums braucht er Hilfe, aber das ist auch alles. Den Rest des Abends plaudert der Impressario auf charmanteste Art aus seinem reich gefüllten ›Nähkästchen‹, in dem sich Begegnungen mit allen Großen der Rockszene verbergen. Zum Auftakt der Reihe ›ton ab‹ im Kulturforum am Schillerplatz war das Auditorium dicht besetzt, alle wollten die Erinnerungen von Fritz Rau, der mittlerweile in einer Seniorenresidenz in Kronberg lebt, hören – und natürlich auch seinen musikalischen Partner Biber Herrmann, der für akustischen Hochgenuss sorgte. Der Rheingauer ist ein exzellenter Sänger, Gitarrist und Blues-Harp-Spieler und um den Blues ging es auch vorrangig an diesem Abend. Diese Musikrichtung, so Fritz Rau, sei für ihn die wichtigste überhaupt: Sie besitze heilende Kräfte, denn sie sei ja auch von hart arbeitenden, ausgebeuteten und gequälten Menschen erfunden worden, um ihnen das Überleben zu erleichtern. Blues, Jazz und Rock hätten auch ihn geheilt, von Depressionen befreit und sogar ›entnazifiziert‹, denn Rau verschweigt auch nicht die Faszination, die die Nazis seinerzeit auf Jugendliche wie ihn ausgeübt hätten. Nach 1945 jedoch, als das mörderische System zusammengebrochen war, ›da trösteten mich Jazz und Blues, schufen ein nie gekanntes Gefühl von Freiheit‹, erzählt der charismatische Senior, dem das Publikum fast andächtig zuhört und gerade an dieser Stelle besonders viel Beifall spendet. Ein Leben für die Rockmusik – das Leitmotiv von Fritz Rau – mit persönlichem Engagement, klaren Stellungnahmen und einem gehörigen Schuss Charme und Humor.«

Ich habe es immer wieder beobachtet: Nach solchen Veranstaltungen gehen die Besucher angeregt nach Hause, erfüllt von Erinnerungen an Konzerterlebnisse und von neuen Eindrücken und Gesprächen. So wie Fritz und ich. Und wie Jürgen, wie Biber, wie Wolfgang und die Band oder wer auch immer an diesem Abend den Groove macht.

Gewöhnlich beginnt Fritz nach der Begrüßung seinen Vortrag mit der Bemerkung, dass er selbst ja nur babbelt. »Babblo ergo sum« ist das in reinstes hessisch abgewandelte Motto des alten Lateiners. Die Essenz des Abends aber, so betont er, sei für ihn Live-Musik. Und damit komme ich zu den musikalischen Begleitern der Vortragsabende.

Jürgen Schwab – Gitarrist, Liedermacher und Sänger, Musikwissenschaftler und Autor – ist schon seit Jahren dabei, und Fritz und er sind ein gut eingespieltes Team. Jürgen hat 2010 eine CD herausgebracht. Sie heißt *Heute noch* und enthält sehr authentische Lieder mit autobiografischen Texten aus der Mitte des Lebens.

Rau+Schwab (Dagmar Mendel)

Auf der CD ist auch sein Lied *Der alte Fritz* zu hören, das er im März 2010 beim Konzert in der Alten Oper Frankfurt zum 80. Geburtstag von Fritz Rau zusammen mit der hr-Big Band präsentierte. Fritz muss nicht lange überlegen, wenn er den Musiker beschreibt: »Jürgen Schwab, Gitarrist und Songwriter vom Feinsten, überzeugt nicht nur durch die Qualität seiner Lieder und Chansons. Mit seiner erstaunlichen stilistischen Bandbreite von Jazz und Blues bis Pop und Folk ist er auch ein idealer musikalischer Begleiter meiner Vorträge, zumal seine wunderbaren Interpretationen bekannter Titel stets ihren eigenen, ganz unverwechselbaren Stil haben und die Menschen berühren.«

Biber Herrmann, Singer-Songwriter und Gitarrist ist im Folk-Blues zu Hause und schafft an den gemeinsam gestalteten Abenden – ganz besonders als musikalischer Begleiter der Vorträge, bei denen der Blues im Mittelpunkt steht – mit seinen treffsicheren Lyrics und Bluesballaden eine stimmige Atmosphäre. Seine letzte CD heißt *Love & Good Reasons* und er präsentiert darauf einen leidenschaftlichen und glaubwürdigen Blues, der niemanden kalt lässt. »Die Musik von Biber Herrmann ist Seelennahrung«, schrieb ihm Fritz ins musikalische Stammbuch, und: »Er ist einer der besten Songster, die unser Land hervorgebracht hat. He's a real Soulbrother und glauben Sie mir, ich weiß, wovon ich rede.«

PR Foto Fritz Rau & Biber Herrmann (Foto: Christa Kaddar)

Und nun noch zu Günther Kieser. Hätte Fritz ihn für seine spektakuläre Plakatkunst in seiner Autobiografie nicht bereits ausgiebig gewürdigt, würde ich jetzt eine Eloge auf ihn anstimmen, denn seine Konzertplakate, passend zum Thema über einen Beamer eingeblendet, bilden die optischen Highlights an den Vortragsabenden. Sie ergänzen Talk und Musik zu einem gelungenen Gesamtkonzept.

Wen kann man noch erleben mit Fritz Rau auf der Bühne? Nun, da ist die Band United Blues Experience aus der Oberpfalz mit Bluesballaden sowie Country-, Rock- und Boogienummern. Alabama Train von Louisiana Red spielt sie und anderen Folk-Blues. Wolfgang Bernreuther, Gitarrist und Sänger, Rudi Bayer, Bass, sowie die Bluesharp-Spielerin und Sängerin Beata Kossowska (»ein Engel, aus dem polnischen Blueshimmel direkt zu uns herabgeschwebt« schwärmt Fritz) finden sich als Ergänzung des Vortrages zusammen zu einer sehens- und hörenswerten Performance. Ganz besonders sind es Beatas und Wolfgangs eigene Kompositionen von der neuen CD der Band, *Heart Blood Ballads*, die das Publikum mitreißen.

Würde ich jetzt den Bluesgitarristen Andreas Rau nicht erwähnen, wäre Fritz wirklich gekränkt. Dabei hat es sein Sohn Andreas Oscar, hauptberuflich promovierter Diplomingenieur, absolut nicht nötig, als »A-dabei« unter ferner liefen erwähnt zu werden – dafür ist er mit seinem bluesigen Groove einfach zu gut. Auf sein neuestes Projekt, eine CD mit Rilke-Vertonungen, darf man gespannt sein. Wenn Fritz im Münchner Raum Vorträge hält, ist er mit seiner Band an der Seite seines Vaters, und wenn Andreas *Stormy Monday* von T-Bone Walker spielt – übrigens mit eigenem, sehr eigenwilligen hessischen Text –, ist Fritz im Himmel. Er, der bekanntlich nie selbst Musik machte – den talentfreien Bassisten Fritz Rau von 1955 vergessen wir jetzt einmal –, erlebt und fühlt dann den Blues, als spiele er ihn mit den Fingern seines Sohnes.

Man sieht, Fritz kommt nicht los von der Musik und von den Musikern. Er braucht das, hat es immer gebraucht. Mit Jazz und

Blues ist seine Welt nicht mehr ganz so unvollkommen, wie er sie oft empfindet.

Dem Vortrag *Jazz im Dritten Reich* muss ich über die reine Erwähnung hinaus einige Zeilen widmen, denn er ist mehr als Infotainment, mehr als Talk und Musik. Emil Mangelsdorff und Fritz Rau haben nämlich mit großer Eindringlichkeit eine verbale und musikalische Botschaft zu vermitteln, die niemanden unbeeindruckt lässt. Oberstufenschüler, Seminarteilnehmer und darüber hinaus alle interessierten Zeitgenossen hören gespannt und beklommen zu, wenn zum Beispiel Originaldokumente der nationalsozialistischen Machthaber vorgelesen werden.

Hierzu sollte der Leser noch einmal die Seiten 32 bis 36 dieser Autobiografie aufschlagen, um zu verstehen, was Fritz Rau motivierte, solche Gesprächs- und Musikabende mit seinem Freund Emil Mangelsdorff, dem meisterlichen, inzwischen 87jährigen Saxophonisten zu veranstalten.

Ein aufmerksamer politischer Beobachter ist Fritz Rau geblieben. Wenn er im Anschluss an einen seiner Vorträge seine Autobiografie hoch hält und verkündet, dass dies für ihn das wichtigste Buch nach der Bibel und nach dem *Kapital* von Karl Marx sei, so ist das nur vordergründig ein Scherz, denn er hat dazu gleich eine ernste Aussage parat. Angesichts schwierig zu bewältigender Finanz- und Wirtschaftskrisen erinnert er an die Verelendungstheorie von Karl Marx, nach der der Kapitalismus an der Gier der Kapitalisten zugrunde gehen wird. Die Lösung, so mahnt er, ist ausschließlich die bereits in unserem Grundgesetz verankerte soziale Marktwirtschaft, die den Menschen verpflichtet ist. Sie muss nur verwirklicht und umgesetzt werden.

Flexibilität ist gefragt, wenn Fritz zu besonderen Veranstaltungen oder Festivals als Redner verpflichtet oder eingeladen wird oder wenn es gilt, eine Laudatio zu halten. Wer 50 Jahre Macher war im Musikgeschäft und fast alle Musiker kennt, der ist eben für die Organisatoren von Jubiläumsfeiern oder anderen Festlichkeiten eine Adresse erster Wahl.

Die Festhalle Frankfurt wird 100 Jahre alt? In Düsseldorf wird die Philippshalle zur Mitsubishi-Halle? Die Westfalenhalle in Dortmund hat 60jähriges Jubiläum? Für die Festvorträge wird jeweils Fritz Rau engagiert. Die Zappanale in Bad Doberan? Fritz steht jährlich im August zur Verfügung, wenn es um einen Redebeitrag über Frank Zappa geht. Und am Weißenhäuser Strand ist er jedes Jahr im November – persönlich oder über *Skype* – Gastredner beim *Rolling Stone Weekender*. Oder er spricht zur Premiere von Martin Scorseses Rolling-Stones-Film über seine Zusammenarbeit mit der Rockband.

Doch auch bei traurigen Anlässen, über die zu berichten war, riefen die Hörfunk, Fernseh und Zeitungsredaktionen bei Fritz an und baten um seine Meinung. Ich denke da zum Beispiel an den Tod von Michael Jackson, Amy Winehouse und Whitney Houston oder die tragischen Folgen der mangelhaften Organisation der Duisburger *Love Parade 2010*. Von den Unwägbarkeiten im Showbiz kann Fritz Rau nach einem Leben an der Seite der Künstler wie kaum ein anderer ein Lied singen und auch von der Notwendigkeit, auf dem Teppich zu bleiben, Risiken einzuschätzen und zu vermeiden.

Zur Zusammenarbeit mit den Rolling Stones noch eine Anmerkung. Keith Richards 2010 erschienene Autobiografie ist letztlich auch eine Liebeserklärung an den Blues – eine Liebe, die Keith von Anbeginn mit Fritz teilte. Das geht aus einem Interview hervor, das der Journalist Martin Scholz mit dem Rockmusiker führte und das in der Frankfurter Rundschau, der Süddeutschen und der Berliner Zeitung veröffentlicht wurde. Ich zitiere aus diesem Interview einen Absatz:

Martin Scholz: *Der Konzertveranstalter Fritz Rau hat die ersten großen Tourneen der Stones in Deutschland organisiert. Anfang der 60er hatte er mit dem American Folk Blues Festival erstmals amerikanische Blues-Musiker wie Memphis Slim oder John Lee Hooker zu Konzerten nach England geholt, die Sie damals als Fan besuchten. War Rau für Sie der gute Deutsche?*

Keith Richards: *Ja, Fritz half mir, die Deutschen besser zu verstehen. Es gab eine spontane Zuneigung zwischen ihm und mir und der ganzen Band. Seine Liebe zum Blues hat uns verbunden. Wir haben uns lange nicht mehr gesehen. Wie geht es ihm?*

Martin Scholz: *Er ist 80 geworden und hält oft Vorträge darüber, wie er den Blues und den Rock nach Deutschland geholt hat.*

Keith Richards: *Fritz war ein Gigant unter den deutschen Promotern. Ich sagte ihm mal: Okay, du bist Deutscher, ich Engländer – wen kümmert's! Die Leidenschaft für Blues-Musik war wichtiger als die Frage, wer du bist und woher du kommst. Fritz hat mir viel darüber beigebracht. Ich weiß nicht, ob er sich seiner Bedeutung damals überhaupt bewusst war. Er hat es einfach gemacht, er hat die Tagespolitik transzendiert, den ganzen Bullshit.*

Die entsprechenden Aussagen von Keith beziehen sich – wie Fritz mir erzählte – auf ihre Diskussionen über eine Publikation des Frankfurter Generalstaatsanwaltes Fritz Bauer über die Wurzeln des Faschismus. Diese Problematik war in den sechziger Jahren in den Gesprächen zwischen Fritz Rau und Keith Richards thematisiert worden.

»Professor Rau« und andere Ehrungen

Dass die Vorträge von Fritz erfolgreiches Entertainment bieten, habe ich versucht zu beschreiben. Da gibt es aber noch eine fachlich-konzentriertere Vortragsvariante, die strengeren Maßstäben unterliegt, und das hat einen ganz offiziellen »professoralen« Hintergrund: 2006 berief das Land Hessen Fritz Rau nämlich zum Honorarprofessor für Kulturmanagement und nutzte damit den Erfahrungsschatz und das Know-how des Konzertveranstalters – der wie kaum ein anderer die Branche durch innovative Ideen geprägt hat – für die nachfolgende Generation.

IM NAMEN DES LANDES HESSEN

verleihe ich gemäß § 85 Hessisches Hochschulgesetz

Herrn Fritz Rau

geboren am 9. März 1930

die akademische Bezeichnung

Professor

an der Hochschule für Musik und Darstellende Kunst Frankfurt am Main.

Frankfurt am Main, den 04.12.2006

Thomas Rietschel
Präsident

Dieses Dokument widme ich dem Gedenken an meine Mutter, Marie Rau, geb. Ratzel, die mich im Alter von 8 Jahren kurz vor ihrem Tod schwören ließ, ein Studierter zu werden.

Fritz Rau wird »Professor« – Ernennungsschreiben der Hochschule für Musik und Darstellende Kunst in Frankfurt

Vom Plädoyer für den Begriff einer »Unterhaltungskultur« bis hin zu gebrauchsfertigen Beispielen des »Making-of« – das heißt der Vorbereitung und der Durchführung eines Konzerts und einer Tournee – behalten seine Ausführungen auch in einer sich rasant verändernden Medienwelt Gültigkeit – nicht nur für Studierende an Musik- und Management-Hochschulen, sondern für alle Interessierten und Lernenden im privaten und öffentlichen Bereich des Kulturbetriebs.

Klare Absprachen und Vertragsregelungen, vernünftige Rahmenbedingungen was das Finanzielle betrifft und der faire Umgang mit den Partnern sind zeitlose Werte, die Fritz Rau in 50 Jahren als Veranstalter hoch gehalten hat und weiterhin eindrücklich vermittelt.

Dieser Professorentitel 2006 der Hochschule für Musik und Darstellende Kunst in Frankfurt am Main war eine unerwartete Ehre und zusammen mit den bereits in der Autobiografie genannten Auszeichnungen, so dachte Fritz, würde es nun sein Bewenden haben. Doch so war es nicht. 2007 wurde ihm der LEA für sein Lebenswerk verliehen, der *Live Entertainment Award* der Berufsverbände der Konzertveranstalter. Die Laudatoren waren Peter Maffay und Udo Lindenberg. *Bis ans Ende der Welt* sang Udo an diesem Abend zum ersten Mal für uns, »für Fritz und Friederike«, und seitdem immer, wenn wir bei seinen Konzerten im Publikum sind. Die Berufsverbände VDKD (Verband der Deutschen Konzertdirektionen) und idkv (Bundesverband der Veranstaltungswirtschaft), bei denen Fritz jeweils Ehrenmitglied ist, standen sich bekanntlich nicht immer freundlich gegenüber. Aber er wäre nicht Fritz, wenn er da nicht mit Erfolg nachgeholfen hätte. Als Gründungspräsident des LEA erreichte er 2006 eine projektbezogene Kooperation der beiden Verbände, die bei aller Eigenständigkeit einen Synergieeffekt zum Nutzen aller Mitglieder bewirkte. Die LEA-Statuette fand ihren Platz neben anderen Ehrungen, Urkunden und Familienbildern im Bücherregal von Fritz. Die meisten »Trophäen« aus seinem Berufsleben, vor allem die Goldenen- und Platin-Schallplatten, hat Fritz ausgelagert – es waren einfach zu viele.

Dank und Verbundenheit

Zwei gerahmte Platin-Schallplatten allerdings hängen doch noch an der Wohnzimmerwand: Peter Maffays CDs *Ewig* von 2009 und *Tattoos* von 2010. Der Künstler hatte darauf bestanden, dass Fritz auch Jahre nach Beendigung seiner Tätigkeit als Konzertveranstalter von der Plattenfirma diese Platin-Schallplatten mit besonderer Widmung erhielt – eine Geste der Wertschätzung für seinen jahrzehntelangen künstlerischen Wegbegleiter.

Am Ende des Maffay-Konzertes, das wir im November 2010 besuchten, überraschte der Künstler in der ausverkauften Frankfurter Festhalle seinen Freund Fritz mit einer Ansage folgendes Wortlautes: »Die Reprise widmen wir, die Band, einem Mann, der heute Abend hier zu Gast ist, einem unserer Lehrer, einem unserer Beschützer – besonders am Anfang –, einem der uns viel beige-

Fritz Rau mit Udo Lindenberg und Friederike Weisse-Rau in Kronberg im November 2011 (Privatarchiv Fritz Rau)

bracht hat, dessen Haltung wir mit allergrößtem Respekt bewundern und mit dem wir in der Festhalle siebzehnmal Tabaluga und Lilli aufgeführt haben. Ich hoffe er ist noch unter uns, denn wir wollen ihm damit eine kleine Freude machen: Fritz Rau.«

Später brachte Fritz zum Ausdruck, welche Gedanken ihn bewegten, als er das hörte: »Ich hatte das Gefühl, nicht vergebens gelebt und malocht zu haben.« Groß war auch seine Freude, als Peter Maffay ihm in den Vorweihnachtstagen 2011 einen privaten Besuch zu Hause abstattete.

Zu dem Gefühl, vielen Musikern nicht nur geschäftlich oder künstlerisch, sondern auch menschlich sehr nahe gewesen zu sein, tragen auch die regelmäßigen »Wie geht's-Anrufe« von Udo Lindenberg bei. Auch Udo hat sein »Brüderchen Fritz« Ende 2011 ganz spontan in Kronberg besucht.

Da gibt es noch einen anderen Udo, Udo Jürgens, dem sich Fritz nach wie vor sehr verbunden fühlt. Ich war dabei, als er Fritz in Kronberg anrief und uns zu seinem Konzert im Februar 2012 in der Frankfurter Festhalle einlud. »Fritz«, sagte er, »ich erinnere mich so gerne an die gemeinsamen Tourneen und ich vermisse den Kontakt mit dir.«

Zusammen mit Peter Maffay und Friederike Weisse-Rau in Kronberg im Dezember 2011 (Privatarchiv Fritz Rau)

Auch von den Worten Harry Belafontes aus einem im Internet veröffentlichten Interview, das der ORF am 27. Oktober 2011 anlässlich der Film-Festspiele *Viennale* in Wien mit dem Künstler führte, fühlte sich Fritz sehr geehrt. Darin sagt Harry Belafonte: »Ich habe einen sehr guten Freund in Deutschland, Fritz Rau, ein großer Impressario, ein Mann von hohem Intellekt. Er liebt die Musik und er brachte den Rock'n'Roll voran – und auch Belafonte.«

Im März 2010 wurde Fritz dann eine weitere Ehrung zuteil, die ihm besonders wertvoll ist. Das Land Rheinland-Pfalz verlieh ihm durch die Kultusministerin Doris Ahnen die Peter-Cornelius-Plakette für seine Verdienste um die Musikkultur. Dass es sich bei dem Namensgeber Peter Cornelius um einen Vertreter der klassischen Musik handelt, bestätigt und honoriert das immerwährende Bemühen von Fritz Rau, das Schubladen-Denken zu überwinden und eine Brücke zu bauen zwischen den Anhängern der unterschiedlichen Musik-Genres.

Im Anschluss an die Verleihung der *Peter-Cornelius-Plakette* in Mainz besuchten wir in der benachbarten Rheingoldhalle ein Konzert von Joan Baez und waren begeistert von der Stimme und der Ausstrahlung dieser leisen, intensiven Künstlerin, mit der Fritz eine jahrzehntelange Freundschaft und Zusammenarbeit verbunden hatte, bevor ein Zerwürfnis im Zusammenhang mit einer Bob-Dylan-Tournee 1984 einen Bruch herbeiführte. An diesem Abend nun hatte ich die Freude, das Ende des großen Schweigens zwischen Joan und Fritz zu erleben. Sie ehrte ihren Freund Fritz Rau bereits von der Bühne herab, und später in ihrer Garderobe umarmten sie sich und redeten und redeten, und alles war gut.

Maffay, Lindenberg, Jürgens, Belafonte, Baez – meine Beschreibung der freundschaftlichen Zuwendung dieser Künstler lange nach der gemeinsamen Arbeit mit Fritz Rau mag vielleicht wie übertriebene Schmeichelei anmuten. Wer aber weiß, wie sehr Fritz aus der Distanz Anteil nimmt am Leben und an der Karriere »seiner Schützlinge« und wie sehr ihn ihre ungebrochenen Erfolge erfreuen und – ja, auch mit Stolz erfüllen, der gönnt ihm von Herzen seine offensichtliche Freude über diese Zeichen der Verbundenheit.

Diese Verbundenheit hat ihre Wurzeln nicht zuletzt in der Art und Weise wie Fritz seine Lebensarbeit gestaltete: Über organisatorische und geschäftliche Abwicklungen hinaus hat er die künstlerischen und gesellschaftspolitischen Visionen seiner Künstler verstanden, geteilt und gefördert, hat Herz und Leidenschaft investiert und ein Klima der loyalen Freundschaft und Zusammengehörigkeit geschaffen – durchaus nicht selbstverständlich in einer Branche, in der sich auch unseriöse und eiskalte Geschäftemacher tummeln, die das schnelle Geld im Auge haben und nicht den Aufbau und den langfristigen Erfolg ihrer Künstler.

Vielfältiger Förderer

Tue Gutes und sprich nicht drüber? Das ist in Ordnung. Aber dass Fritz sehr oft auf das Honorar für seine Vorträge verzichtet, weil er eine gute Sache unterstützen möchte, darf zumindest *ich* erwähnen. Er hielt Motivationsvorträge in Jugendgefängnissen und sponserte zum Beispiel für eine Gehörlosenschule Sportgeräte. Initiativen wie KIKS UP in Bad Nauheim und andere Einrichtungen zur Förderung von Kindern sowie von Jugend-, Sportund Kulturarbeit konnten auf seine Hilfe zählen und auf die Spenden, die sie durch sein kostenloses Engagement erzielten.

»Nein« zu sagen musste Fritz lernen im harten Berufsalltag seines Veranstalterlebens. »Nein« sagen, wenn er um Unterstützung gebeten wird, das fällt ihm – auch wenn es oft über seine Kraft geht – jedoch nicht leicht.

Niemals würde er sich auch aus einem Projekt ausklinken, das er als Mitglied des Beirats seit Jahren mit Herzblut begleitet – die Tabaluga Kinderstiftung. Auf Seite 233 beschreibt er in diesem Buch die Ziele der Stiftung, die sich in den letzten Jahren auf beeindruckende Weise entwickelt hat. Die Fördermöglichkeiten für

Kinder, Jugendliche und Familien im therapeutischen, pädagogischen und kreativen Bereich konnten unter Leitung von Dr. Jürgen Haerlin zusammen mit dem Kooperationspartner, der *Hoffmann Group Foundation*, enorm ausgeweitet werden.
Ehrensache, dass Fritz Rau der Tabaluga Kinderstiftung und auch der vernetzten Peter Maffay Stiftung mit Benefizvorträgen zur Sponsorenpflege gerne auch weiterhin zur Verfügung stehen wird.

Der *f6 Music Award*, der größte Förderwettbewerb für Nachwuchsbands in den ostdeutschen Bundesländern, hat sich zur Freude von Fritz zu einer wirklichen Erfolgsgeschichte entwickelt. Auch in den letzten Jahren hat er diesen Wettbewerb engagiert begleitet und war in Berlin bei verschiedenen Veranstaltungen präsent. Aber lassen wir doch die Organisatoren mit ihrer offiziellen Presseverlautbarung über den *f6 Contest 2010* auszugsweise zu Wort kommen: »Schirmherr der Veranstaltung ist Konzertveranstalter-Urgestein Fritz Rau, der es in seiner grandiosen Ansprache sogar schaffte, Goethe, die Cebit und Dragoslav Stepanowic unter einen Hut zu bringen. Und Rau freute sich besonders, dass ›Polarkreis 18‹ auch anwesend waren und der Pressekonferenz noch einen wunderbaren Kurzauftritt bescherten.«

Die Band Polarkreis 18, die 2006 als Zweite mit dem *f6 Music Award* ausgezeichnet wurde, dürfte bei dem exzellenten Förderprogramm dieser Initiative sicher nicht die einzige Band bleiben, die die Top Ten erreicht hat. Seit 2012 richtet sich die Ausschreibung des Musikförderpreises unter neuer Leitung an eine bundesweite Zielgruppe.

»Es kann sein, dass nicht alle Musiker an Gott glauben, an Johann Sebastian Bach jedoch alle« – das ist ein Ausspruch des argentinisch-deutschen Komponisten Mauricio Kagel. Johann Sebastian Bach und die Lippmann+Rau-Stiftung? Die Brücke zwischen beiden ist Eisenach. Fritz Rau erwähnt in seinem Buch bereits die Anfänge und was 2005 noch ein zartes Pflänzchen war, nämlich Idee und Planung einer Stiftung, wurde inzwischen erfolgreich umgesetzt. In der Geburtsstadt von Johann Sebastian Bach (1685-1750) und Horst Lippmann (1927-1997) gründete sich genau 800 Jahre nach dem legendären Sängerkrieg auf der Wartburg anno 1206 im Jahr 2006 die Lippmann+Rau-Stiftung für Musikforschung und Kunst, in der Fritz Rau als einer der beiden Namensgeber Kuratoriumsmitglied ist. Die bisherigen Ergebnisse der Aktivitäten dieser Stiftung mit den Geschäftsführern Reinhard Lorenz und Daniel Eckenfelder sowie ihrer Mitglieder und Förderer sind bemerkenswert. Sie umspannen die Pflege und Weiterentwicklung des Internationalen Archivs für Jazz und populäre Musik im Eisenacher Industriedenkmal Alte Mälzerei und sie beinhalten die jährlich wiederkehrenden Wartburg-Vespern, bei denen die Stiftungsrepräsentanten mit interessanten Partnern aus Wirtschaft, Politik und Kultur ins Gespräch kommen. Musiker wie Udo Lindenberg und Peter Maffay und Musikfreunde wie Peer Steinbrück, Johannes Heisig, Wim Wenders und viele andere stellen sich dabei dankenswerterweise fördernd in den Dienst der Sache. Eine fruchtbare Kooperation mit der Hochschule für Musik Franz Liszt in Weimar wurde angestoßen und ein Lehrstuhl für Jazz und populäre Musik eingerichtet, den Professor Martin Pfleiderer – zugleich Leiter des Archivs – übernahm. Für die nahe Zukunft geplant ist in einem Anbau an die Alte Mälzerei ein Lippmann+Rau-Haus als Ausstellungsund Dokumentationsort der aus heutiger Sicht legendären Konzertagentur und ihrer Künstler.

Dies soll – und hier schließt sich nun der Kreis – ein interessanter Gegenpol und ein Brückenschlag sein von der Geschichte der Unterhaltungskultur in der zweiten Hälfte des 20. Jahrhunderts zur Geschichte der Barockmusik zur Zeit Johann Sebastian Bachs, die in dessen Geburtshaus und dem Museum am Frauenplan eindrucksvoll präsentiert wird. Ein Spaziergang von fünfzehn Minuten durch Eisenach verbindet so auf wunderbare Weise diese beiden authentischen Welten europäischer Musikkultur.

Wo der Blues gespielt wird, ist Fritz Rau bekanntlich nicht weit. In Lahnstein blüht der Blues und dort werden mit dem *Blues-Lou-*

is-Preis des SWR jährlich Bluesmusiker und Bluespioniere geehrt. 2009 zum Beispiel war es Bill Wyman, der Ex-Rolling Stone, für den Fritz die Laudatio hielt. Aber auch er selbst hat – obgleich Nicht-Musiker – diesen Preis erhalten, genauso wie Günther Kieser, Siegfried Schmidt-Joos, der engagierte Organisator des Lahnsteiner Bluesfestivals, Tom Schröder, und andere, die auf die eine oder andere Weise mit dem Blues verwachsen sind, auch wenn sie ihn nicht selbst spielen.

Jubiläumsjahr 2012

Für Fritz war und ist der Blues die wichtigste Musik seines Lebens. *Am Anfang war der Blues* – das ist mehr für ihn als einer seiner Vortragstitel. Es ist ein Bekenntnis und es ist der Leitsatz, der seinen musikalischen Lebensweg seit seiner Studentenzeit in Heidelberg begleitete. Wenn er heute auf die Anfänge zurückschaut, auf die Konzerte der *American Folk Blues Festivals*, die Lippmann+Rau vor 50 Jahren in Europa beginnend über 20 Jahre lang präsentierten, so erläutert er dazu in seinem Vortrag über den Blues: »Wir hatten, als wir ab 1962 schwarze Bluesmusiker nach Europa brachten, keine Ahnung, dass wir mit diesem Tourneepaket mitten ins Herz einer neuen Jugendkultur treffen würden, die sich gerade um den Blues herum artikulierte. Für die Kids in London, Amsterdam, Kopenhagen und Berlin ging in den Konzerten der *American Folk Blues Festivals* der Himmel auf. Wir haben damals, ohne es zu wissen, etwas Weltbewegendes angestoßen.«

Verständlich, dass Fritz es mit Interesse und Freude begrüßte, als 2008 die Marburger Plattenfirma Tropical Music unter dem Begriff »Legenden der Lippmann+Rau-Festivals« drei DVDs mit den Filmen herausbrachte, die Lippmann+Rau für das deutsche Fernsehen produzierten. Die DVD-Reihe enthält die Poster, Programmhefte und Originaltexte über die Künstler und deren Musik und präsentiert in acht Stunden Spielzeit Aufnahmen von musikhistorischem Wert, nicht nur von den *American Folk Blues Festivals*, sondern auch von Interpreten der späteren Weltmusik-Szene, für die Lippmann+Rau ebenfalls den Weg nach Europa ebneten.

Fritz geht in seinem Bluesvortrag nicht nur besonders auf dieses 50jährige Jubiläum der *American Folk Blues Festivals* ein, sondern auch auf die gleichfalls ein halbes Jahrhundert zurückliegende Gründung der Rolling Stones, mit denen er jahrzehntelang Tourneen veranstaltete. – Bereits 1962 Blues-infiziert durch Schallplatten ihrer Idole – der schwarzen Blues-Musiker aus den USA – und motiviert durch das damals von Lippmann+Rau präsentierte Folk-Blues-Konzert in Manchester, das sie erlebten, legen die Rolling Stones bis heute in ihren Konzerten Zeugnis davon ab, dass der Blues als Essenz der Rockmusik ihre wichtigste Inspiration war und ist.

Ankündigungsplakat von Günther Kieser für die Vorträge von Fritz Rau im Jahr 2012

Es war selbstverständlich, dass Fritz auch in diesem Jubiläumsjahr 2012 mit Günther Kieser – seine Gitarre lebt! – zusammenarbeitete. Kreativ wie eh und je knüpfte dieser mit dem Jubiläumsplakat 2012, das er für seinen Freund Fritz gestaltete, an seine berühmten Konzertplakate für die *American Folk Blues Festivals* an und verarbeitete Information und unverschnörkeltes ästhetisches Design in einem weiteren Gitarrenkörper.

Im Bluesvortrag von Fritz Rau geht es um mehr als Musikgeschichte und -geschichten. Er beleuchtet auch politische Aspekte, blickt zurück auf die Diskriminierung der schwarzen Musiker, thematisiert den Kampf um die Bürgerrechte der Afroamerikaner. »I say it here and say it loud, I'm black and I'm proud« zitiert Fritz Rau den Soulbrother Number one James Brown, der sich für Gewaltfreiheit einsetzte. In diesem Zusammenhang bringt Fritz manchmal ein Gedicht zum Vortrag, das die Zuhörer spürbar berührt und das den ominösen Begriff »coloured« ad absurdum führt.

Benjamin Zephaniah, Rastafa und Poet aus Jamaika schrieb es und es passt so gut zum Thema, dass es hier abgedruckt werden soll:

Dear white fella, couple things you should know:
When I born, I black
When I grow up, I black
When I go in sun, I black
When I cold, I black

When I scared, I black
When I sick, I black
And even when I die, I still black

You white fella:
When you born, you pink
When you grow up, you white
When you go in sun, you red
When you cold, you blue
When you scared, you yellow
When you sick, you green
When you die, you grey
And you have the fucking nerve to call ME coloured?

Jubiläumskonzert zum 80. Geburtstag 2010

Hofberichterstattung? Unwillkürlich geht mir der Begriff durch den Kopf, wenn ich mein Manuskript durchblättere. Sieben Jahre erfolgreich, bewundert, zufrieden und gelassen? Ein altersweiser Gutmensch? Nein, so war es doch nicht ganz, und wer Fritz Rau kennt, nimmt mir das ohnehin nicht ab. Ungeduld, manchmal Unbeherrschtheit sind immer noch seine Begleiter. Und zu einem »Bevor ich mich aufreg', isches mir lieber egal« konnte er sich nicht wirklich durchringen. Er regt sich halt gerne auf – gerne auch lautstark. Immer noch kann er von Herzen ungerecht sein, um anschließend mit einem zerknirschten »Pardon« auf den Lippen sein Gegenüber um Nachsicht zu bitten. Mit seinem »Mir sagt doch keiner was« zieht er sich nicht selten hinter eine vorgebliche Ahnungslosigkeit zurück – eine reine Schutzbehauptung, denn meistens ist er alles andere als ahnungslos!

Gesundheitliche Probleme wie die schmerzhafte Gehbehinderung, Erschöpfungszustände, notwendige Operationen – auch die gab es in den letzten Jahren. Und wenn Fritz leidet, leidet er schlimmer als alle anderen Menschen. Seine Unselbstständigkeit in Alltagsdingen versteht er mit zunehmendem Alter meisterhaft und höchst erfolgreich zu kultivieren. Davon können Brigitte Reinert, die fürsorglich die Dinge des täglichen Lebens für ihn richtet und Tanja Wisbar, die freundschaftlich seinen Schreibtisch in Ordnung hält, ein Lied singen – genauso wie ich, die ich versuche, sein Leben in Balance zu halten, dabei aber eine gewisse Unwucht durchaus in Kauf nehme. Zusammen waren wir 150 Jahre alt, als wir uns kennenlernten. Da muss man sich nicht mehr gegenseitig die Welt erklären. Man nimmt den Anderen an wie er ist oder man lässt es. Wir haben uns angenommen. 2009 verlegte Fritz Rau seinen Wohnsitz von Bad Homburg ins zehn Kilometer entfernte Kronberg. Er bezog dort eine Wohnung in der Seniorenresidenz Rosenhof, die seinem Bedürfnis nach Ruhe, nach einem Balkon mit Blick ins Grüne, nach mehr Service und Betreuung entgegenkommt. Schön haben wir es da und schön haben wir es, auch bei mir in Idstein, wo sich Fritz ebenso zu Hause fühlt.

Meine Kinder und Enkel haben in ihm einen Freund gewonnen, der raumfüllend und warmherzig einen Platz in meinem Herzen und in meiner großen Familie eingenommen hat. Nicht zu vergessen sein Platz am Tisch beim sonntäglichen Brunch, denn sein Leib und seine Seele hatten es schon immer besonders nötig, durch Essen und Trinken zusammengehalten und besänftigt zu werden. Familie ist uns beiden sehr wichtig und die Nachkommen Rau und Weisse – Kinder, Enkel, Schwiegerkinder – gehen ungezwungen und freundschaftlich miteinander um, wenn sie an gemeinsamen Urlaubstagen oder bei Essenseinladungen von Fritz zusammenkommen.

Sieben Jahre sind eine lange Zeit im Leben von jungen Erwachsenen und Teenagern. Wichtige Entwicklungsjahre waren es auch für die Enkelkinder von Fritz: Laura arbeitet nach ihrem Studium bereits verantwortlich im Management-Bereich. Robin nutzt seine Begabung und studiert Modedesign. Die beiden Münchner Enkelinnen Rosa und Camille steuern auf ihr Abitur zu. Fritz hat Glück mit seinen Kindern und Enkeln, genauso wie ich mit den meinen. Das Leben meint es gut mit uns.

Im 82jährigen Leben von Fritz Rau, das vor allem durch seinen beruflichen Werdegang ein außergewöhnliches Leben war, kreuzten sicherlich überdurchschnittlich viele Menschen seinen Weg. Sie gingen eine kürzere oder längere Wegstrecke mit ihm, entfernten sich wieder oder blieben, hinterließen Spuren oder auch nicht: Künstler, Geschäftspartner und Mitarbeiter, Freunde, Verwandte und Bekannte, die Frauen an seiner Seite. Bevor es zu philosophisch wird: Dies ist nur die Einleitung zu einer ganz handfesten Beziehungskiste, vielleicht der beständigsten im Leben von Fritz: Fußball! Bundesliga, Europapokal, Champions League, Europa- und Weltmeisterschaften, nicht zu vergessen die endlosen Diskussionen, Fernsehrunden und Fachgespräche über dieses unerschöpfliche Thema – das ist seine immergrüne Wiese, auf der er seit Jugendtagen als Schüler, als Student, als Konzertveranstalter und jetzt in seinen späten Jahren entspannen und regenerieren konnte und kann. Eine lebenslange, gleichermaßen leidenschaftliche wie passive Affäre.

Mein Ergänzungskapitel zur Autobiografie von Fritz Rau neigt sich dem Ende zu. Abschließen will ich es mit dem Rückblick auf ein ganz besonderes Konzertereignis. Am 20. März 2010, einige Tage nach seinem im privaten Kreis gefeierten 80. Geburtstag, fand in der ausverkauften Alten Oper Frankfurt ein Jubiläumskonzert zu Ehren von Fritz Rau statt. Fritz selbst hatte hierzu bestimmte Vorstellungen: Ein möglichst breites Spektrum seines Veranstalterlebens zu zeigen mit deutschen und deutschsprachigen Musikern, an deren Karriere er beteiligt war; ein Konzert *Made in Germany* – das war sein Traum. Und die Einnahmen aus dem Konzert sollten der Tabaluga Kinderstiftung zufließen – das war sein Wunsch. So nahm aus Überlegungen und Diskussionen die Planung Gestalt an und während das organisatorische Konzept für das Festkonzert sich unter der kompetenten Mithilfe der früheren Mitarbeiter von Lippmann+Rau – genannt seien vor allem Heidi Jung und Lauti Lautenfeld – zu formen begann, erdachte Fritz sein »Musikalisches Testament«, so nannte er es. Ein Wunsch, der sich nur deshalb erfolgreich umsetzen ließ, weil alle Künstler ohne Honorar auftraten, genauso wie alle Mitarbeiter und Zulieferer oder auch Werner Reinke vom *Hessischen Rundfunk*, der als Moderator den Abend präsentierte. Ich weiß, dass die Verbundenheit, die sich dadurch ausdrückte, Fritz sehr berührte und erfreute.

Plakat von Günther Kieser für das Jubiläumskonzert zum 80. Geburtstag von Fritz Rau am 20. März 2010 in der Alten Oper in Frankfurt

Dass sich sein Traum erfüllte, zeigt das abgedruckte Programm, das trotz seiner sehr ungewöhnlichen Zusammenstellung verschiedener Musikrichtungen zu einer wunderbaren Homogenität dieses Konzertabends führte. »Ich bin glücklich«, sagte Fritz später. »Mein Konzept ist aufgegangen. Jazzer und Blueser haben Nana Mouskouri gefeiert und Howard-Carpendale-Fans ließen Emil Mangelsdorff mit seinem Saxophon nur ungern ohne Zugabe von der Bühne gehen.«

Es steckte also die ganz eigene Rau'sche Philosophie dahinter und es tut gut zu spüren, dass sie verstanden wurde, so wie von Dieter Bartetzko von der *Frankfurter Allgemeinen Zeitung*, dessen Besprechung exemplarisch für andere Konzertkritiken nachstehend abgedruckt wird.

»Warum haben wir eigentlich Inga Rumpf aus den Augen verloren? Vierzig Jahre nachdem sie Aretha Franklin das Fürchten lehrte, singt sie heute Beyoncé mühelos an die Wand, Norah Jones auch. Und was ist mit Ulla Meinecke? In den achtziger Jahren stürmte man für ihre angerockten Chansons Riesenhallen. Heute wird beiläufig konstatiert, dass sie irgendwo Theater spielt oder Lesungen mit Gesang kombiniert. ›Mein Gesicht ist was für Arte, aber nicht für MTV‹, sang sie am vergangenen Samstag in der ausverkauften alten Oper. Das Haus war so begeistert wie bei Emil Mangelsdorffs ›Blues forever‹, dem der fünfundachtzigjährige Saxophonist so viel Leidenschaft gab, wie einer, der sich gerade den Jazz erobert. Oder bei Inga Rumpf, die ›This is a man's world‹ röhrte wie die Zwillingsschwester von James Brown, nur präziser.

Dass das alles zusammenkam, ist dem Konzert- und Tourneeveranstalter Fritz Rau zu verdanken. Diesmal nicht als Organisator, sondern als Ehrengast, zu dessen achtzigstem Geburtstag sich seine Künstler versammelt hatten. Sie waren alle seine: Rau wurde zu Europas wichtigstem Tourmanager und einem der bedeutensten der Welt, weil er Leute wie Inga Rumpf oder Ulla Meinecke, das Emil Mangelsdorff Quartett, die Barrelhouse Jazzband, aber auch Eric Clapton oder jemanden wie Howard Carpendale bühnenreif machte.

Den Grundstein einer Karriere, auf deren Zenit Mick Jagger ihn ›the godfather of us all‹ nannte, hatte Fritz Rau als Jurastudent und Stammgast im legendären Heidelberger Jazzklub Cave 54 gelegt. Als er im Jahr 1955 mit Albert Mangelsdorff die dortige Stadthalle füllte, wurde sein späterer Partner Horst Lippmann auf ihn aufmerksam – und engagierte ihn als Kofferträger für ›Jazz at the Philharmonic‹. Wenige Jahre später schleppten Lippmann+Rau alle Jazzgrößen von Basie bis Fitzegerald nach Deutschland und gründeten das heute sagenumwobene ›Folk Blues Festival‹.

Danach ging es Schlag auf Schlag: Rau präsentierte Bob Dylan und Joan Baez, James Brown und Eric Burdon, Janis Joplin und Jimi Hendrix, die Band ›Ton, Steine, Scherben‹, Zappa, Bowie, Mercury. Während Wolfgang Sandner, lange Jahre Musikredakteur dieser Zeitung, eine launige, klug pointierende Laudatio hielt, passierten auf einer Riesenleinwand Plakate vieler dieser Konzerte Revue: Klassiker und Sammlerobjekte des Grafikers Günther Kieser wie zum Beispiel die Hendrix-Montage, auf der Elektrokabel aus der Krausmähne des Musikers züngeln wie die Schlangen der Medusa.

Eine Ära zog, nein: mindestens drei Ären zogen vorüber, weckten beim Publikum, dessen Mischung ihnen entsprach, Erinnerungen, Rührung, vielleicht auch Scham. Denn Fritz Rau hatte es nie mit Neutralität: Der ›Ayatollah Choleri‹ propagierte seine frühen Jazzkonzerte auch als Veranstaltungen gegen Rassismus, seine Folkreihen als Kampf gegen Militarismus, unterstützte später mit Großveranstaltungen die Grünen – und strafte sie mit Austritt, als es ihm geboten schien. All das schwang mit an diesem Abend und führte dazu, dass im Publikum kauzige Leinenkittel neben Smokings saßen, junge Langmähnen neben Halbglatzen mit Schnauzer, Abendroben neben Lederminis – und dass der SPD-Vorsitzende Sigmar Gabriel wie jedermann Platz nahm (allerdings direkt hinter Fritz Raus Ehrenplatz im vorderen Balkon).

Die Geld und Weltstadt feierte ihre Fähigkeit, Kontraste und Freiräume zu fördern. So wurde der Riesensaal Wohnzimmer, Eckkneipe und Skyscraperbar, Familienglück und Massenekstase. ›Mei Mädsche is mer abgehaun, schick se mer doch einfach nur zurück‹, sang Raus Sohn Andreas in lupenreinem Hessisch und traf damit exakt den rauh-tragischen Ton der Band ›United Blues Experience‹. Ein furioses Mundharmonika-Solo ihrer Sängerin Beata Kossokokwska brachte den Saal zum ersten Aufschrei. Doch von den Stühlen riss ihn Nana Mouskouri. Mit angehaltenem Atem hatte man zugehört, wie sie, ohne Rücksicht auf ihre 75 Jahre und die spröde gewordene Stimme, ›Le ciel est noir‹ sang, ihre beklemmende französische Version von Dylans ›A hard rain‹.

Natürlich sang sie – und Fritz Rau dankte es ihr mit stehendem Beifall – auch eine Kurzversion ihres uralten Welthits ›Weiße Rosen aus Athen‹. So wie am Ende, nach Udo Lindenberg, der mit ›Hinterm Horizont geht's weiter‹ Open-Air-Atmosphäre verbreitet hatte, Peter Maffay seine Tabaluga-Hymne sang, einen der Hits jener Produktion, für deren Finanzierung er und Fritz Rau Millionen riskiert hatten. Zuvor aber war sein ›Eiszeit‹, so apokalyptisch wie der Bob-Dylan-Song, durch die Alte Oper gedröhnt. Man musste sich energisch an die selbstzufriedene Sentimentalität erinnern, die 1982 dieses Lied färbte, um nicht an die jüngsten Klimakatastrophen zu denken.

Gejubelt wurde übrigens auch, als Moderator Werner Reinke (gleichfalls Legende) anfangs den 2:1-Sieg von Eintracht Frankfurt über Bayern München erwähnte. Wolfgang Sandners Laudatio im Kopf, die Liebe, Perfektion, Kreativität und Cleverness als Grundeigenschaften von Fritz Raus Wesen und Werk nannte, wusste man spätestens beim Finale: Der Abend von ›Rock'n'Rau‹ endete haushoch für – die Liebe.«

In einem ganzseitigen Artikel der *Frankfurter Rundschau* erwies Peter Maffay seinem Freund unter der liebevollen Überschrift »Nicht ohne meinen Fritz…« die Ehre und bereitete ihm damit eine Riesenfreude.

Eine sehr respektvolle Würdigung zum 80. Geburtstag kam auch von Marek Lieberberg, dem langjährigen erfolgreichen Konkurrenten und Mitbewerber um die Gunst der Künstler. Der Text seiner Zeitungsanzeige und des gerahmten Bilddokuments lautete: »Fritz Rau hat vielen Träumen Raum gegeben und dem Beruf des Konzertveranstalters ein markantes Gesicht.«

Diesen Wertschätzungen stelle ich die anrührende Gratulation eines Fans und Straßenmusikanten gegenüber, die am Konzertabend auf krakelig beschriftetem Zettel im regenfeuchten, verschmutzten Umschlag mit einer Euromünze als Spende auf Umwegen in unsere Hände gelangte: »Lieber Herr Rau, zwei Euro hab ich bekommen in der Pause mit meiner Blues-Harp im Regen. Mit Drachen kenne ich mich aus. Danke für Tabaluga und den Folk Blues. Und die Menschen sollen schlauer werden im Konzert«. Dieser Mann hatte vielleicht bessere Tage gesehen, aber er liebte den Blues und er spendete seine Abendeinnahme für die Tabaluga Kinderstiftung.

Es gibt in den USA eine *Blues Foundation*, die 2012 mit einem 3,5-Millionen-Dollar-Etat an ihrem Sitz in Memphis, Tennessee, eine *Blues Hall Of Fame* etablieren wird. Fritz fühlte sich – auch in Erinnerung an Horst Lippmann – sehr geehrt, als er Anfang 2012 aus Memphis die Mitteilung erhielt, dass Lippmann+Rau zur Aufnahme in diese *Blues Hall Of Fame* ausgewählt wurden. Die ausführliche schriftliche Würdigung und Begründung der Aufnahme beginnt mit dem Satz: »Horst Lippmann and Fritz Rau promoted concerts of all sorts in Europe beginning in the 1950s, but they left their mark in blues history with the groundbreaking American Folk Blues Festival tours of the 60s.«

Man wird Fritz Rau auch künftig als Interviewpartner in den Medien begegnen, vor allem aber auch bei seinen Vortragsabenden, wenn er von seinen Erinnerungen erzählt und von den Episoden aus seinem Leben an der Seite der Stars. »Der war doch 50 Jahre lang in der Backstage gut aufgehoben, was macht er denn da jetzt auf der Bühne!« zitiert Fritz augenzwinkernd seine Künstler, die sich nun wundern über ihren immer noch aktiven früheren Tourneeveranstalter und Freund. Doch was er da macht auf der Bühne, macht er gut – richtig gut.

Ist es zu hoch gegriffen, wenn ich Seneca zitiere? Ich glaube nicht. Bei Seneca heißt es übersetzt:

„Der raue Weg führt zu den Sternen“

Und im übertragenen Sinn: Der RAUe Weg auch

Friederike Weisse-Rau
Frühjahr 2012

Der RAUe Weg endete an einem Tag im August 2013.

„Ich werde da sein" hatte ich ihm versprochen, doch die Zeit, die ich noch für ihn da sein konnte, war sehr begrenzt.

Erinnerung wird bleiben an eine interessante, bunte Zeit und an einen liebevollen, außergewöhnlichen Menschen.

Friederike
August 2014

Register